L'HISTOIRE

L'HISTOIRE

sous la direction de

Gilles MARMASSE

PARIS
LIBRAIRIE PHILOSOPHIQUE J. VRIN
6 place de la Sorbonne, Paris V e

2010

© *Librairie Philosophique J. VRIN,* 2010
Imprimé en France

ISSN 1772-631X
ISBN 978-2-7116-2319-8

www.vrin.fr

AVANT-PROPOS

L'histoire, que l'on définit souvent par le couple « évènements humains du passé » et « savoir de ces évènements » désigne aussi – ou a désigné, à un certain moment – le principe et l'étoffe de ces évènements. Quand, par exemple, on parle de la « marche de l'histoire », ou quand on dit : « l'histoire jugera », on ne fait pas simplement usage d'une personnification superficielle, mais on met en avant l'idée selon laquelle l'histoire constitue un être *sui generis* qui présente une unité et se développe par soi. De ce point de vue, l'histoire ne serait pas seulement l'association d'évènements de toutes natures et la connaissance subjective que nous en avons. Elle serait, bien plutôt, une réalité originale et dotée d'une quasi-conscience, à savoir le fondement et le milieu de la transformation des choses humaines. Dès lors, si l'on considère que le devenir humain, loin d'être une chose du passé, s'opère sous nos yeux et se poursuivra dans l'avenir, la notion d'histoire en vient à déborder la dimension du passé pour s'étendre à la totalité du temps. Bien plus : d'une certaine manière, c'est l'avenir qui paraît constituer sa dimension essentielle, puisque c'est vers lui qu'elle se transporterait et à partir de lui qu'elle se donnerait à comprendre. On pourrait aller jusqu'à reconnaître à l'histoire, parmi les choses humaines, un rang primordial : rien ne serait qui ne serait historique d'une manière ou d'une autre, puisque l'histoire serait le principe de la formation des États, des sociétés, des mentalités, etc. Si l'on admet enfin, par une hypothèse supplémentaire, que la marche de l'histoire est un progrès, l'optimisme qui lui est relatif se communique à l'ensemble du réel. La découverte de l'histoire serait celle de la promesse de l'émancipation et de l'accomplissement du genre humain

– et ceci quand bien même la réalisation complète de cette promesse serait indéfiniment différée.

Toutefois, cette représentation de l'histoire est-elle nécessaire et par là intemporelle? Nullement. Comme le montre notamment R. Koselleck, le concept d'histoire a lui-même une histoire[1], et la signification évoquée ci-dessous apparaît à une époque précise, celle des Lumières. Elle est contemporaine de l'espoir en un perfectionnement de l'humanité que suscitent, au XVIIIᵉ siècle en Europe, la diffusion des savoirs, l'accroissement des richesses et la rationalisation des États. En lieu et place de la vision chrétienne de l'histoire, selon laquelle il n'y a de béatitude que dans l'au-delà et, en quelque sorte, après la fin des temps, les Lumières développent le programme d'une éducation de la conscience et d'une construction de l'État qui permettraient à l'humanité de réaliser dès ici bas l'ensemble de ses dispositions et de se doter d'une organisation politique juste.

Or il est banal de constater qu'un tel espoir n'est plus le nôtre, et que les philosophies de l'histoire qui l'exprimaient ont perdu l'essentiel de leur crédibilité. Ceci, toutefois, non pas au sens où nous aurions abandonné tout espoir d'un progrès de la conscience et de la condition matérielle des hommes, mais au sens où nous ne considérons plus qu'une telle amélioration soit garantie par une dynamique globale et impérieuse de l'humanité comme sujet collectif. Cette désillusion ne s'explique pas seulement par le nombre et l'intensité des tragédies qui se sont succédé depuis l'époque des Lumières. Plus spécifiquement, elle est liée à un double traumatisme : d'un côté, les atrocités les plus grandes ont été perpétrées par des États dotés d'une organisation rationnelle – et ceci alors même que les philosophies issues des Lumières faisaient de la rationalisation de l'État ou de la société l'un des buts principaux de l'histoire ; d'un autre côté, ces atrocités ont été suscitées par des idéologies qui, elles-mêmes, étaient sous-tendues par une certaine philosophie de l'histoire et affirmaient travailler à l'amélioration de l'humanité.

Aujourd'hui, la pensée de l'histoire n'est certainement pas un secteur de la philosophie qui se signalerait par son assurance et sa

---

1. *Cf.* R. Koselleck, « Le concept d'histoire », dans *L'expérience de l'histoire*, trad. fr. A. Escudier *et alii*, Paris, Gallimard-Seuil, 1997, p. 15 *sq.*

bonne conscience. Elle se caractérise plutôt par l'interrogation sur sa raison d'être et la circonspection à l'égard de ses effets. Bien plus qu'à la recherche d'un sens de l'histoire, nous sommes enclins, *a parte objecti*, à déconstruire ce sens et à montrer en quoi l'histoire est irréductiblement plurielle et désordonnée. Et, *a parte subjecti*, nous nous orientons vers une réflexion sur les usages de l'histoire et la construction des identités mémorielles. Face à l'histoire, la philosophie ne peut prétendre à aucune souveraineté. Son point de départ et son guide se trouvent dans l'expérience des évènements, de la manière dont ils font sens, sont gardés en mémoire et, à leur tour, peuvent servir de base à l'agir. On retrouve ainsi le couple, désigné plus haut, des faits et de leur savoir, mais en observant qu'il y a entre eux une relation d'entre-implication, puisque c'est à partir d'une certaine construction de leur identité que les individus et les collectivités humaines interprètent ce qui leur arrive et contribuent à modifier leur devenir. En même temps, rien ne garantit que cette pratique déflationniste de la philosophie de l'histoire doive être définitive. Car la mondialisation de l'économie et de la culture, ainsi que la prise de conscience de la coresponsabilité de la suite des générations humaines face à une série de risques de dimension planétaire, peut conduire à la reviviscence de l'idée d'un destin commun de l'humanité – et à l'exigence nouvelle d'un agir collectif à l'échelle de l'histoire.

Le présent ouvrage examine quelques étapes et quelques formulations de la pensée philosophique de l'histoire.

Pierre Gibert étudie la Bible à partir de la question de l'historicité. Il montre que, si la Bible comprend de nombreux livres historiques, elle présente également des contenus qu'on pourrait considérer, de prime abord, comme non historiques (récits de commencements radicaux et annonces de fins ultimes, prières, textes sapientiaux, contes édifiants, etc.). Néanmoins, même ces contenus, souligne-t-il, sont presque toujours inscrits dans un contexte historique. Ainsi la Bible livre-t-elle une conception fondamentalement historique de son message, quand bien même c'est un ordre théologique qui marque ultimement cette histoire.

Étienne Gilson montre que la pensée de l'histoire, au Moyen Âge, s'appuie sur une vive conscience du caractère transitoire du monde par opposition à l'éternité de Dieu. Il établit que l'histoire est alors comprise comme tendue entre la création et la fin du monde, et que les penseurs du Moyen Âge considèrent, avec saint Augustin, que le genre humain passe par une série d'états successifs, au cours desquels la somme de ses connaissances naturelles et surnaturelles ne cesse de s'accroître, jusqu'à l'âge de sa perfection, qui est celui de sa gloire future.

Éliane Martin-Haag s'appuie sur l'importance accordée par des philosophes comme Voltaire, Montesquieu, Diderot et Rousseau à la notion de « mœurs », au sens très général de ce qui caractérise une société, son esprit ou son génie – ses modes d'existence, de production et de pensée. Elle suit alors les conséquences critiques, mais aussi créatrices, de la découverte de ce « principe » pluriel de l'histoire.

Michaël Fœssel s'attache à montrer les enjeux de l'inscription kantienne de l'histoire humaine dans le domaine de la nature. Par là, montre-t-il en effet, Kant se prémunit de deux écueils : l'interprétation providentialiste de l'histoire et l'historicisme. D'une part, l'histoire demeure celle des hommes et ne suppose pas, pour être interprétée, le recours à une causalité transcendante. D'autre part, l'histoire, tout comme la nature, demeure justiciable d'une norme rationnelle et pratique : elle n'est pas à elle-même son propre tribunal.

L'article de Gilles Marmasse insiste sur le fait que, pour Hegel, chaque peuple est sujet de son devenir et tend vers la pleine conscience de soi et un État accompli – une situation dont la signification déterminée est cependant inanticipable avant son accomplissement. Toutefois, parce que, d'un point de vue hégélien, l'histoire consiste dans le développement de peuples qui restent chacun rivés à leur particularisme, la raison historique est elle-même finie. Pour cette raison, le bonheur des peuples et des individus dans l'histoire est inévitablement précaire.

Le premier article de Gérard Bensussan examine les usages des termes « histoire », « historique » et « historicité » dans la dernière philosophie de Schelling. Il montre notamment que l'historicité renvoie à la facticité évènementielle. Pour l'auteur des *Âges du monde*, il y a une pensée de l'histoire dès lors que le monde et les choses singulières sont envisagés à partir d'une liberté en acte, et non pas déductivement à partir d'une essence intemporelle et éternelle. On retrouve ainsi l'idée fondamentale de Schelling selon laquelle l'existence prime les structures d'intelligibilité produites par la raison.

Dans son article, F. Fischbach aborde la question de l'histoire chez Marx sous l'angle de la temporalité, en montrant que le régime d'historicité propre aux sociétés de type capitaliste repose sur deux formes de temporalité qui sont opposées, mais qui ont en commun d'être inauthentiques. S'agissant de désigner le terrain sur lequel une temporalité authentique pourrait être conquise, Marx rencontre un autre grand penseur du temps et de l'histoire, à savoir Heidegger. Plus précisément, l'un et l'autre semblent envisager l'idée que le travail serait le terrain sur lequel une forme alternative de temporalité historique pourrait être conquise.

L'article d'Arnaud Dewalque est consacré à ce que l'on a appelé la « philosophie critique de l'histoire », c'est-à-dire à la forme qu'a prise le débat sur l'unité et la validité des sciences historiques en Allemagne entre la fin du XIXe siècle et le premier tiers du XXe siècle. L'auteur suggère d'abord que l'origine du débat doit être cherchée dans l'approche anti-spéculative développée diversement par Ranke et Droysen contre toutes les constructions philosophiques de l'histoire. Il montre ensuite que l'on voit se développer, chez Dilthey et les néo-kantiens – Windelband et Rickert –, deux stratégies distinctes destinées à contrer l'approche naturaliste défendue par Auguste Comte et John Stuart Mill.

Le second article de Gérard Bensussan examine le messianisme tel qu'il apparaît dans la tradition religieuse juive et est réélaboré par des penseurs du XXe siècle comme Rosenzweig, Bloch, Benjamin, Levinas et Derrida. Le messianisme désigne l'attitude d'attente du salut, un évènement anticipé comme brusque et inopiné, qui vient rompre le temps de l'histoire. Ainsi, comme l'établit l'auteur, le messianisme se singularise par l'idée qu'il y a dans l'histoire un « plus que l'histoire ». Le messianisme philosophique apparaît comme une pensée de l'évènement, attentive à l'interruption, à l'imprévisibilité et à la pluralité des temps.

Judith Revel montre que comprendre le rapport de Foucault à l'histoire suppose de le replacer dans sa propre histoire – celle de la pensée française de l'après-guerre –, de reconnaître ce qu'il doit aux travaux de Georges Canguilhem et à une certaine historiographie française, mais aussi de saisir les conséquences philosophiques de ce qui se présente à la fois comme une série de choix de méthode et comme une « posture » de la pensée. Il s'agit donc de savoir comment la pratique philosophique peut reconnaître les déterminations historiques qui la traversent sans pour autant renoncer à la liberté intransitive qui caractérise le rapport essentiel qu'elle entretient avec sa propre actualité.

Johann Michel distingue trois « moments historiographiques » dans l'itinéraire épistémologique de l'herméneutique de Paul Ricœur, le rapport dialectique entre expliquer et comprendre étant pris comme fil conducteur de l'analyse. D'abord le moment de la confrontation entre une épistémologie constructiviste et une herméneutique psychologique de la compréhension historique. Puis le moment de la confrontation entre le modèle néo-positiviste (explication historique par des lois) et le modèle narrativiste (compréhension par la mise en intrigue). Enfin le moment de la confrontation entre la « mémoire vive » et l'opération historiographique.

HISTOIRE ET HISTORIOGRAPHIE DANS LA BIBLE
OU GÉNÉTIQUE D'UN PROJET HISTORIEN

Y a-t-il une histoire et une historiographie bibliques ?

Au nom d'une traditionnelle reconnaissance de « livres historiques » dans un corpus, l'Ancien Testament, qui leur accorde une place importante, voire majoritaire, la question peut d'abord paraître oiseuse. Cependant, et sous bénéfice d'inventaire, une telle désignation demande assez vite clarification et légitimation. En effet, la reconnaissance d'une histoire exige, ne serait-ce qu'*a minima*, la définition claire d'un projet, autrement dit une expression suffisante de la conscience historiographique, c'est-à-dire de la volonté d'écrire une histoire reconnaissable comme telle par n'importe quel lecteur et répondant aux critères ne serait-ce qu'*a minima* de toute historiographie. Or, de par son antiquité et son caractère composite, le corpus biblique se doit, dans le contexte européen et moderne, d'être soumis à ces questions et exigences, même si l'on ne peut ignorer le rôle qu'il joua non seulement jusqu'à la fin du Moyen Âge, mais jusqu'à notre époque, dans le façonnement de la conscience historienne européenne et occidentale, et dans son écriture de l'histoire.

De fait, tant dans l'Ancien que dans le Nouveau Testament, s'imposent immédiatement des livres explicitement historiques dont quelques indices suffisants écartent le doute et la confusion. Même si, dans les premiers chapitres de la Genèse, les récits dits « de création » (jusqu'à l'épisode de la Tour de Babel au chapitre 11), on s'attache à reconnaître depuis deux siècles un registre « mythique », à partir du chapitre 12, le mouvement historique se met à l'évidence en marche : avec le surgissement de la figure d'Abraham, le Patriarche par excellence de tribus et bientôt de nations, et avec une suite de figures en filiations généalogiques entrant dans des épisodes originaux qui se succèdent selon un minimum de relations de cause à effet. Puis, avec le deuxième livre, l'Exode, se marque un large projet historien par la mise en continuité de plusieurs livres reliés les uns aux autres par un jeu de transitions explicites. Ainsi, la première partie du corpus de l'Ancien Testament, entre le livre de la Genèse et le 2ᵉ Livre des Rois, dessine en historiographie la prééminence de l'histoire en cet ensemble comme dans l'ensemble du corpus et de la Bible.

Dans la mouvance de cette prééminence s'évoquent naturellement d'autres livres qui constituent une suite : les deux Livres des Chroniques, les livres d'Esdras et de Néhémie, les deux Livres des Maccabées, sans parler des livres d'Esther, de Tobie et de Judith, aux références historiques explicites même si leurs particularités littéraires d'un autre genre les coupent du genre historique strictement entendu.

Quant aux autres parties de l'Ancien Testament, c'est-à-dire celles des livres prophétiques et des livres sapientiaux et assimilés, aussi importantes soient-elles, elles ne présenteront pas, quantitativement, l'équivalent de ce corpus historien. Pourtant, là encore, l'histoire sera présente, soit comme appel provoquant, dans les livres prophétiques, soit comme objet de réflexion, chez les sapientiaux.

Un constat analogue peut être fait dans le Nouveau Testament. Aussi important soit la partie qu'il laisse aux écrits épistolaires d'un saint Paul, d'un saint Jean et de quelques autres, sans oublier une apocalypse, les quatre évangiles et les Actes des Apôtres suffisent, là encore, à marquer au genre historien un large territoire, même si l'objet n'investit que quelques décennies étalées sur moins d'un siècle.

Ainsi, dans un ouvrage qui veut s'interroger sur le thème de l'histoire et pose en première instance l'histoire dans la Bible, il nous a paru de priorité nécessaire d'interroger le corpus biblique sur ses prétentions historiennes sinon historiques, historiographiques en tout cas. Car l'aventure même de l'élaboration de ce corpus, puis la fixation et la reconnaissance de son canon, enfin sa réception dans ce qui deviendra la chrétienté pendant une quinzaine de siècles, révèlent des particularités qui empêchent de l'assimiler sans plus, ne fut-ce que par analogie, aux modèles mésopotamiens et égyptiens, grecs et romains, pourtant proches dans l'Antiquité. Par contre, et selon le projet même de cet ouvrage, il sera sans doute plus aisé de lui reconnaître une inspiration, une direction, voire une conception plus ou moins dominante, qui seront reconnues, par référence soit positive, soit négative, par de tardifs théoriciens jusqu'au seuil de notre siècle.

À supposer donc que nous puissions sans plus tarder parler d'*une conception biblique de l'histoire* et par conséquent reconnaître tant dans le corpus de l'Ancien que du Nouveau Testament une ou plusieurs historiographies, sur quels principes, implicites ou explicites, pouvons-nous le faire ?

Si nous devons respecter l'ordre qui s'offre d'abord à toute lecture première, s'imposent ici les traces fondamentales qui présentent ce qu'il y a de plus formellement et immédiatement historique : les notations à échos chronologiques, parfois dénommées « sommaires » dans le langage exégétique. De telles notations fondent et confirment à la fois *un narratif* dont les héros s'inscrivent d'abord en origines puis en continuités généalogiques. Sans oublier le Nouveau Testament, il s'agit donc ici, pour l'Ancien Testament, des « sommaires » de Gn 2,4 et 5,1, et du narratif généalogique ouvert par les deux premiers héros expressément désignés, Adam et Ève :

> Enfants du ciel et de la terre à leur création.
> Le jour où Yhwh Dieu fait la terre et le ciel … (Gn 2,4)

> Registre des enfants d'Adam.
> Le jour où Dieu crée Adam
> il le fait à la ressemblance de Dieu.
> Il les crée mâle et femelle
> les bénit et les appelle Adam
> le jour de leur création.
> Adam vit cent trente ans
> engendre son semblable, son image,
> l'appelle Seth.
> Décompte des jours d'Adam
> après avoir engendré Seth : huit cents ans.
> Adam engendre d'autres fils d'autres filles.
> Décompte de tous les jours d'Adam : neuf cent trente ans.
> Mort d'Adam.
> Seth vit cent cinq ans,
> engendre Enosh… (Gn 5,1-6[1])

---

1. La Bible, nouvelle traduction, Paris, Bayard, 2001.

Quels que soient le sens exact que l'on puisse reconnaître aux
termes hébraïques en choisissant ici une traduction qui colle au plus
près des termes et de la syntaxe de l'original, il va de soi que le rédacteur qui intégra ces deux passages à un ensemble aussi manifestement
composite, entendait bien offrir à son lecteur un enchaînement de
données de ce qui pouvait être établi des origines non seulement du
monde et de l'univers, mais de l'histoire humaine. Et celle-ci devait
sans plus tarder faire surgir des personnages dont la dénomination, les
relations et les premières actions inaugureraient en le constituant un
tissu narratif d'actions et d'évènements reconnaissables comme vrais
ou véridiques. Sans davantage préjuger de ce que nous devrons
admettre ou refuser de façon exclusive en matière d'historicité, se
reconnaît là, momentanément et de façon suffisante quoique minimale,
un projet historiographique à son point de départ (ou à son début).

Naturellement, si, par delà le caractère composite de ces passages
on reconnaît depuis plus de trois siècles différents documents de
datations différentes, un irrecevable saute ici à nos yeux modernes de
scientifiques des origines : non point d'abord le constat d'«invraisemblances» depuis longtemps dépassées, mais l'expression même de
cet impossible moment d'histoire, – et moment d'histoire tout de
même –, celui du *commencement*, et plus exactement des *commencements absolus*, de l'univers et de l'humanité. Car là précisément,
et aussi paradoxal que cela puisse d'abord paraître, se confirme un
projet historiographique premier. Pour cela, on ne peut se dispenser ici
d'un rappel minimal de ce qu'implique narrativement l'intérêt pour
l'inévitable – et inatteignable – commencement.

Parler du commencement implique toujours d'être à un moment
de connaissance et de conscience suffisantes de la réalité dont on veut
précisément dire ou rapporter le commencement[1]; c'est même là un
trait fondamental spécifique. Ainsi, comme une suffisante vie d'adulte
est nécessaire pour se tourner vers son enfance et en écrire les souve-
nirs, les historiens d'une nation témoignent d'abord d'un état suffisant
d'existence de cette nation pour en avoir une conscience également

---

1. Sur cette question, qu'il nous soit permis de renvoyer à notre ouvrage, *L'inconnue
du commencement*, Paris, Seuil, 2007.

suffisante, et donc en rapporter l'histoire jusqu'en ses commencements. Or, de ceux-ci, qu'on dira spontanément « premiers », le récit ne pourra en aucun cas relever d'une conscience originelle propre à cette histoire, tant il est évident par exemple que les ancêtres gaulois des Français ne se sont jamais définis comme ancêtres des Français! De ce fait, toute histoire des commencements relève d'opérations mentales spécifiques qui la marqueront toujours. Et même si toute histoire dépend de ses commencements, le récit de ces derniers dépendra tout autant, et davantage encore, de cette histoire dans sa continuité et son épaisseur, comme, il faut bien le reconnaître, dans ses impuissances.

Dans les premiers chapitres de l'histoire biblique – de son historiographie –, nous n'avons pas tant affaire aux invraisemblances mythiques ou légendaires de temps oubliés et inatteignables par voie de témoignages humains, qu'à ces temps en ce qu'ils ont eux-mêmes de définitivement impossible à atteindre. Dès lors, la question de l'histoire, qui exclut sans appel de ces chapitres toute vérité historique et donc toute historicité, n'en relève pas moins de l'histoire de l'entité humaine particulière qu'est Israël, qui a tenu à rapporter ses commencements, que ce soit dans le projet *absolument* impossible de rapporter des *commencements absolus*, ou dans le contenu même de ces récits historiquement impossibles ou invraisemblables. Autrement dit, lorsque le peuple (ou son élite intellectuelle) a manifesté le désir ou le besoin que soient rapportés de tels commencements « historiques », et qui plus est, « absolus », il fallait puiser à une *expérience* qui en dirait la pertinence, et pas seulement à un *imaginaire* qui produirait quelques fantasmes plus ou moins plausibles : l'expérience et la conscience qu'on avait alors de ce dont on entendait être instruit en ses commencements, deviendraient la source véritable de ce qu'on pourrait se dire ou se désigner comme ancêtres premiers dont on rapporterait les actes. À partir de cette expérience du présent, il ne pouvait être fait appel qu'à des *archétypes* qui reflèteraient ce présent, selon des images personnelles et factuelles rétro-projetées dans le temps des commencements.

On peut bien aujourd'hui isoler ces récits « mythiques », rapportés dans les onze premiers chapitres de la Genèse, par rapport à l'« histoire » qui commencerait au chapitre 12 avec le surgissement personnalisé d'Abraham et de ses actes; il n'empêche que l'état actuel de la rédaction du texte du livre établit *en continuité historique* l'histoire – plus vraisemblable et donc plus atteignable – d'Abraham et de sa descendance, et ces premiers chapitres avec leurs traits « mythiques ». Car le projet biblique dans son ensemble – et pour cet ensemble – a bien entendu intégrer ces premiers chapitres à son projet historien, quoiqu'il en soit de leurs distance avec la vérité historique telle que nous l'exigeons aujourd'hui d'une mémoire critique; ce qui n'est évidemment pas sans signification.

De fait, à partir du chapitre 12 de la Genèse, nous l'avons dit, nous entrons dans le cours d'une histoire particulière, impliquant une historiographie au sens propre du terme, relevant donc d'un projet historien inscrit dans des époques et dans des lieux précis.

Cependant, si depuis deux siècles surtout, la tendance a été de bien distinguer entre les premiers chapitres et ceux qui les suivent à partir du chapitre 12, on ne saurait plus longtemps négliger les liens qui les rattachent entre eux et les ont établis, aussi tardivement que ce soit, dans un ensemble historiquement recevable comme tel. Etant donné la spécificité assez radicale de chacun de ces deux registres d'expression, la volonté manifeste de les réunir était bien de vouloir faire sens par un ensemble constitué, aussi artificiellement que ce soit. En conséquence, entre ces premiers chapitres de la Genèse et les derniers du 2ᵉ livre des Rois, nous devons reconnaître dès maintenant *un projet général voué de façon dominante à une intelligence historienne et historique unifiante.*

Autrement dit, nous voudrions souligner ici le *sens historique* qui allait orienter toute cette histoire dans la diversité même de ses évènements, de ses modes d'expression et de ses livres. Ainsi, après le rappel des implications des sommaires des débuts du livre de la Genèse, il nous faut maintenant considérer ce que nous avons déjà relevé comme constitutif fondamental d'une expression historique: le jeu des personnages et des évènements qui constituent en narratif le tissu historique confirmant un projet historien, et ce, même si nous aurons à revenir sur la signification de ses récits de commencement absolu.

En effet, le second sommaire que nous avons retenu et emprunté au début du chapitre 5 de la Genèse, résumant l'« histoire » d'Adam et établissant sa descendance, nous avait déjà placés dans le mouvement généalogique qui présente par définition la succession non seulement des générations, mais des actes posés par les membres que cette histoire a jugés bon de retenir. Et même si ce jeu généalogique se réduit le plus souvent à une liste de noms d'engendrements successifs, il laisse cependant largement cours à une série d'épisodes dans lesquels un certain nombre de personnages se trouvent engagés de par leurs liens familiaux ou leurs rencontres. Du coup, le personnage d'Adam entre par l'autre bout, pour ainsi dire, dans le cours de cette histoire et de son projet rédactionnel, le faisant intégrer les quatre chapitres qui précèdent ce sommaire. Ainsi, à cause d'Abraham et de sa descendance, Adam surgit *autre* et *autrement*, c'est-à-dire comme personnage historique ou, si l'on préfère, comme personnage ressaisi par une histoire, ce qui le fait échapper à la seule et exclusive exception de l'inaugural et de l'originel.

Autrement dit, après la prise en compte des récits de commencement comme tels, et via les sommaires qui servent ici de repère, après la prise en compte de la continuité narrative garantie par les différents personnages d'une famille donnée en généalogie, se trouve confirmé *en principe* ce projet historien. Il y a certes à tenir compte encore de ses particularités, notamment familiales, qui empêchent de parler ici d'une histoire vraiment nationale ou internationale, étant donné justement ce caractère familial : absence par exemple de désignation de souverain, d'un jeu continu et explicite de relations par alliances, guerres, traités de paix, etc. Mais s'impose ici ce cours d'un narratif en continu depuis le chapitre 1 er de la Genèse qui ouvre à une histoire qui ne cessera de s'affirmer : à la fois dans sa particularité familiale puis nationale, et dans sa dimension proprement historienne, quoi qu'il en soit de ces expressions et de ces caractères particuliers qui contribuent à la limiter à nos yeux de modernes, sans pour autant lui ôter cette dimension.

Ainsi parvenons-nous à une nouvelle étape, la troisième selon notre lecture, avec le passage au livre de l'Exode qui va confirmer en l'accélérant ce projet historien premier et donc fondamental.

Il serait sans doute banal de faire valoir ici les différences notables qui distinguent sans appel ces deux premiers livres du Pentateuque : car, outre la particularité des évènements qu'ils rapportent, les questions auxquelles ils répondent dans l'économie générale de l'Ancien Testament et de ses principes historiographiques, font de la Genèse et de l'Exode deux livres irréductibles par bien des côtés. Pour l'heure doit d'abord nous retenir un point qui inaugure une série de constats qui cette fois permettent d'aboutir au 2 e Livre des Rois : le jeu de transitions entre ces livres.

Ces transitions, destinées à rattacher la fin du livre précédent au début du suivant, sont constituées soit d'un résumé ou d'un sommaire (généalogique ou autre), soit de notations explicatives, se retrouvant d'un côté et l'autre. Ainsi entre Genèse et Exode :

> Joseph habita en Égypte avec la famille de son père. Il vécut cent dix ans. [...] Et Joseph dit à ses frère :
> — Je vais mourir. Dieu viendra sûrement vous visiter et vous fera quitter ce pays qu'il a promis à Abraham, Isaac et Jacob... (Gn 50,22.24)

> Un nouveau roi se lève sur l'Égypte, qui n'a pas connu Joseph, et dit à son peuple : « Ah, le peuple des fils d'Israël est devenu plus nombreux et plus fort que nous. À nous d'être sages ... ». Il met après eux les chefs de corvée pour les affliger de charges ... (Ex 1,8-10a.11 [1])

Quelles que soient les données factuelles de ces deux textes, il est évident qu'il s'agit ici d'abord d'*expliquer* une situation ultérieure, la présence d'Israël en Égypte où il fut réduit en esclavage pour en être libéré : ce que fait chacun pour sa part le texte final de la Genèse sous le mode du testament de Joseph, et le sommaire inaugural de l'Exode aboutissant, en écho en Égypte, à l'accession au trône d'un « nouveau roi » méconnaissant Joseph. Par cette mise en relation réciproque, les deux livres se trouvent confirmés dans une unité de projet comme le seront les autres livres à leur suite, jusqu'à la fin du livre des Juges d'abord. Car, à partir de là, c'est-à-dire à partir du Livre de Ruth, les autres livres seront en quelque sorte dispensés de ce jeu de transitions dans la mesure où, du 1 er de Samuel au 2 e des Rois – globalement désignés comme « Paralipomènes » –, ils se trouvent en continuité directe de l'un à l'autre.

Sans entrer dans le détail et les différences de ce jeu de transitions dans les différents livres qui vont de la Genèse aux Juges, on ne saurait trop souligner le caractère particulièrement artificiel de ces formules

---

1. La Bible, *op. cit.*, pour ces deux citations.

de passage d'un livre à l'autre, dont certaines, par leur lourdeur, leur longueur ou leur répétition, confinent à la caricature. C'est particulièrement le cas entre le livre de Josué et le livre des Juges où, dans ce dernier, les rappels du livre précédent courent sur les deux premiers chapitres.

Mais justement, de tels artifices, tout en faisant ressortir le caractère d'étrangeté réciproque des livres entre eux, ne font qu'accentuer la volonté, voire le caractère volontariste qui ont présidé à cette unification évidemment ultérieure et donc tardive, sans parvenir à réduire l'autonomie d'origine de chacun de ces livres et par conséquent la spécificité irréductible de leur contenu jusqu'à la contradiction ou l'incompatibilité. Et l'on ne pourra que continuer à exiger là ce qui a constitué le labeur principal et incessant de la critique biblique entre la fin du XVIe siècle et le début du XXe : le repérage et la détermination des différents documents, sources et principes rédactionnels qui ont présidé à la constitution de ces livres, révélant leur caractère composite. Mais passés ces constats, il faut bien convenir du terme de la réception : une unification, aussi laborieuse soit-elle, de tous ces livres, confirmant justement ce que nous considérons comme un *projet historien*, postérieur pour ne pas dire posthume.

À ces constats doit s'ajouter ici un élément particulier propre aux Livres des Rois, qui constitue une nouvelle étape dans la spécification de ce projet historien : l'allusion régulièrement faite, au terme de l'évocation de chaque règne, à des *livres d'annales* concernant tous ces rois. Si nous n'avons pas trace de tels livres [1], une telle allusion est cependant précieuse dans la mesure où, par voie négative, elle précise une intentionnalité. En effet, les rédacteurs, marquant par là une distance par rapport à un autre mode d'écriture de l'histoire de ces rois, d'Israël et de Juda, ne préciseraient-ils pas quelque chose de leur propre projet et, partant, du projet d'ensemble qui court du livre de la Genèse à la fin du 2e Livre des Rois ? Sans doute le procédé les dispense-t-il de devoir tout dire des différents règnes, puisque cela aurait *déjà* été *écrit* dans ces fameux livres des annales. Mais en se limitant consciemment à quelques faits ou épisodes, voire à quelques

---

1. Dont on pourrait aussi se demander dans quelle mesure leur allusion ne relèverait pas d'une sorte de lieu commun sans plus d'appui.

brèves notations, ils entendaient bien ne donner que ce qui paraissait exclusivement essentiel à leur dessein propre qui s'en trouverait spécifié. Or, là, il n'est nul besoin d'aller chercher très loin des raisons : si ces auteurs et rédacteurs de ces livres en renvoyant aux « annales » se refusent à donner une information déjà assurée, c'est qu'ils ne prétendaient nullement à un projet général d'historiographie qu'ils pouvaient juger déjà réalisé ; c'est donc que leur propre projet était d'une autre nature et par conséquent commandé par un autre point de vue, qui pouvait s'avérer limitatif sans dommage par rapport à l'information attendue d'une histoire telle qu'elle était impliquée par les livres des annales et leurs références. Et ici, à la question de la nature exacte de cette histoire la réponse n'est pas difficile à trouver au point de s'imposer naturellement au terme de tout l'ensemble du livre de la Genèse à ce 2ᵉ Livre des Rois.

En effet, un élément paraît dominant dans ces deux derniers livres, qui se confirme rétroactif sur l'ensemble des livres antécédents : *le point de vue judiciaire de l'appréciation de la qualité religieuse et morale des comportements de chacun de ces rois* et, corrélativement, du peuple et de ses élites. Ceux-ci ont-ils été respectueux des préceptes divins ou n'ont-ils pas préféré la transgression et le péché ? En bref, se révèle là, par rapport aux livres des annales, la particularité justement de cette « relecture » historique qu'on se doit de qualifier sans plus tarder de « théologique » révélant du même coup une historiographie de « théologiens ».

Le procédé, en ce qu'il a d'ultime, peut paraître limité puisque systématisé seulement dans les deux derniers livres du corpus historien. En réalité, il permet de retrouver des échos préparatoires dans les livres antérieurs, dont certains s'avèrent très proches d'un point de vue expressif, notamment dans le Livre des Juges : ainsi qu'une ritournelle, il est rappelé, en introduction des différentes séquences marquées par l'avènement de chaque juge, que « les Israélites avaient fait ce qui est mal aux yeux de Yhwh … ».

Ainsi se déploie la prégnance divine sur l'ensemble de cette histoire, et ce, dès le début, dès ce « premier » : quand Dieu créa le ciel et la terre, jusqu'à parvenir à un registre d'expression que cette explicitation finale du jugement des rois permet de ressaisir dans sa continuité. En bref, nous ne pouvons que reconnaître une histoire et donc une historiographie dominées de bout en bout par ce qu'on peut appeler un « point de vue divin », même s'il ne faut pas en oublier le caractère composite ni par conséquent des séquences allogènes sans rapport avec ce point de vue. Il n'empêche pourtant que c'est un *ordre théologique* qui marque et domine ultimement le propos, et donc de façon globale et définitive.

Si nous avons apparemment tardé à rappeler ce qui paraît relever de l'évidence, une *histoire théologique* (ou *théologienne*), c'est afin de dépasser un risque d'a priori religieux afin de ressaisir un projet historique d'abord comme tel, c'est-à-dire dans sa réalité, quelle que soit en fin de compte sa spécificité. Engagée dès les trois premiers chapitre de la Genèse, la réalité de ce projet doit être reçue dès ces premiers chapitres que nous avons pris soin de marquer de leurs parti-cularités dont l'universalité de signification, l'origine de l'univers et de l'humanité, paraissaient les arracher à la suite de l'histoire inau-gurée au chapitre 12. Par ailleurs, leur assez récente mise à part au nom de certaines catégories d'expression, telles le mythe ou la légende primordiale, vulgarisées tout au long des XIXe et XXe siècles tant par l'exégèse biblique et l'histoire des religions que par l'ethnographie et l'anthropologie, forçait, au moins provisoirement, à les démarquer d'une conception même large de l'histoire et de l'historiographie. Mais le rappel des continuités narratives, des enchaînements et des différentes transitions, aussi lourds ou maladroits que paraissent souvent les procédés, nous a justement fait rappeler leur intégration – ou la nécessité de les réintégrer – à un ensemble qui fait malgré tout unité. Or, après le parcours que nous venons de proposer pour aider à en prendre acte, cette unité ne devrait plus simplement apparaître comme le résultat d'additionnements plus ou moins habiles ou discrets, mais le fruit d'*une intentionnalité* qui, pour être ultime, n'en est que plus fortement valorisée. Ce que révèlent au terme les quelques éléments que nous avons mis en valeur, est précisément cette unité d'intentionnalité qui révèle la dimension particulière de cette histo-riographie – car c'est bien d'historiographie qu'il faut désormais parler ici –, que nous pouvons désormais qualifier sans hésitation de « théologique » et d'œuvre de « théologiens ».

De ce fait, entrent dans un registre unifiant et donc signifiant toutes les composantes de cette historiographie qu'il s'agit de relire maintenant par delà ces éléments d'une continuité composite, aussi long et complexe qu'ait pu être le processus rédactionnel qui a permis d'y aboutir.

Que cet ensemble soit aujourd'hui placé sous l'évocation, quasi en forme de formule de credo, du Dieu créateur (Gn 1,1), n'est évidemment pas négligeable et ne peut être considéré comme une information *a minima* selon une simple évidence de conscience croyante. Une telle évocation, déployée dans ce qu'on appelle le «premier récit de création» (Gn 1,1-2,4a), aussi tardif soit-il et postérieur au «second», l'histoire d'Adam et d'Ève (Gn 2,4b-3,20), dit évidemment quelque chose de la suite qu'il inaugure aussi absolument. Par là, une histoire se trouve placée sous le signe de la création universelle rapportée comme partie intégrante – et fondatrice – de cette histoire justement ! Et même si le second récit, avec les péripéties familiales du premier couple et de la première génération, assure le passage vers l'expression d'une histoire purement humaine, il n'empêche que fort demeure le lien qui rattache cette histoire à la création universelle. Et c'est pour une part sur fond d'une sorte de cosmogonie *a minima* que s'inscrit non seulement la création de l'homme, mais l'histoire que des personnages individués et nommés vont très vite ouvrir.

Or, un des premiers effets à retenir de ces débuts en récits de création est d'engager une dynamique sans retour de l'histoire. S'il est toujours délicat d'user de comparatisme entre cultures et religions, s'il est parfois tentant de faire des rapprochements permettant de reconnaître analogiquement les mêmes formes d'expression et de pensée, constater ici la continuité entre récits d'origines et de commencements, habituellement déterminés en mythes plus ou moins liés à des rites, limite la portée d'un comparatisme interreligieux ou même interculturel, et conduit à marquer des différences irréductibles qui peuvent alors être mises au jour. Que non seulement des récits de création, mais aussi, et davantage peut-être, des récits de fautes premières (la «chute» d'Adam et d'Ève en Gn 3, le fratricide d'Abel par Caïn en Gn 4) soient intégrés au cours irréversible d'une histoire, laquelle a déjà absout pour ainsi dire les auteurs de ces fautes, en dit long sur une attitude d'esprit induite par le projet historien : à savoir qu'il n'y a pas de retour possible sur des commencements souvent surchargés de fatalité, qu'il n'y a pas de permanence ni de rémanence inévitable des mêmes fautes; selon ces mêmes récits, il y a bien davantage ouverture à une nouveauté incessante, laquelle peut certes ramener à la faute ou au péché, mais aussi révéler des repentirs, des pardons et surtout des créations nouvelles dans les êtres comme dans les institutions. Si l'histoire est nouveauté par continuité, elle ne peut être répétition ni circularité fatale; elle ne peut qu'avancer dans la nouveauté, à l'image de ces grands empires que symbolise l'apocalyptique statue du livre de Daniel[1] ouvrant à la possibilité d'une victoire définitive du bien sur le mal quelles qu'en soient l'importance, la durée et la violence.

Naturellement, tous les traits que nous avons relevés jusqu'ici ne suffisent pas à garantir la pureté exclusive de l'histoire; certains même, à commencer justement par les récits de commencements absolus ou d'origines de l'univers et de l'humanité, s'inscrivent, de par leur nature même, en faux par rapport à une rigoureuse historiographie. Pareillement, l'introduction des termes « théologique », « théologien » ou « théologie » ne peuvent que fragiliser un ensemble aussi indubitablement historique et historien. C'est pourquoi il convient d'aborder maintenant les implications proprement historiques, soit positivement (références extérieures à des composantes semblables : nations étrangères, institutions universelles, réciprocité d'informations, d'allusions, etc.), soit négativement par rejet ou refus de genres d'expressions naturellement étrangères à toute histoire.

La mise en situation ou en contexte de l'historiographie biblique avec des références aux nations étrangères est naturellement importante, et ce, dès les premiers récits, quelque légendaires puissent-ils être considérés. Ainsi Abraham se rend-il en Égypte au risque de la vertu de son épouse, Sara, désirée par le pharaon … Par la suite, il est en relation plus ou moins diplomatique ou guerrière avec les souverains locaux. Et il n'y a pas lieu d'insister ici sur le dernier quart du livre de la Genèse où l'histoire – très familiale – de Joseph apparaît comme une histoire à la fois internationale, nationale et royale ! Ainsi en ira-t-il dans le livre de l'Exode jusqu'à l'entrée d'Israël en terre de Canaan, dans le livre de Josué, où les guerres, les victoires remportées

---

1. Daniel 2,31-44.

sur les ennemis locaux, disent suffisamment la traditionnelle banalité des relations internationales occupant le champ historique. Du sud-ouest égyptien au nord-est mésopotamien, le champ historique biblique couvre ainsi la zone dénommée depuis le XIXe siècle « croissant fertile » où les rivalités de souveraineté comme les intérêts locaux provoquent « bruit et fureur » selon la traditionnelle narrativité des cultures à écriture.

Mais pas plus qu'une hirondelle ne fait le printemps, un récit de bataille ou la proclamation d'un roitelet ne fait histoire. Et l'on a suffisamment travaillé sur les conditions minimales d'une historiographie pour ne pas nommer histoire ce qui ne peut en présenter qu'un nombre limité d'apparences. C'est pourquoi, dans le champ biblique comme dans tout champ historique, la question se pose très vite de savoir dans quelle mesure il y a aussi authenticité et donc vérité historique. Et la prise en compte d'un évident projet historien par synthèse et mise en liens explicites d'ensembles et de sous-ensembles narratifs, n'empêche nullement de poser la question non seulement du degré d'historicité, mais aussi de l'authenticité d'une historiographie qui se présente pourtant comme telle.

Depuis la spécificité des genres littéraires jusqu'à la cohérence des données en confrontations réciproques, les critères de reconnaissance et de questionnement ne manquent pas pour savoir à quoi s'en tenir derrière un jeu d'apparences et de synthèses témoignant pourtant d'un véritable projet historien, d'une incontestable volonté historiographique. Or, ce fut la dominante de cette seconde histoire de l'exégèse critique à partir du XIXe siècle, après la première marquée par la dominante philologique et littéraire de l'invention critique, que de nous avoir conduits au questionnement historique dans toutes ses dimensions. Et si le décryptage des langues anciennes (sumérien, hiéroglyphes égyptiens, groupe akkadien, …), en même temps que les premières données d'une archéologie en quête de scientificité croissante jouèrent ici un rôle prééminent jusqu'à la fin du XXe siècle, il n'empêche que c'est de l'intérieur même de la notion d'histoire et d'historiographie que le corpus biblique se trouva pour une large part malmené du point de vue de sa fiabilité, et donc de l'authenticité de son projet historien comme de ses données historiques. Le rappel de quelques traits et résultats de cette histoire critique peut ici suffire à préciser la nature exacte de ses effets.

Ce fut tout d'abord le mérite des sciences folkloristes du XIXe siècle, tant en Allemagne qu'en France, que de nous avoir fait percevoir les implications du « récit populaire » comme de la tradition orale dans cette histoire ; et les excès des théories de ce moment, dans la radicalité ou la généralisation parfois naïve des catégorisations et des schémas considérés comme fondamentaux, ne doivent pas faire oublier l'apport de ces mêmes théories : la reconnaissance de genres littéraires et de modes narratifs définitivement détachés d'une quelconque autorité historienne. Les « légendes » (*Sagen*), les formes de récits sacrés (*Legenden* et mythes), leurs mises en cycles (*Sagenkranz*) et leur intégration à des synthèses rédactionnelles arrachent sans retour de tels récits à la reconnaissance et aux exigences modernes de l'histoire et de l'historiographie. Qu'on le veuille ou non, ni le livre de la Genèse, ni celui de l'Exode, ni même ceux de Josué, des Juges et les deux de Samuel ne nous ramèneront à l'histoire en bonne et due forme, quelle que soit la force d'intégration rédactionnelle du projet historien dans lequel nous les reconnaissons aujourd'hui.

De même, l'intégration à ce projet historien d'informations qui lui sont évidemment étrangères, même si elles font partie de l'histoire d'un peuple, d'une nation, d'une société, vont à son encontre. Ainsi, la place prise par des codes de lois ou de rites, ou d'indications architecturales et liturgiques, par exemple pour le « futur » Temple de Jérusalem, témoigne d'un hors sujet manifestant une intentionnalité tout autre que celle qui revient à la seule histoire et historiographie. Il y a là une sorte d'archivage ou de mémorandum ou de programmation idéalisante, qui, au mieux, dit une autre fonction accordée à cette histoire et à cette historiographie, et qui donc nécessite une autre approche.

Ainsi, apparaissent en place de conclusion première deux questions : pourquoi fut réalisé un tel projet ? et de quelle manière ? Car on ne peut plus longtemps se satisfaire d'une sorte d'évidence – aujourd'hui sérieusement discutée –, celle d'une historiographie encore dans l'enfance de l'art, dont ces premiers historiens n'auraient pu se soumettre, par naïveté de primarité, à des exigences qui sont les nôtres aujourd'hui.

La réponse à ces questions ne peut évidemment être trouvée que dans les seules révélations du texte. Or, la synthèse historienne ressaisie entre la Genèse et le 2ᵉ Livre des Rois présente d'abord un jeu d'inclusion hautement significatif et donc informatif, entre une formule inaugurale et une formule conclusive. En effet, entre l'*absolu initial* du quasi credo de Gn 1,1 («au commencement Dieu créa le ciel et la terre»), suivi de récits de création où le Dieu unique mène le jeu de bout en bout, et le *bilan conclusif* de 2 R 24,20 (à propos des malheurs d'Israël aboutissant à la ruine de Jérusalem: «Cela arriva à Jérusalem et à Juda à cause de la colère de Yhwh, tant qu'enfin il les rejeta devant sa face»), se manifeste une seule et même instance de fondation de l'histoire et de sa domination: le Dieu unique de l'humanité créée et du destin d'Israël. Autrement dit, une telle histoire ne peut se comprendre et se lire que selon l'ordre de Celui qui l'a absolument initiée et s'en révèle le juge exclusif, ce Dieu créateur et unique, qu'il s'appelle Elohim, Yhwh ou soit désigné d'un tout autre nom.

C'est pourquoi ne peut que se justifier ici le recours à des termes que nous avons déjà utilisés, ceux de «théologie» et de «théologique», soit pour préciser une intentionnalité, soit pour qualifier un genre. Cependant, de telles dénominations ne doivent pas jouer dans le seul sens d'un constat ou d'une décision d'obsolescence. Car, en l'occurrence, ces dénominations manifestent malgré tout ce projet historien, sans quoi il n'aurait pas existé, aussi limité nous paraisse-t-il aujourd'hui. Autrement dit, ce «théologique» et cette «théologie» ont effectivement noué un projet d'histoire et donc d'historiographie qu'ils ont du même coup fondé et porté de bout en bout, arrachant ses composantes à la seule perception de genres purement littéraires, ou au caractère erratique de formes législatives ou rituelles, à l'instar de tablettes akkadiennes ou de volumens égyptiens. Il suffit, dès lors, de s'entendre sur la nature de ce corpus historique dont plus de deux siècles maintenant nous ont permis d'appréhender les composantes et donc les inévitables limites par rapport à nos conceptions modernes, de façon à le recevoir dans son intentionnalité et à poursuivre une lecture qui, paradoxalement, va le confirmer dans cette intentionnalité, voire dans sa fonctionnalité.

En effet, avec ce jeu de constats et ces conclusions, on n'en a pas fini avec le *vouloir* historique et donc historien biblique, tant dans l'Ancien que dans le Nouveau Testament, même s'il n'y a pas lieu de s'étendre outre mesure sur des données plus explicites à défaut pourtant d'un accès plus évident sinon plus facile.

Car, ainsi que nous l'avons déjà évoqué, il y a une dominante de l'intentionnalité historienne dans la Bible, qui court des premières pages de la Genèse aux dernières de l'Apocalypse, en passant notamment par les récits évangéliques et des Actes des apôtres. De ce fait, on ne peut s'étonner de ces incessantes reprises de l'histoire dans des sous-ensembles comme les livres des Chroniques reprenant – et relisant – certaines données des Livres de Samuel et des Rois, les Livres d'Esdras et de Néhémie au retour d'un Exil qui veut renouer avec la Loi, voire les deux Livres des Maccabées. En ce sens, on ne doit pas non plus négliger le Livre de Ruth comme relais entre celui des Juges et le 1er Samuel. Et quoi qu'il en soit des différences fondamentales ou essentielles qui spécifient les uns et les autres aux yeux de la critique littéraire comme de la critique historique, on ne peut que constater cette *dominance de l'histoire* qui déborde même son champ rédactionnel propre.

Ainsi, les livres de Judith, de Tobie et d'Esther, qui, relevant à l'évidence d'un imaginaire qui les éloigne absolument de la véracité historique et en fait des «contes édifiants», n'en sont pas moins intégralement nourris de référence historiques, ce qui, en d'autres temps et lieu, les eût fait identifier à des «romans historiques» sans que le lecteur ne risquât d'en être dupe.

Plus significatives, peut-être, sont les annotations historiques introductives des psaumes, pour dire ce souci référentiel – et révérenciel – à l'histoire, celle de David notamment; ce qui ne peut que valoriser un peu plus ces nombreuses hymnes qui littéralement glorifient l'histoire en lui conférant par une prosodie propre une densité à laquelle le narratif ne semblerait pas suffire; ce qui vaut encore pour l'un ou l'autre thrène évoquant les désastres immérités de quelque guerre[1]. Là encore, la prégnance historique dans ce qui, par nature, veut transcender l'histoire dans la poésie ou la répétition rituelle, ne peut que confirmer une dynamique à la fois théologique et spirituelle qui puise aux références d'un passé raconté.

---

1. Notamment les Lamentations dites de Jérémie.

Enfin, qu'il nous suffise de rappeler qu'en son intemporalité essentielle, l'œuvre sapientielle dans tous ses livres laisse une place souvent importante et en tout cas significative à l'évocation de tel ou tel fait historique, voire à des séquences entières rapportées par les livres historiques [1].

Ainsi, on ne s'étonnera pas que le Nouveau Testament, aussi particularisé soit-il par l'avènement du Christ, n'ait pu que s'adonner, pour ainsi dire, à une autre écriture de l'histoire, aussi particularisée soit-elle de ce fait même. Cependant, il y a une continuité entre Ancien et Nouveau Testament, dans ce sens de l'histoire justement, une continuité plus forte que les apparences ne le donnent à penser. Et là, surgit un autre genre littéraire, complexe dans ses différents modes d'expressions autant que dans ses origines et son intentionnalité propre, *l'apocalyptique*. Or, ce genre ramène à une autre importante partie de l'Ancien Testament et de son historiographie, dont nous n'avons guère parlé, *les Prophètes et le prophétisme* dont l'apocalyptique dépend pour une bonne part et se réclame.

On s'accorde de plus en plus aujourd'hui à voir chez ces personnalités prophétiques et dans leur discours la source de nombre d'éléments fondamentaux de ce qui fait la spécificité d'Israël en matière religieuse, en particulier en matière d'intelligence de l'histoire. Or, le genre apocalyptique, qui se complexifie entre le IIe siècle avant Jésus-Christ et le IIe après, a incontestablement ses antécédences dans l'esprit et dans certaines expressions des prophètes, les « visionnaires » et « écrivains » d'apocalypses n'hésitant pas, à l'occasion, à se dire « prophètes » [2]. C'est donc à une sorte de confluence que va se situer l'avènement du Christ et du christianisme, où l'histoire va à nouveau se trouver commise pour ainsi dire à l'intelligence d'une nouvelle phase de la littérature biblique et donc de son intelligence historienne et de son historiographie.

Que les prophètes aient convoqué l'histoire dans leur prédication, cela peut d'abord relever de leur propre intelligence « théologienne » et donc d'une conviction religieuse qui entendait dépasser les seules

---

1. Par exemple Siracide 44-50, ou Sagesse 10 *sq.*
2. Zacharie 13,4 ; Daniel 9,24 ; Apocalypse 22,9.

ritualisations du culte et des quêtes d'un salut plus ou moins immédiat auxquelles elles étaient liées. Le « tous pécheurs » d'un Osée ou d'un Isaïe, du roi et prêtre jusqu'au plus humble israélite, impliquait nécessairement la relecture de l'histoire, aussi schématique et orientée qu'elle ait été. Mais plus précisément, lorsque Daniel ressaisit sous l'image de la statue aux pieds d'argile la succession des règnes qui s'effondreront sous le coup du jet d'une pierre symbolique, c'est à tout autre chose que le prophète visionnaire d'apocalypse a recours : à une authentique *vision de l'histoire*, ressaisie dans une cohérence qui en manifeste la logique de destin, fût-il de mort, même si c'est dans le but d'une proclamation apologétique du dessein divin sur un Israël plus que jamais saisi « au milieu des nations » et toujours en attente d'un salut, au terme de plusieurs périodes éprouvantes comme au cœur d'une situation menaçante.

Du coup, l'histoire se voit explicitement établie sur un horizon d'avenir qui en dit le sens, confirmant de ce fait non seulement les grandes synthèses historiennes de l'Ancien Testament (entre la Genèse et le 2e Livre des Rois), mais aussi les perceptions plus ponctuelles laissées dans les livres autonomes, chez les prophètes en particulier, comme aussi dans ces contes édifiants usant et abusant des références historiques jusqu'à l'invraisemblance. Or, cet horizon sera particulièrement investi par cette nouvelle ère qui, tant dans le Judaïsme que bientôt dans le christianisme, verra se déployer un *sens de l'histoire* nourri par une espérance tentant de dominer les faiblesses en tous genres, en particulier celles que font éprouver les puissances ennemies.

Un des ressorts de ce sens nouveau de l'histoire tiendra certes aux certitudes avancées par les visions du prophète, mais surtout à l'idée d'*accomplissement* des Écritures antérieures et de la prégnance historienne qui les caractérise. Le Messie attendu, le Fils de l'homme reconnu, et au terme le Christ Fils de Dieu confessé en sera chargé jusqu'à devenir lui-même celui qui, un jour ultime surgira sur les nuées, sera contemplé comme l'Agneau dans la divine liturgie de la cour céleste et marque la fin de l'histoire.

De ce fait, même si l'histoire reste ou redevient épreuve, quelque chose en est décidément et définitivement *sauvé* qui, par delà les menaces et les catastrophes, ne pourra qu'aboutir à une victoire complète et définitive. Lue et relue en termes de *périodes*, dont l'ultime est celle du salut définitif, l'histoire devient le lieu d'une *révélation* (une « apocalypse ») non seulement de la fin, mais du *sens* que le fidèle, du Judaïsme d'abord, du christianisme ensuite, n'a qu'à saisir par la révélation « apocalyptique » dont la manifestation ultime est dans le Messie-Christ qui dessine la dernière phase, soit dans le présent de l'Église soit dans le retour du Christ. Ainsi en vivra la chrétienté jusqu'à la veille de la Renaissance, celle de l'Occident se ressaisissant plus particulièrement dans la conception augustinienne de l'histoire et de ses grandes périodisations empruntées précisément à l'histoire biblique.

***

Ainsi sommes-nous parvenus au terme de l'exposé d'une conception de l'histoire qui nous a conduits au seuil de ce que l'on appelle la Modernité de par l'intelligence de l'humanité et du temps qu'une telle conception avait initiée et permis de déployer. Sans doute faudrait-il nuancer et davantage particulariser certains moments de cette écriture et lecture de l'histoire, notamment dans les évangiles et les Actes des Apôtres : mais l'héritage que ces ouvrages explicitement historiens de par leurs en-têtes ou conclusions notamment[1] s'inscrivant dans leur héritage, nous a en quelque sorte dispensé de nous étendre davantage par rapport à un équilibre d'ensemble dans cet ouvrage. Qu'il suffise ici de rappeler l'ouverture de l'épître aux Hébreux, pour agréer cette continuité de projet et sa reconnaissance héritière :

> Après avoir, à maintes reprises et sous maintes formes, parlé jadis aux pères par les prophètes, Dieu, en ces jours qui sont les derniers, nous a parlé par un fils, qu'il a établi héritier de toutes choses, par qui aussi il a fait les mondes ...[2].

---

1. Le plus explicite restant Luc 1,1-4, on ne saurait négliger les deux conclusions johanniques qui induisent la démarche historienne (Jn 20,30-31 et 21,24-25), sans oublier l'ouverture de l'évangile de Matthieu par l'intégration de Jésus à une généalogie qui s'ouvre sur Abraham.

2. Épître aux Hébreux 1,1-2 (trad. Bible de Jérusalem).

Naturellement, comme nous y avons fait allusion à plusieurs reprises, la Modernité, qui s'inaugurerait dès le XVe siècle avec la Renaissance et l'humanisme, malmènerait pour ainsi dire, ce projet historien aboutissant au bout de trois siècles à une mise en question radicale. Aussi faudrait-il aujourd'hui revenir sur des résultats qu'on peut considérer comme apaisés et qui, après avoir parus radicalement destructeurs d'un corpus dans son contenu et sa structuration, ont mis au jour un autre sens de cette histoire, son *oltre*[1], qui révèle d'autant mieux sa vérité selon un *au-delà* de sa véracité qui ouvre justement à cet autre sens.

Il n'en reste pas moins que, particulièrement dans l'histoire de l'Occident, cette histoire selon la Bible fut maîtresse et créatrice, même si un jour, le « miracle grec » du Ve siècle et l'intelligence d'un Thucydide se substitueraient à elle. Mais pour cela, la chrétienté n'en avait pas moins tenu quinze siècles d'intelligence, de cohérence et de reconnaissance.

Pierre GIBERT

---

1. Selon le mot du titre italien de l'ouvrage de M. Liverani, *Oltre la Bibbia. Storia antica di Israele* (2003), trad. fr. V. Dutaut, *La Bible et l'invention de l'histoire*, Paris, Bayard, 2008, rééd. Paris, Gallimard, 2010. Nous reconnaissons notre dette envers cet important ouvrage à la bibliographie duquel nous renvoyons (p. 519-573). *Cf.* aussi A. Paul, *Et l'homme créa la Bible. D'Hérodote à Flavius Josèphe*, Paris Bayard, 2000 et l'*Introduction à l'Ancien Testament* de Th. Römer, J.-D. Macchi et Ch. Nihan (éds.), nouvelle édition entièrement révisée et substantiellement augmentée, Genève, Labor et Fides, 2009.

LE MOYEN ÂGE ET L'HISTOIRE[*]

En orientant la nature, et l'homme qui n'en est qu'une partie, vers une fin surnaturelle, le christianisme devait nécessairement modifier les perspectives historiques reçues et jusqu'au sens même de la notion d'histoire. Pourtant, on admet communément que le Moyen Âge est resté complètement étranger à toute préoccupation historique et que, pour employer une expression reçue, le « sens » de l'histoire lui a manqué. D'illustres érudits se sont portés garants de cette évidence. Par un étrange paradoxe, l'âge que nous appelons « moyen », c'est-à-dire où nous voyons essentiellement une transition, n'aurait pas eu le moindre sentiment du caractère transitoire des choses humaines. Tout au contraire, « ce qui le caractérise le plus profondément, c'est son idée de l'immutabilité des choses. L'antiquité, surtout dans les derniers siècles, est dominée par la croyance à une décadence conti-nue ; les temps modernes, dès leur aurore, sont animés par la foi en un progrès indéfini ; le Moyen Âge n'a connu ni ce découragement, ni cette espérance. Pour les hommes de ce temps, le monde avait toujours été tel qu'ils le voyaient (c'est pour cela que leurs peintures de l'anti-quité nous paraissent grotesques), et le jugement dernier le trouverait tel encore »[1]. Affirmations massives, et qui surprendraient, si l'on ne connaissait l'indifférence profonde de certains philologues à l'égard des idées. Trop peu réelles à leurs yeux pour être des objets d'histoire, elles se prêtent à tous les traitements, et la plus exacte rigueur dans la

---

[*] Nous reproduisons ici, à l'exception de deux paragraphes de conclusion, le chapitre XIX de *L'esprit de la philosophie médiévale*, Paris, Vrin, 1932. Nous avons traduit les citations latines.

1. G. Paris, *La littérature française au Moyen Âge*, 2ᵉ éd. Paris, Hachette, 1890, p. 30.

science de ce que les hommes du Moyen Âge ont écrit se combine parfois avec l'arbitraire le moins scrupuleux dans les jugements sur ce qu'ils ont pensé.

La vérité, ici comme ailleurs, est que si nous cherchons notre conception de l'histoire au Moyen Âge, il est certain d'avance que nous ne l'y trouverons pas, et si l'absence de notre histoire équivaut à l'absence de toute histoire, on peut être assuré que le Moyen Âge n'en a aucune. On prouverait aussi facilement d'ailleurs, par la même méthode, qu'il n'a eu aucune poésie, comme on a cru longtemps, en face des cathédrales, qu'il n'avait aucun art et comme l'on soutient encore, en présence de ses penseurs, qu'il n'a eu aucune philosophie. Ce qu'il convient, au contraire, de se demander, c'est s'il n'existerait pas une conception spécifiquement médiévale de l'histoire, différente à la fois de celle des Grecs et de la nôtre, réelle pourtant.

On peut le supposer *a priori*, pour un temps où toutes les consciences vivaient du souvenir d'un fait historique, d'un évènement par rapport auquel s'ordonnait toute l'histoire antérieure et duquel datait le commencement d'une ère nouvelle; un évènement unique, dont on pourrait presque dire qu'il marquait une date pour Dieu même : l'incarnation du Verbe et la naissance de Jésus-Christ. Les hommes du Moyen Âge ne savaient peut-être pas que les Grecs s'habillaient autrement qu'eux; plus probablement, ils le savaient, mais ne s'en souciaient guère; ce dont ils se souciaient, c'était ce que les Grecs avaient su et cru ou, plus encore, ce qu'ils n'avaient pu ni savoir ni croire. Dans un passé lointain, après l'histoire de la création et de la faute, se confondaient les multitudes des hommes sans foi ni loi; un peu plus près, le peuple élu, qui vécut sous la Loi, déroulait la longue suite de ses aventures; tout près, enfin, le christianisme prenait naissance et inaugurait les temps nouveaux, dont le cours était jalonné déjà de maint évènement fameux, tels que la chute de l'Empire romain et la fondation de l'empire de Charlemagne Comment une civilisation pourrait-elle croire à la permanence des choses, lorsque ses livres sacrés sont deux livres d'histoire : l'Ancien et le Nouveau Testament? On perdrait donc son temps à demander à une telle société si elle change et si elle en a conscience; mais on peut lui demander comment elle change, c'est-à-dire d'où elle vient, où elle va, à quel endroit exact elle se situe elle-même sur la ligne qui relie le passé à l'avenir.

Le christianisme avait fixé la fin de l'homme au delà des limites de la vie présente ; en même temps, il avait affirmé qu'un Dieu créateur ne laisse rien en dehors des desseins de sa providence ; il lui fallait donc admettre aussi que tout, dans la vie des individus comme dans celle des sociétés dont ils font partie, devait nécessairement s'ordonner en vue de cette fin supra-terrestre. Or, la première condition pour qu'un tel ordonnancement s'établisse, est qu'il y ait un déroulement réglé des évènements dans le temps, et d'abord qu'il y ait un temps. Ce temps n'est pas un cadre abstrait à l'intérieur duquel les choses durent, ou du moins il n'est pas que cela. Essentiellement, il est un certain mode d'être, la manière d'exister qui convient à des choses contingentes et incapables de se réaliser dans la permanence d'un présent stable. Dieu est l'Être, il n'y a rien qu'il puisse devenir, parce qu'il n'y a rien qu'il ne soit ; le changement et la durée n'existent donc pas pour lui. Les choses créées sont, au contraire, des participations finies de l'Être ; fragmentaires, pour ainsi dire, toujours incomplètes, elles agissent afin de se compléter ; elles changent donc et, par conséquent, elles durent. C'est pourquoi saint Augustin considère l'univers comme une sorte de détente : une *distensio*, dont l'écoulement imite l'éternel présent et la simultanéité totale de Dieu.

À vrai dire, l'homme se trouve dans un état qui n'est ni celui de Dieu, ni celui des choses. Il n'est pas simplement entraîné, comme le reste du monde physique, dans un écoulement ordonné ; il se sait dans le flot du devenir et pense le devenir même. En lui permettant de recueillir les instants successifs qui, sans elle, retomberaient au néant, sa mémoire construit une durée, comme sa vue rassemble dans un espace la dispersion de la matière. Du fait même qu'il se souvient, l'homme rachète donc partiellement le monde du devenir qui l'entraîne et s'en rachète avec lui. En pensant l'univers et en nous pensant nous-mêmes, nous engendrons un ordre de l'être intermédiaire entre l'instantanéité de l'être des corps et la permanence éternelle de Dieu. Pourtant, l'homme passe lui-même, sous cette frêle stabilité de sa mémoire qui va sombrer à son tour dans le néant si Dieu ne la recueille et ne la stabilise. C'est pourquoi, bien loin d'ignorer que tout change, la pensée chrétienne a ressenti jusqu'à l'angoisse le caractère tragique de l'*instant*. Car il n'y a que lui de réel ; c'est en lui que la pensée rassemble à la fois les débris arrachés au naufrage du passé et les anticipations de l'avenir; bien plus, c'est dans l'instant qu'elle construit simultanément ce passé et cet avenir, si bien que cette image précaire d'une permanence véritable, dressée par la mémoire au-dessus du flux de la matière, se trouve emportée par lui, entraînant avec soi le butin qu'elle voudrait sauver du néant. Ainsi, le passé n'échappe à la mort que dans l'instant d'une pensée qui dure, mais l'*in-stans*, c'est à la fois ce qui se tient dans le présent et se presse vers l'avenir où il ne demeurera pas davantage; c'est aussi ce dont l'interruption brusque clôt à jamais une histoire et fixe une destinée pour toujours.

Il y a donc, pour tout penseur du Moyen Âge, des hommes qui passent en vue d'une fin qui ne passera pas. Mais il y a plus. En annonçant la « bonne nouvelle », l'Évangile n'avait pas seulement promis aux justes une sorte de béatitude individuelle, il leur avait annoncé l'entrée dans un Royaume, c'est-à-dire dans une société de justes, unis par les liens de leur commune béatitude. La prédication du Christ a été comprise de bonne heure comme la promesse d'une vie sociale parfaite et l'on a vu dans la constitution de cette société la fin dernière de son incarnation. Tout chrétien se reconnaît donc appelé à faire partie, comme membre, d'une communauté plus vaste que la communauté humaine à laquelle il appartient déjà. Étrangère à toutes les nations, recrutant ses membres dans chacune d'entre elles, la Cité de Dieu se construit progressivement à mesure que le monde dure, et le monde n'a même d'autre raison de durer que l'attente de son achèvement. De cette cité céleste, c'est-à-dire invisible et mystique, les hommes sont les pierres et Dieu est l'architecte. Elle se construit sous sa direction, c'est vers elle que tendent toutes les lois de sa providence, c'est pour en assurer l'avènement qu'il s'est fait législateur, promulguant expressément la loi divine, qu'il avait déjà inscrite au cœur de l'homme, et la portant au delà de ce qui suffisait à l'ordre des sociétés humaines, mais ne suffisait pas à fonder une société entre l'homme et Dieu[1]. Si les chrétiens ont connu des vertus, comme l'humilité par

---

1. « Ce n'est pas au même type de communauté que se réfèrent la loi humaine et la loi divine. La loi humaine vise une communauté civile, celle qui s'établit entre les hommes par le moyen d'activités extérieures, puisque c'est par de tels actes que les hommes entrent en rapport les uns avec les autres. Les rapports de cette sorte sont du ressort de la

exemple, pour lesquelles on trouverait difficilement place dans le catalogue des vertus grecques, c'est précisément que les Anciens ont surtout réglé leur morale sur les exigences de la vie sociale humaine considérée comme fin dernière, au lieu que les chrétiens règlent la leur sur une société plus haute que celle qui les lie aux autres hommes, celle que des créatures douées de raison peuvent former avec leur créateur[1]. Ce qui n'était rien pour les Grecs devient le fondement nécessaire de la vie chrétienne; la reconnaissance de la souveraineté divine et de la dépendance absolue des créatures, voilà l'humilité, et c'est aussi la loi fondamentale de ce que saint Thomas appelle avec force « la république des hommes sous Dieu »[2]. On sait ce que doivent à cette notion la « république des esprits », la « société éternelle », ou même l'« humanité » et le « royaume des fins » des philosophies de Leibniz, de Malebranche, de Comte et de Kant; le rêve d'une société univer-selle et d'essence purement spirituelle, c'est le fantôme de la Cité de

justice, spécialement qualifiée pour l'organisation des rapports sociaux parmi les hommes. C'est pourquoi les préceptes proposés par la loi humaine n'intéressent que les actes de justice; si des actes d'autres vertus sont prescrits, c'est dans la mesure seulement où ces actes revêtent un caractère de justice, ainsi que l'explique Aristote. Mais, avec la loi divine, la communauté en cause est celle des hommes envers Dieu, soit dans la vie présente, soit dans la vie future; aussi les préceptes que cette loi propose ne négligent rien de ce qui peut disposer l'humanité à ces bons rapports avec Dieu. », Thomas d'Aquin, *Sum. theol.*, Ia-IIae, 100, 2, Resp., trad. fr. Paris, Le Cerf, 1984, II 636.

1. « [Objection] Toute vertu morale a pour matière les actions ou les passions, d'après Aristote. Or l'humilité n'est pas mise par lui au nombre des vertus qui ont trait aux passions, et elle n'est pas non plus rangée par lui sous la justice, qui porte sur les actions. Il semble donc qu'elle ne soit pas une vertu. – [Solution] Aristote voulait traiter des vertus selon qu'elles sont ordonnées à la vie civique, où la soumission d'un homme à un autre est déterminée selon l'ordre de la loi, et fait partie de la justice légale. Mais l'humilité, selon qu'elle est une vertu spéciale, regarde principalement la subordination de l'homme à Dieu, à cause de qui il se soumet aussi aux autres lorsqu'il s'humilie. », Thomas d'Aquin, *Sum. theol.*, IIa-IIae, 161, 1, ad 5., trad. cit., t. 3, p. 911-912. – Cette vertu morale d'humi-lité, qui s'impose à tout homme convaincu de vivre dans un univers créé et d'être une créature, est donc une conséquence morale directe de la métaphysique chrétienne. Sa nécessité semble aujourd'hui encore absolue pour toute morale, même simplement humaniste, qui se veut complète.

2. « De même que les préceptes de la loi humaine disposent l'homme en vue d'une société humaine, de même les préceptes de la loi divine disposent l'homme en vue d'une sorte de société ou de cité des hommes soumise à Dieu. », Thomas d'Aquin, *Sum. theol.*, Ia-IIae, 100, 5, Resp., trad. cit., t. 2, p. 639.

Dieu hantant les ruines de la métaphysique. Pour le moment, nous n'avons d'ailleurs à la considérer que dans ce qu'elle nous apprend du Moyen Âge et de la place qu'il s'attribuait dans l'histoire de la civilisation.

La première conséquence qui en découle, pour qui l'envisage de ce point de vue, c'est la substitution d'une nouvelle notion du sens de la durée à celle de cycle, ou de retour éternel, dont le nécessitarisme grec s'accommodait si bien. L'homme a une histoire individuelle, une véritable « histoire naturelle », qui se déroule selon un ordre linéaire, où les âges se succèdent, comme autant d'étapes prévues, jusqu'à la mort, qui en est le dénouement. Ce processus régulier de croissance et de vieillissement est un progrès constant de l'enfance à la vieillesse, mais limité par la durée même de la vie humaine[1]. À mesure qu'il avance en âge, chaque homme accumule un certain capital de connaissances, perfectionne les facultés de connaître au moyen desquelles il les acquiert et s'accroît, pour ainsi dire, aussi longtemps que ses forces le lui permettent. Lorsqu'il disparaît, ses efforts ne sont pas pour cela perdus, car ce qui est vrai des individus est vrai des sociétés, qui leur survivent, et des disciplines intellectuelles et morales, qui survivent aux sociétés elles-mêmes. C'est pourquoi, saint Thomas l'a souvent noté, il y a un progrès dans l'ordre politique et social, comme il y en a un dans les sciences et la philosophie, chaque génération bénéficiant des vérités accumulées par les précédentes, tirant profit de leurs erreurs mêmes et transmettant à celles qui vont la suivre un héritage accru par ses efforts. Seulement, pour des chrétiens, il ne suffit pas de considérer les résultats acquis par les individus, les sociétés ou les

---

1. La conception des six âges du monde, suivis de l'âge du repos, fut léguée au Moyen Âge par saint Augustin. Les âges du monde se succèdent comme les âges de l'homme : *De Genesi contra Manich.*, I, 23, 35-41 ; *Patr. lat.*, t. 34, col. 190-193 (sur l'inégalité des âges : 24, 42 ; col. 193 ; sur leur application à la vie spirituelle : 25, 43 ; col. 193-194). Cf. *Enarr. in Ps. 92*, 1 ; *Patr. lat.*, t. 37, col. 1182. *De div. quaest. 83*, 58, 2 ; t. 40, col. 43-44. – Le problème se posait autrement aux XIIe et XIIIe siècles, puisqu'il fallait intégrer à ce schème historique toute l'histoire depuis le temps de saint Augustin ; voir Honorius Augustodunensis, *De imagine mundi*, lib. III, continuatio ; *Patr. lat.*, t. 172, col. 186-188. Hugues de Saint-Victor (*Excerptionum allegoricarum lib. XXIV, Patr. lat.*, t. 177, col. 225-284) substitue les règnes aux âges ; les règnes sont ensuite redistribués entre les époques par saint Bonaventure, *In Hexaem.*, col. XVI, éd. Quaracchi, t. V, p. 403-408.

sciences. Puisqu'il existe une fin promulguée par Dieu et vers laquelle on sait que sa volonté dirige tous les hommes, comment ne pas les rassembler tous sous une même idée et ordonner la somme totale de leurs progrès vers cette fin? Il n'a de sens que par rapport à elle, puisqu'il y tend et que la distance qui l'en sépare est sa vraie mesure. C'est pourquoi des penseurs chrétiens devaient en venir à concevoir, avec saint Augustin et Pascal, que le genre humain tout entier, dont la vie ressemble à celle d'un homme unique, depuis Adam jusqu'à la fin du monde, passe par une série d'états successifs, vieillit selon une suite d'âges, au cours desquels la somme de ses connaissances naturelles et surnaturelles ne cesse de s'accroître, jusqu'à l'âge de sa perfection, qui sera celui de sa gloire future [1].

C'est ainsi qu'il faut se représenter l'histoire du monde pour la concevoir telle que le Moyen Âge l'a conçue. Elle n'est ni celle d'une décadence continue, puisque, au contraire, elle affirme la réalité d'un progrès collectif et régulier de l'humanité comme telle, ni celle d'un progrès indéfini, puisqu'elle affirme, au contraire, que le progrès tend vers sa perfection comme vers une fin; elle est bien plutôt l'histoire d'un progrès orienté vers un certain terme. De toute façon, rien n'autorise à prêter aux hommes du Moyen Âge l'idée que les choses avaient toujours été telles qu'elles étaient pour eux et que la fin du monde les trouverait telles encore. Telle qu'elle vient d'être définie, l'idée de changement progressif a été formulée avec une force extrême par saint

---

1. « Ainsi, par analogie, le genre humain tout entier, dont la vie est comme celle d'un seul homme depuis Adam jusqu'à la fin de notre temps, est régi par les lois de la providence divine de sorte qu'il en vienne à se manifester comme divisé en deux genres. », saint Augustin, *De vera religione*, XXVII, 50; *Patr. lat.*, t. 34, col. 144. Cf. *De civ. Dei*, X, 14; *Patr. lat.*, t. 41, col. 292. – La notion s'étend à l'accroissement des connaissances humaines, chez saint Bonaventure : « Il faut dire, si l'on se base sur son état présent, que le monde a des âges. Puisqu'en effet le monde vieillit, il faut encore qu'il ait été jeune. Si donc il a vieilli, il a aussi été jeune, et de ce fait il a connu des âges intermédiaires. Et on juge de ces âges en fonction de l'état du monde dans son progrès vers la gloire. De là vient que, puisque le monde aura progressé peu à peu dans la connaissance, on juge de ces âges divers pour le monde de la même manière qu'on le fait pour un seul homme. », *In IV Sent.*, 40, dub. 3, éd. Quaracchi, t. IV, p. 854. Il s'agit toujours ici des progrès de l'humanité vers sa fin surnaturelle. Mais Pascal étendra plus tard cette comparaison à l'acquisition progressive des sciences par l'humanité, voir *Pensées*, L. Brunschvicg (éd.), p. 80 et note 1.

Augustin et les penseurs chrétiens qui s'en inspirent. C'était une idée nouvelle, car ni chez Platon, ni chez Aristote, ni même chez les stoïciens, on ne trouverait cette notion, aujourd'hui si familière, d'une humanité conçue comme un être collectif unique, fait de plus de morts que de vivants, en marche et en progrès constant vers une perfection dont il se rapproche sans cesse. Ordonnée et traversée tout entière par une finalité interne[1], on dirait presque par une *intention* unique, la suite des générations dans le temps ne trouve pas seulement une unité réelle ; du fait qu'elle s'offre désormais à la pensée comme autre chose qu'une succession d'évènements accidentels, elle prend un sens intelligible, et c'est pourquoi, même si l'on devait reprocher au Moyen Âge d'avoir manqué du sens de l'histoire, il faudrait du moins lui reconnaître le mérite d'avoir tout fait pour aider à la naissance d'une philosophie de l'histoire. Disons plus, il en avait une, et, dans la mesure où elle existe encore, la nôtre est plus pénétrée qu'elle ne l'imagine de principes médiévaux et chrétiens.

On peut fort bien concevoir une histoire philosophique à la manière de Voltaire et de Hume, c'est-à-dire dégagée de toute influence chrétienne – ou presque – et rien n'interdit d'appeler les conclusions qui s'en dégagent une philosophie de l'histoire. Peut-être même pourrait-on douter qu'en ce sens il y ait jamais eu un seul grand historien qui n'ait eu la sienne ; même chez ceux qui ne font rien pour l'expliciter, elle n'en est pas moins réelle et d'autant plus efficace peut-être que moins consciente d'elle-même. Les chrétiens, eux, étaient obligés d'expliciter la leur et de la développer dans un sens déterminé. D'abord, ils différaient des autres historiens en ce qu'ils se croyaient informés du commencement et de la fin de l'histoire, deux faits essentiels dont l'ignorance n'interdisait pas seulement aux

---

1. « C'est pourquoi ce Dieu souverain et véritable, qui forme avec son verbe et son Saint-Esprit la Trinité une ; ce Dieu unique et tout-puissant, créateur et auteur de toute âme et de tout corps [...] qui n'a pas laissé le ciel et la terre, l'ange et l'homme, mais encore les entrailles d'un animal minuscule et méprisable, la plume de l'oiseau, la fleur des champs ou la feuille de l'arbre, sans leur donner une harmonie interne et comme une sorte de paix, on ne peut absolument pas croire qu'il ait voulu que les royaumes des hommes, leurs dominations et leurs servitudes restent en dehors des lois de sa Providence. », saint Augustin, *De civ. Dei*, V, 11 ; *Patr. lat.*, t. 41, col. 153-154, trad. fr. L. Jerphagnon (dir.), Paris, Gallimard, 2000, p. 192.

infidèles d'en comprendre le sens, mais même de soupçonner qu'elle pût en avoir un. C'est donc parce qu'ils ont cru à la Bible et à l'Évangile, au récit de la création et à l'annonce du royaume de Dieu, que les chrétiens ont osé tenter la synthèse de l'histoire totale. Toutes les tentatives du même genre qui se sont produites depuis n'ont fait que remplacer la fin transcendante, qui assurait l'unité de la synthèse médiévale, par des forces immanentes diverses qui ne sont que les substituts de Dieu; pourtant, l'entreprise reste substantiellement la même, et ce sont des chrétiens qui l'ont d'abord conçue : donner de la totalité de l'histoire une explication intelligible, qui rende raison de l'origine de l'humanité et en assigne la fin.

Pour ambitieux qu'il soit, ce dessein n'est cependant pas suffisant, car il est impossible de le former sans accepter les conditions nécessaires de sa réalisation. Être sûr qu'un Dieu qui veille au moindre brin d'herbe n'a pas abandonné au hasard la suite des empires, être averti par lui-même du dessein que poursuit sa sagesse en les gouvernant, c'est se sentir capable de discerner l'action directrice de la providence dans le détail des faits et de les expliquer par elle. Construire l'histoire et en dégager la philosophie ne seront plus alors qu'une seule et même œuvre, puisque tous les évènements viendront se ranger d'eux-mêmes à la place que leur assigne le plan divin. Tel peuple vivra sur un territoire configuré de telle manière, il sera doué de tel caractère, de telles vertus et de tels vices, il apparaîtra à tel moment de l'histoire et durera pour un temps déterminé, selon que le veut l'économie de l'ordre providentiel. Et non seulement tel peuple, mais tel individu, ou telle religion, telle philosophie [1]. À la suite de saint Augustin, le Moyen Âge se représentait donc l'histoire du monde comme un beau poème, dont le sens est pour nous intelligible et complet depuis que nous en connaissons le commencement et la fin. Sans doute, en bien de ses parties, le sens caché du poème nous échappe ; on dirait que l'« ineffable musicien » a voulu garder pour lui son secret ; pourtant,

---

1. Saint Augustin, *De civ. Dei*, V, 10, 1-2; *Patr. lat.*, t. 41, col. 152-153. – Saint Augustin y montre que Dieu a voulu les mœurs romaines, parce qu'il voulait assurer la grandeur de l'empire romain, terrain où s'épanouira plus tard le christianisme. Tout ce qu'un historien moderne tendrait à expliquer selon l'ordre des causes efficientes, est donc interprété par Augustin du point de vue de la finalité. D'où le caractère unifié, systématique et philosophique de son récit.

nous en déchiffrons assez pour être sûrs que tout a un sens et conjecturer le rapport de chaque évènement à la loi unique qui en règle la composition tout entière[1]. L'entreprise est donc ardue et pleine de risques, mais elle n'est ni fausse dans son principe, ni complètement impossible. C'est pourquoi l'on voit apparaître chez les philosophes chrétiens des entreprises historiques d'une ampleur jusqu'alors inconnue, embrassant la totalité des faits accessibles et les systématisant à la lumière d'un principe unique. La *Cité de Dieu* de saint Augustin, reprise par Paul Orose dans son *Histoire*, avoue sans réserve une ambition qu'elle aurait eu d'ailleurs peine à dissimuler, puisqu'elle était sa raison d'être. Considérant l'ensemble de son ouvrage, à l'époque des *Rétractations*, Augustin nous en livre en quelques mots le sens et le plan : «Les quatre premiers de ces douze livres contiennent donc la naissance des deux Cités, celle de Dieu et celle du monde; les quatre suivants, leurs progrès, et les quatre derniers, leurs fins». Le même dessein préside manifestement au *Discours sur l'histoire universelle*, où Bossuet reprend l'œuvre d'Augustin à l'usage d'un futur roi de France. Que cette œuvre s'apparente étroitement à la notion pascalienne de l'humanité conçue comme un homme unique et, par elle, à travers Augustin, à la conception chrétienne de l'histoire, c'est ce qu'un excellent historien de Bossuet n'a pas manqué d'apercevoir :

---

1. L'idée que la beauté du monde est comparable à celle d'un poème chanté par un aède divin est empruntée par saint Bonaventure à saint Augustin : « ... Ainsi donc, tout ce monde est décrit par l'Écriture dans un déroulement ordonné s'écoulant depuis le début jusqu'à la fin, à la manière d'un magnifique poème bien réglé où l'on peut contempler dans le déroulement du temps la variété, la multiplicité et l'équité, l'ordre, la rectitude et la beauté des nombreux jugements divins procédant de la sagesse de Dieu qui gouverne le monde. Comme personne ne peut voir la beauté d'un poème que si son regard se porte sur l'ensemble, ainsi personne ne voit la beauté de l'ordre et du gouvernement de l'univers s'il ne le contemple dans sa totalité. Or, personne ne vit assez longtemps pour que ses yeux de chair en perçoivent le cours total et personne ne peut par soi-même prévoir l'avenir. L'Esprit-Saint y pourvoit en nous donnant le livre de la Sainte Écriture dont la longueur se mesure au déroulement du gouvernement de l'univers. », saint Bonaventure, *Breviloquium*, Prol., 2, 4, dans *Tria opuscula*, éd. Quaracchi, 1911, p. 17. D'où la conclusion de saint Bonaventure : «Et ainsi apparaît clairement de quelle la manière l'Écriture décrit les époques successives. Celles-ci n'existent pas au hasard ni selon la fortune, mais il y a en elles une admirable lumière et de multiples significations spirituelles. », *In Hexaemeron*, coll. XVI, 30, éd. Quaracchi, t. V, p. 408.

« L'idée de l'*Histoire universelle* n'était pas seulement dans Pascal, elle était partout depuis les premiers temps de l'Église ; elle était dans saint Augustin, dans Paul Orose, dans Salvien ; elle était même dans ce déclamateur de Balzac. La difficulté n'était pas de la concevoir, c'était de l'exécuter ; car il y fallait une science, une puissance d'esprit, une logique, une habileté incroyables. Il suffit d'être chrétien pour regarder les choses humaines de ce point de vue ; mais il fallait être Bossuet pour bâtir sur cette idée un tel ouvrage » [1]. On ne saurait mieux dire ; ajoutons seulement que la conclusion peut se retourner : il suffisait d'être Bossuet pour bâtir sur cette idée un tel ouvrage, mais il fallait être chrétien pour regarder les choses humaines de ce point de vue.

L'influence du christianisme sur la conception de l'histoire a été si durable qu'elle se laisse encore discerner, après le XVIIᵉ siècle, chez des penseurs qui ne se réclament plus de lui ou même le combattent. Ce n'est pas l'Écriture qui guide la pensée de Condorcet ; il n'en conçoit pas moins l'idée de tracer un « tableau d'ensemble des progrès de l'esprit humain » ; sa philosophie de l'histoire est encore coulée dans le moule chrétien des *tempora et aetates*, comme si la succession des « époques » était désormais réglée par le progrès que le Dieu chrétien assurait, sans le Dieu dont il a pris la place. C'est un cas typique d'une conception philosophique issue d'une révélation, que la raison croit avoir inventée et qu'elle retourne contre la révélation à qui elle la doit. Comte et ses « trois états », qui préparent une religion de l'humanité, fait parfois songer à un Augustin athée, dont la Cité de Dieu descendrait du ciel sur terre [2]. Le « panthéisme » de Schelling, en assurant du dedans la suite des âges du monde – *die Weltalter* – pose à la base de la métaphysique une immanence divine dont l'histoire ne ferait qu'expliciter le développement au cours du temps. Hegel va plus

---

1. G. Lanson, *Bossuet*, p. 290 ; cité par G. Hardy, *Le « De civitate Dei » source principale du Discours sur l'Histoire universelle*, Paris, Leroux, 1913, p. 3. – On peut rattacher à la même tradition, dont il semble être l'expression la plus récente, l'ouvrage de J. du Plessis, *Le sens de l'histoire. La caravane humaine*, Le Roseau d'or, Paris, Plon, 1932.

2. A. Comte a inscrit la *Cité de Dieu* de saint Augustin au catalogue de sa *Bibliothèque positiviste au XIXᵉ siècle*. Il y ajoute : « Le *Discours sur l'Histoire universelle* par Bossuet, suivi de l'*Esquisse historique* par Condorcet. ». Comme toujours, Comte a ici le sentiment des continuités historiques.

loin encore. Ce ferme génie a vu clairement qu'une philosophie de l'histoire implique une philosophie de la géographie; il l'inclut donc dans sa puissante synthèse, que domine tout entière le progrès dialectique de la raison. Les Grecs ont senti de bonne heure que le monde physique lui-même est régi par une pensée; Hegel leur rend cette justice, mais il n'ignore pas aussi que cette idée ne s'est offerte aux hommes que plus tard, dans le christianisme, comme applicable à l'histoire. Ce qu'il reproche à la notion chrétienne de providence, c'est d'abord d'être essentiellement théologique et de se poser comme une vérité dont les preuves ne sont pas d'ordre rationnel; c'est aussi, même pour qui l'accepte comme telle, de rester trop indéterminée pour être utile : la certitude que les évènements suivent un plan divin, qui nous échappe, ne nous aidant en rien à relier ces évènements par des rapports intelligibles. Il n'en est pas moins vrai que si la philosophie hégélienne de l'histoire refuse de garantir la vérité – *die Wahrheit* – du dogme de la providence, elle s'engage à en démontrer la justesse : *die Richtigkeit*[1]. Ajoutons seulement qu'elle le lui doit bien, puisqu'elle en vit. Car ce que nous offre Hegel, c'est encore un Discours sur l'histoire universelle où la dialectique de la raison joue le rôle de Dieu; son ambition de nous donner une interprétation intelligible de la totalité de l'histoire porte la marque évidente d'un temps où le christianisme a si profondément imprégné la raison que, ce que sans lui elle n'eût jamais rêvé d'entreprendre, elle croit pouvoir le faire et le faire sans lui.

En étudiant ainsi la conception médiévale de l'histoire, nous sommes conduits à nous demander comment les penseurs chrétiens eux-mêmes situaient leur propre position par rapport à ceux qui les avaient précédés et à ceux qui allaient les suivre. Lorsqu'elle atteint ce degré de systématisation, la philosophie de l'histoire doit nécessairement embrasser jusqu'à l'histoire de la philosophie. Le cycle de cette enquête va donc se fermer ici sur lui-même. Revenant à ce qui fut notre point de départ et posant aux doctrines qui furent l'objet de ces études la question même que je me suis posée, je voudrais leur demander si le rapport qui les unit aux philosophies grecques leur

---

1. Hegel, *La raison dans l'histoire*, J. Hoffmeister (ed.), Hambourg, Meiner, 1955, p. 39, trad. fr. K. Papaioannou, Paris, UGE-10/18, 1965, p. 58.

apparaissait comme purement accidentel, ou s'il ne répond pas pour elles à des nécessités intelligibles et ne s'insère pas à son tour dans l'ensemble d'un plan divin.

Le Moyen Âge ne nous a pas laissé de *Discours sur l'histoire universelle de la philosophie*, mais il en a écrit des fragments et surtout il s'est situé lui-même dans l'ensemble de cette histoire possible avec beaucoup plus de soin qu'on ne l'imagine. On n'eût pas étonné ces hommes en leur apprenant qu'ils vivaient dans un âge « moyen », c'est-à-dire transitoire. La Renaissance, qui inventa de bonne heure l'expression, était, elle aussi, un « moyen » âge. Il en va de même du nôtre, et le seul qui puisse être conçu différemment relève moins de l'histoire que de l'eschatologie. On ne les eût pas non plus mortifiés en leur disant qu'ils étaient une génération d'héritiers. Ni en religion, ni en métaphysique, ni en morale, ils n'ont cru avoir tout inventé : leur conception même de l'unité du progrès humain leur interdisait de le croire. Bien au contraire, en tant que chrétiens, et dans l'ordre surnaturel même, ils recueillaient tout l'Ancien Testament dans le Nouveau et se sentaient ainsi régis par l'économie providentielle de la révélation. C'est ce qui fait qu'en parlant de philosophie chrétienne il soit impossible de séparer l'Ancien Testament du Nouveau, car le Nouveau s'incorpore l'Ancien, à tel point qu'il s'en réclame partout, même pour le « grand commandement », en même temps qu'il le complète. Vouloir fonder une philosophie chrétienne sur l'Évangile seul serait impossible, puisque, même lorsqu'il ne cite pas l'Ancien Testament, il le suppose. C'est pourquoi, dans le plan providentiel tel que les hommes de ce temps le conçoivent, la prédication de l'Évangile inaugure un « âge » du monde qui prend la suite des précédents, en recueille les fruits, y ajoute, et dans lequel ils se trouvent eux-mêmes placés. N'est-ce pas d'ailleurs, sur le plan religieux, l'âge ultime, puisque le seul qui puisse désormais lui succéder est l'éternité du royaume de Dieu ?

Les philosophes du Moyen Âge s'avouent également héritiers dans l'ordre de la connaissance naturelle, mais ils savent pourquoi ils héritent. Nul d'entre eux ne doute qu'il y ait, d'une génération à l'autre, progrès de la philosophie. On s'excuse de rappeler qu'ils n'ont pas ignoré cette évidence, mais il le faut bien, puisqu'on les en accuse. Il y avait assez d'histoire de la philosophie chez Aristote pour leur apprendre que, « semblables à des enfants qui commencent de parler et qui balbutient », les présocratiques n'avaient laissé à leurs successeurs que des essais informes d'explication des choses. Saint Thomas, qui nous le rappelle, s'est plu à retracer l'histoire des problèmes et à montrer comment les hommes, conquérant le terrain pas à pas – *pedetentim* – se sont progressivement rapprochés de la vérité. De cette conquête, qui n'est jamais totale, les chrétiens du Moyen Âge ont conscience qu'il leur incombe de recueillir les fruits et de l'élargir. Ils se voient providentiellement placés au point de rencontre où tout l'héritage de la pensée antique, absorbé par la révélation chrétienne, va désormais se multiplier au centuple. Le règne de Charlemagne a frappé les esprits comme l'avènement de l'âge des lumières : *hoc tempore fuit claritas doctrinae*, écrit encore saint Bonaventure en plein XIIIe siècle. C'est alors que s'est effectuée cette *translatio studii*, qui, remettant à la France le savoir de Rome et d'Athènes, a chargé Reims, Chartres et Paris d'intégrer cet héritage à celui de la sagesse chrétienne, en l'y adaptant. Nul, mieux que le poète Chrétien de Troyes, n'a dit la fierté qu'ont éprouvée les hommes du Moyen Âge d'être les gardiens et les transmetteurs de la civilisation antique (*Cligès*, 27-39). Cet honneur, dont on conçoit qu'un poète français du XIIe siècle se soit complu à l'exprimer, ce n'est pourtant pas lui qui invente de l'attribuer à sa patrie. L'antique tradition du chroniqueur anonyme de Saint-Gall le précède, Vincent de Beauvais le suivra, maint témoin l'accompagne. Lorsqu'un Anglais tel que Jean de Salisbury voit Paris en 1164, c'est-à-dire avant l'extraordinaire floraison doctrinale dont sa future université sera le siège, il n'hésite pas sur le caractère providentiel de l'œuvre qui s'y accomplit : *vere Dominus est in loco isto, et ego nesciebam* – en vérité, le Seigneur est dans ce lieu, et je ne le savais pas.

Le Moyen Âge était donc conduit par sa propre philosophie de l'histoire à se situer lui-même en un moment décisif du drame inauguré par la création du monde. Il ne croyait pas que les études avaient toujours été ce qu'elles étaient devenues depuis Charlemagne, ni qu'elles ne dussent plus jamais progresser. Il ne croyait pas non plus que le monde, ayant progressé jusqu'au XIIIe siècle, allait progresser indéfiniment, par le seul jeu des forces naturelles et en vertu d'une sorte de vitesse acquise. Considérant l'humanité sous la perspective qui lui est propre, il pensait bien plutôt qu'elle n'avait jamais cessé de changer depuis le temps de son enfance, qu'elle changerait encore, mais aussi qu'elle était à la veille de la grande transformation finale. Joachim de Flore peut bien annoncer un nouvel Évangile, celui du Saint Esprit, ceux qui le suivent d'abord en viennent bientôt à reconnaître qu'il n'y aura plus jamais d'autre Évangile, après celui de Jésus-Christ[1]. Longuement préparé par les Anciens, la philosophie vient de recevoir, quant à l'essentiel, sa forme définitive. Ce n'est ni celle de Platon, ni celle d'Aristote, mais plutôt ce que l'une et l'autre sont devenues en s'intégrant au corps de la sagesse chrétienne. Bien d'autres y ont été incorporées avec elles! La philosophie des chrétiens n'est pas la seule à se réclamer de la Bible et des Grecs : un philosophe juif, tel que Maimonide, un philosophe musulman, tel qu'Avicenne, ont poursuivi de leur côté une œuvre parallèle à celle que les chrétiens eux-mêmes poursuivent. Comment n'y aurait-il pas d'étroites analogies, une véritable parenté même, entre des doctrines qui travaillent sur les mêmes matériaux philosophiques et se réclament d'une même source religieuse? Ce n'est donc pas de la philosophie grecque seule que la philosophie chrétienne est solidaire au Moyen Âge; comme les Anciens, les Juifs et les Musulmans lui servent. Pourtant, l'œuvre est faite ou elle est sur le point d'atteindre une forme qui, pour l'essentiel, sera définitive. Roger Bacon lui-même, tout insatisfait qu'il soit, pense que le « grand œuvre » va bientôt s'accomplir. Ensuite, les penseurs chrétiens ne voient plus qu'un âge de clarté, où la société, de plus en plus complètement christianisée, s'intégrera de plus en plus complètement à l'Église, comme la philosophie se trouvera de plus en plus complètement elle-même au sein de la sagesse chrétienne. Combien ce temps durera-t-il? Nul ne le sait de ceux qui se le demandent, mais tous savent que c'est l'avant-dernier acte du drame qui se joue. Plus loin, c'est l'affreuse péripétie du règne de l'Antéchrist. Que l'empereur Charles ait été l'ultime défenseur que l'Église attendait, ou qu'un

---

1. C'est de ce point de vue qu'il convient d'apprécier la gravité de la crise ouverte par Joachim de Flore. Prêcher un évangile du Saint Esprit, c'était bouleverser complètement l'économie des âges du monde; saint Bonaventure s'oppose directement à Joachim en affirmant qu'il n'y aura plus de nouvel Évangile après celui de Jésus-Christ : *In Hexaem.*, coll. XVI : « Après le Nouveau Testament, il n'y en aura pas d'autre ... », éd. Quaracchi, t. V, p. 403.

autre doive encore venir après lui, on l'ignore. La seule chose certaine,
c'est que, quel qu'il ait été ou doive être, après la venue du champion
suprême les grandes tribulations vont commencer : *post quem fit
obscuritas tribulationum*. Mais elles n'auront qu'un temps. De même
que la passion du Christ est une ténèbre entre deux lumières, le
dernier assaut du mal contre le bien s'achèvera sur une défaite. Bientôt
s'ouvrira le septième âge de l'humanité, semblable au septième jour
de la création, prélude au repos éternel du jour qui n'aura point de
fin : « Alors descendra du Ciel cette cité – non point encore celle d'en
haut, mais celle d'ici-bas – la cité militante, aussi conforme à la cité
triomphante qu'il lui est possible de l'être en cette vie. La cité sera
construite et restaurée telle qu'elle était dans son principe, et c'est
alors aussi que la paix régnera. Combien de temps cette paix durera,
Dieu le sait » [1].

Considérations apocalyptiques dont le détail importe moins que
l'esprit et la promesse qui les couronne. *Pax*, la paix à l'ombre de la
croix ; promise par Dieu même – *pacem relinquo vobis, pacem meam
do vobis* – et dont la philosophie, si radicalement incapable soit-elle de
la donner, peut du moins favoriser le triomphe en s'intégrant à la
sagesse chrétienne. C'est là qu'elle travaille à sa manière à l'achèvement du plan divin et prépare autant qu'elle en est capable l'avènement de la Cité de Dieu. Car elle enseigne la justice et elle s'ouvre à la
charité. En ce sens, la philosophie médiévale n'apparaît pas seulement
comme située dans l'histoire ; en s'établissant dans l'axe du plan divin,
elle travaille à la diriger. Là où règne la justice sociale, il peut y avoir
un ordre et un accord de fait entre les volontés. Disons même, si l'on
veut, qu'il peut y avoir une sorte de concorde ; mais la paix est quelque
chose de plus, car où il y a paix il y a concorde, mais il ne suffit
pas qu'il y ait concorde pour que la paix règne. Ce que les hommes
appellent paix n'est jamais qu'un entre-deux guerres ; l'équilibre
précaire dont elle est faite dure tant que la crainte mutuelle empêche
les dissensions de se déclarer. Parodie de la paix véritable, cette peur

---

1. Saint Bonaventure, *Collat. in Hexaemeron*, XVI, 29-30, éd. Quaracchi, t. V
p. 408. – Sur le thème *De translatione studii*, dont s'inspire ici saint Bonaventure, voir
Ét. Gilson, *Humanisme médiéval et Renaissance*, dans *Les idées et les lettres*, Paris,
Vrin, 1932.

armée, qu'il est superflu de décrire aux hommes de notre temps, peut bien maintenir un certain ordre, elle ne suffit pas à donner aux hommes la tranquillité. Pour que la tranquillité règne, il faut que l'ordre social soit l'expression spontanée d'une paix intérieure au cœur des hommes. Que toutes les pensées soient d'accord avec elles-mêmes, que toutes les volontés soient intérieurement unifiées par l'amour du bien suprême, elles connaîtront l'absence de dissensions internes, l'unité, l'ordre du dedans, une paix enfin, faite de la tranquillité née de cet ordre : *pax est tranquillitas ordinis*. Mais si chaque volonté s'accordait avec elle-même, toutes s'accorderaient entre elles, chacune trouvant sa paix à vouloir ce que chaque autre veut[1]. Alors aussi naîtrait une société véritable, fondée sur l'union dans l'amour d'une même fin. Car aimer le bien, c'est l'avoir ; l'aimer d'une volonté non divisée, c'est le posséder en paix, dans la tranquillité d'une jouissance stable que rien ne menace. La philosophie médiévale s'est employée de toutes ses forces à préparer le règne d'une paix qu'elle ne pouvait donner. En travaillant à l'unification des esprits par la constitution d'un corps de doctrines acceptable à toute raison, elle voulait assurer l'unité intérieure des âmes et leur accord entre elles. En enseignant aux hommes que tout désire Dieu, en les invitant à prendre conscience, par delà l'infinie multiplicité de leurs actions, du ressort secret qui les meut, la philosophie chrétienne les préparait à accueillir en eux l'ordre de la charité et à en désirer le règne universel. Où est la paix véritable ? Dans l'amour commun du bien véritable : *vera quidem pax non potest esse nisi circa appetitum veri boni*[2].

Ouvrière de paix, la philosophie du Moyen Âge était aussi l'œuvre de la Paix, et c'est même pourquoi elle en était l'ouvrière. Toute l'histoire tend vers la tranquillité suprême de la république divine comme vers son terme, parce que Dieu, créateur des humains qui cheminent vers lui dans le temps, est lui-même Paix. Non point l'incertitude menacée d'une concorde précaire comme la nôtre ; non pas même acquise au prix d'une unification interne, si parfaite qu'on la veuille concevoir. Dieu est Paix, parce qu'il est l'Un, et il est l'Un, parce qu'il est l'Être. De même donc qu'il crée des êtres et des unités,

---

1. Thomas d'Aquin, *Sum. theol.*, IIa-IIae, 29, 1, ad 1m.
2. *Ibid.*, IIa-IIae, 29, 2, ad 3m.

de même aussi il crée des paix. En orientant vers soi les intelligences et les volontés par la connaissance et par l'amour dont nous avons vu qu'il est l'objet suprême, Dieu confère aux consciences la tranquillité qui les unifie et, en les unifiant, les unit. Effet créé de la paix divine – *quod divina pax effective in rebus producit* – cette tranquillité atteste donc à sa manière l'efficience créatrice d'une Paix suprême et subsistante dont elle tient son existence : *causalitatem effectivam divinae pacis* [1]. Sans doute, cette paix divine nous échappe comme Dieu lui-même, puisqu'elle se confond avec lui ; mais nous en voyons les participations finies dans l'unité des essences, dans l'harmonie des lois qui relient entre eux les êtres physiques et dans celle que les lois sociales s'efforcent de faire régner entre les hommes, par la raison. Car la Paix traverse tout, de bout en bout, unissant toutes choses entre elles avec force et se les attachant avec douceur.

Étienne GILSON

---

1. Thomas d'Aquin, *In de Div. Nom.*, cap. XI, lect. 1, éd. Mandonnet, t. II, p. 601-602. Lire aussi les leçons 2 et 3, *ibid.*, p. 605-620, qui enseignent avec ampleur et une émotion sensible les fondements métaphysiques de la paix chrétienne.

LES LUMIÈRES FRANÇAISES ET L'HISTOIRE

Le but de cette étude est de cerner l'originalité des Lumières quant à la pensée de l'histoire. Aussi prendrons-nous le parti de mettre en valeur les convergences méta-théoriques entre les auteurs, dans un siècle qui pluralise la lumière naturelle des cartésiens, mais du fait même d'une commune reconnaissance de la perfectibilité. Nous examinerons donc d'abord la critique des conceptions dogmatiques de l'histoire, et notamment de la notion de «progrès», pour nous intéresser à trois créations conceptuelles particulièrement caractéristiques. Il s'agit de «l'évènement» et de son rapport aux «mœurs», de la conception de la «généalogie» qui s'ensuit et qui aboutit à la question des «temps modernes», enfin du nouveau rôle de la philosophie dans l'histoire désormais «sociale» de l'humanité. La notion de mœurs constitue ainsi le principe architectonique de cette recherche.

LA PUISSANCE CRITIQUE DU CONCEPT DE MŒURS

Au plan critique, les philosophes s'entendent pour poser le nouveau problème d'une histoire qui ne soit ni un roman ni une histoire évènementielle, spectaculaire ou anecdotique, comme en témoignent l'article «Histoire» de Voltaire [1] et l'*Émile* : les grandes batailles, les évènements bruyants et superficiels masquent le véritable évènement.

---

1. Voltaire, *Encyclopédie*, VIII, p. 225b (les œuvres de Voltaire, souvent courtes, seront toujours citées dans l'édition de L. Moland, Paris, Garnier-Frères, 1877-1885, abrégées *OC*, suivi du tome et de la page, car leurs titres permettent de les retrouver dans des éditions plus accessibles) et Rousseau, *Émile*, B. Gagnebin et M. Raymond (éds.),

Or depuis Spinoza et Montesquieu notamment, l'attention des philosophes se porte, de façon privilégiée, sur les affects ou les « mœurs » dont la longue durée s'avère significative des authentiques ruptures ou « révolutions ».

Ce dernier terme cesse en effet de désigner exclusivement les retours réguliers ou les « périodes » physiques de la nature : il prend le sens moderne d'un changement radical dans les mœurs dont dépendent la façon de vivre et de penser. C'est ainsi que Voltaire affirme que si la « saine raison » a pu naître « en ce siècle en Angleterre », c'est que Newton a reproduit, dans le domaine de la recherche scientifique, les mœurs républicaines qui veulent que les lumières de tous soient confrontées, depuis Galilée, ou même Descartes, jusqu'aux contemporains [1]. Par delà ses désaccords avec Voltaire, notamment quant au « modèle » anglais des représentants, Rousseau ré-explique que la valeur des lumières dépend des mœurs et donc de l'organisation sociale et politique de la cité : l'inégalité et le luxe corrompent les pensées, ne serait-ce qu'en les soumettant au désir de distinction [2]. Diderot reprend l'idée, mais en soulignant que la perte d'un seul talent reste irréparable, du fait de la singularité ou de « l'originalité » de chaque vivant : seule une démocratie, et donc une école ouverte à tous, peut permettre aux lumières de se développer de façon féconde et libre, sans forcer le talent ou le génie naturel [3]. L'*Encyclopédie* constitue en ce sens un nouveau paradigme politique et social pour le développement de la « culture » : elle pratique un « égalitarisme culturel » avant la lettre, notamment par la place qu'elle accorde aux arts et métiers, comme à la chimie de Venel qui revendique pour sa discipline un « génie » spécifique et la même dignité que la physique [4].

Paris, Gallimard, 1959-1995, IV, p. 249-530 (Rousseau sera toujours cité dans cette édition, abrégée *OC*, suivi du tome et de la page).

1. Voltaire, *Lettes philosophiques*, *OC*, XXII, p. 128-131.

2. Voir le *Premier Discours* (en entier) ou *Émile*, *OC*, IV, p. 568-569.

3. Diderot, *Réfutation d'Helvétius*, dans *Œuvres complètes*, L. Versini (éd.), Paris, Laffont, 1994-1997, t. I, p. 782-784 et 804-805 (Diderot sera toujours cité dans cette édition, abrégé VER, suivi du tome et de la page).

4. Gabriel François Venel, « Chymie », *Encyclopédie*, III, p. 409a et p. 412b.

Soulignons d'ailleurs que le terme de «culture» prend désormais le nouveau sens très général d'une «manière de civiliser»[1] ou de «dénaturer»[2] les hommes: d'une formation ou réformation des mœurs.

Montesquieu est à l'origine de cette conception explicite de l'histoire des cités qui est principalement animée par «l'esprit» d'un peuple: par ses mœurs et ses manières qui obéissent à un «principe» passionnel. Il s'agit, on le sait, du sens de l'honneur dans les monarchies modérées, de la vertu qu'est l'amour de la chose publique dans les républiques antiques, enfin de la crainte sous le despotisme dont les monarchies absolues ne sont qu'un cas particulier. À cet égard, il revient à Arendt d'avoir la première souligné le lien entre le concept de principe (qui suppose une refonte de la distinction machiavélienne entre la vertu morale et la vertu politique) et la revalorisation du devenir qui n'est plus synonyme de dégénérescence: le principe passionnel est le principe génétique et non violent de la structuration, de la restructuration ou de la décomposition de la cité, car les lois ne tirent leur puissance que des mœurs qui induisent leurs changements[3], sauf à sombrer dans «la tyrannie de l'opinion» qui a lieu lorsqu'on légifère sur les mœurs pour tenter de les fixer et de les dominer[4]. On pourrait ainsi multiplier les références aux «mœurs» ou aux passions qui relient les hommes et les entraînent dans un devenir spécifique, tant chez Mably que chez son mentor et frère qu'est Condillac[5].

Mais avant d'examiner de plus près cette notion extrêmement riche de «mœurs», il convient d'ajouter que ce moteur de l'histoire explique une deuxième convergence entre les philosophes. Ces derniers estiment que la raison ne saurait être le sujet de l'histoire: comme chez Spinoza, il s'agit de prendre les hommes tels qu'ils sont,

---

1. L'expression est de Voltaire: voir l'article «Histoire», *Encyclopédie*, VIII, p. 225b.

2. Rousseau, *Du Contrat social*, *OC*, III, p. 364 et 381-382.

3. Voir H. Arendt, *Essai sur la révolution*, Paris, Gallimard, 1966, p. 129, ou *Du mensonge à la violence*, Paris, Calmann-Lévy, 1972, p. 101.

4. Montesquieu, *De l'esprit des lois*, *Œuvres complètes*, R. Caillois (éd.), Paris, NRF-Gallimard, 1951, t. II, p. 557.

5. Voir Mably, *De l'étude de l'histoire*, Paris, Fayard, 1988, p. 54, et Condillac, *Traité des animaux*, Paris, Vrin, 1987, p. 498-492.

comme des êtres de passions et d'imagination, sans se leurrer sur ces universaux imaginaires que constituent les définitions cartésiennes de l'essence humaine par une raison intemporelle. Aussi n'y a t-il pas de ruse de la raison dans l'histoire, ni *a fortiori* de progrès qui serait pré-programmé par un principe transcendant. Sur ce dernier point, même Voltaire s'accorde avec Rousseau pour reconnaître que si les progrès théoriques sont incontestables, ces progrès restent les instruments d'hommes passionnés et imprévoyants, dont les progrès « moraux », au sens large de ce terme qui désigne au XVIIIe siècle tout ce qui n'est pas physique, sont pour le moins contestables. Le développement du commerce maritime, par exemple, a permis la communication paci-fique entre les peuples mais il a également produit des millions de morts avec l'introduction de la peste en Europe [1].

Ce n'est donc pas la raison qui fait l'histoire, bien que la raison ait une histoire. Cette histoire dépend strictement des passions et des mœurs : Rousseau (sans oublier Hume) est de ce point de vue le plus explicite. La raison est strictement dépendante des passions auxquelles elle doit « ses progrès » : le mot de « progrès » est le plus souvent neutre au XVIIIe siècle, c'est-à-dire synonyme de « marche » sans orientation prévisible. Autrement dit la raison et ses progrès sont stric-tement a-moraux : la raison est d'abord un instrument « biologique » de survie, et de ce fait un instrument de calcul qui devient un moyen de domination de plus en plus réfléchi, quand elle sert les intérêts parti-culiers des sociétés inégalitaires [2]. Cela ne veut pas dire que la raison est mauvaise en soi, mais qu'il revient à l'homme de mettre ses arti-fices au service d'une vie meilleure. Aussi l'homme est-il caractérisé comme un être perfectible, la perfectibilité n'étant pas le perfection-nement, mais un pouvoir des contraires qui s'est jusqu'ici développé de façon unilatérale, car l'histoire offre le spectacle d'un malheur général. Les époques heureuses telles que les démocraties antiques, la jeune République romaine, l'Angleterre de Montesquieu ou de Voltaire, comme la Genève démocratique de Rousseau, constituent en

---

1. Voltaire, *Essai sur les mœurs*, *OC*, XI, p. 322.

2. Nous résumons ici « les progrès » de la raison selon le *Second discours*. Bergson salue cette conception de la raison dans *Les deux sources de la morale et de la religion*, Paris, PUF, 2000, p. 36-42.

effet des exceptions, qui ne sont même pas des modèles idéaux. Rousseau et Voltaire accusent ainsi les Anciens soit de despotisme envers les barbares ou les esclaves de guerre [1], soit de traiter le peuple comme une «populace» à occuper par des guerres incessantes qui conduiront à l'Empire [2]. De plus, le premier discerne que les Genevois se laissent peu à peu corrompre par l'exemple des monarchies ou d'une Angleterre sans véritable principe [3] républicain.

De ce refus de la croyance naïve au progrès découle la dénonciation d'une histoire qui serait aussi universelle que la raison. Il y a « des histoires », et non une histoire : l'*Esprit des lois* en est le témoignage privilégié [4]. Selon les auteurs, on peut parler à cet égard soit d'une multiplicité empirique d'histoires, soit d'une nouvelle théorie de la prudence ou de la réflexion pratique qui veut que l'homme construise d'abord et fatalement son histoire de façon inconsciente ou irréfléchie, pour ne pouvoir tirer les leçons de cette histoire, faite de décisions précipitées et donc de hasards nécessaires, qu'*a posteriori*, si bien que la raison ou la conscience réfléchie ne sont qu'un produit tardif et un évènement présent propre aux Lumières [5]. Mais dans les deux cas, il

---

1. Rousseau, *Du Contrat social, OC*, III, p. 461-462.

2. Voltaire, *Lettres philosophiques, OC*, XXII, p. 103.

3. Rousseau, *Lettres écrites de la montagne* (passim). Sur la refonte de la notion de « principe » chez Rousseau, voir ci-dessous, p. 59, n. 1.

4. Sur Montesquieu, son empirisme, sa «politique négative» ou anti-despotique, et sur la mort de «l'Idole de l'histoire », voir les ouvrages indispensables de B. Binoche, *Introduction à* De l'esprit des lois *de Montesquieu*, Paris, PUF, 1998 et *La raison sans l'histoire*, Paris, PUF, 2007.

5. C'est le point de vue que nous avons adopté sur Diderot, Voltaire, Rousseau et Condillac-Mably, non sans opposer une prudence essentiellement rationaliste, soutenue par Condillac et Mably (qui misent sur des leçons, voire les lois de l'histoire, réfléchies *a posteriori* par la raison), à une prudence qui soumet la raison pratique soit au principe supra-rationnel de la conscience, avec Rousseau, soit à la nécessaire prise en compte, par la raison, de l'état de fait toujours singulier des mœurs ou des passions dominantes avec Voltaire et Diderot. Plus précisément, la pensée multidimensionnelle de Rousseau intègre les trois perspectives en considérant l'homme physique comme relevant du «matérialisme du sage » qui est déjà mis en œuvre dans la généalogie de l'inégalité, tandis que l'homme moral, sans être indépendant des situations matérielles, s'avère porteur d'une conscience ou d'un sens du juste qui est indestructible mais qui se heurte à la singularité des temps. Aussi avons-nous assimilé la conscience rousseauiste à une autre forme de

est vrai que «l'Idole» de l'histoire est morte et que la pluralité des histoires conduit à la reconnaissance de la légitime multiplicité des mœurs et des «cultures» : Montesquieu, par exemple, explique que l'interdiction du vin n'est pas une superstition chez les mahométans, mais une adaptation au climat, ou encore que sous le despotisme, seule une religion dogmatique peut constituer un contre-pouvoir [1]. Hume fait un raisonnement analogue, et célèbre au XVIIIᵉ siècle, dans son *Histoire de l'Angleterre* : sans le fanatisme puritain de Cromwell, les anglais suivraient encore leurs longues habitudes d'assujettissement aux monarques [2]. L'européocentrisme des Lumières est ainsi mitigé par ce nouvel intérêt pour la diversité des «mœurs» et pour la recherche de leurs causes, l'histoire, la genèse causale ou la «généalogie» remplaçant la Genèse, les mythes fondateurs et les Théodicées.

Le thème des «leçons de l'histoire» n'a donc rien d'un usage platement moralisateur de l'histoire, car l'histoire achève de faire éclater un abîme entre la vertu morale d'une part et les vertus politique ou sociale d'autre part : elle montre que la vertu morale elle-même a ses excès, comme l'affirme Montesquieu et Rousseau, ou un Diderot qui transmet à Kant le concept de «fanatisme de la vertu» [3]. L'histoire reste en effet gouvernée par les mœurs. Celui qui voudrait changer l'histoire et se faire le législateur d'un peuple ne saurait donc se borner à moraliser : il doit commencer par étudier l'histoire de ce peuple. La notion rousseauiste de «droit», par opposition au fait, ne change rien à cette démarche qui récuse le pouvoir d'une raison que l'on suppose à tort naturellement morale : chez Rousseau même, qui critique l'empirisme de Montesquieu, il est question d'adapter le droit aux faits et à la multiplicité des causalités que Montesquieu a si bien étudiées, de telle

---

conatus, de nature affective, qui recrée le spinozisme, voir *Rousseau ou la conscience sociale des Lumières*, Paris, Honoré Champion, 2009.

1. Montesquieu, *De l'esprit des lois*, *OC*, II, p. 726-732.

2. L'idée est notamment reprise par Voltaire qui distingue les frondes ou séditions françaises qui sont vaines, et les guerres anglaises pour la liberté qui font évènement, voir *Lettres Philosophiques*, *OC*, XXII, p. 103.

3. Montesquieu, *De l'esprit des lois*, *OC*, II, en particulier p. 558-559 ; Rousseau, *Lettre à d'Alembert*, *OC*, V, p. 61 ; Diderot, «Stoïcisme», *Encyclopédie*, XV, p. 526b ; Kant, *Critique de la raison pratique*, *Des mobiles de la raison pure pratique*, sur le «fanatisme moral» des stoïciens.

sorte qu'on ne peut donner la même constitution à un peuple naissant tel que la Corse, et à des peuples longtemps asservis, tels que les polonais ou les européens, dont les différentes formes d'assujettissement exigent des remèdes spécifiques. Aussi le philosophe-législateur se définit-il comme le médecin de la civilisation [1].

En résumé, il faut donc renoncer tant à l'évènementiel ou l'anecdotique qu'à une mauvaise métaphysique de l'histoire ou à « l'esprit de système ». À cet esprit, les Lumières substituent « l'esprit systématique » qui recherche les « expériences » cruciales à partir desquelles l'histoire connaît des révolutions ou des changements radicaux « d'états ». Mais ces expériences, telles que l'instauration du droit à la propriété inégalitaire chez Rousseau, n'autorisent, pas plus que l'attraction en physique (dont les lois se heurtent, en chimie, au problème des attractions à petite distance), aucun énoncé de lois universellement nécessaires. L'histoire ne ressortit pas d'une logique strictement inductive, car les évènements cruciaux varient d'un peuple à un autre et pour le même peuple au cours du temps. Comme la vie, dont elle est issue, du fait de la perfectibilité, l'histoire échappe à la prévision et à l'exactitude des mathématiques, si bien qu'elle déjoue jusqu'au « paradigme newtonien ». La bonne métaphysique de l'histoire doit donc trouver son chemin entre le « système » et l'empirisme le plus plat.

À partir de là, une nouvelle convergence se dessine, convergence qui s'identifie à une problématique. Si l'histoire n'est ni celle du progrès, ni celle de la raison, ni un processus universel, elle est nécessairement discontinue et faite « d'états » en rupture les uns avec les autres. Mais ces ruptures ou ces évènements ont été jusqu'ici le fruit de causalités multiples que l'homme n'a jamais dominées, contrairement à ce que laisse penser l'histoire romanesque des grands hommes ou des conquérants. Aussi la notion d'évènement ne renvoie-t-elle pas seulement à la recherche d'une méthode propre à l'historien, mais à la question philosophique du pouvoir de faire évènement, de façon

1. *Du Contrat social*, *OC*, III, p. 405 sur l'incompréhension par Montesquieu de la « république » qui ne désigne pas un gouvernement, mais un « principe » affectif ou un lien social nécessaire à toutes les cités, et p. 393 sur la très utile étude par Montesquieu des particularités empiriques.

réfléchie et libre. Si les mœurs ont subi des changements radicaux, malgré leur longue durée ou leur force d'inertie, ces changements n'ont été ni voulus ni programmés. Cette leçon est très claire chez Montesquieu et, on l'a vu, plus encore chez Condillac et Mably[1]. De même et si Rousseau parle du contrat de dupes qui légalise la propriété inégalitaire en terme de « projet le plus réfléchi » du genre humain, il reste que les riches et les puissants n'avaient pu prévoir que les abus de l'exécutif conduiraient progressivement à l'aristocratie et à la monarchie absolue qui menacent la propriété et la sécurité du citoyen[2].

Les philosophes se sentent donc déjà écrasés, au XVIIIe siècle, par le poids de l'histoire qui présente le plus souvent le tableau du malheur. Aussi posent-ils, malgré leurs contradictions, la question de savoir si l'on peut espérer le passage d'une histoire subie, qui provoque des affects tristes et passifs, à une histoire-devenir, construite de façon active et réfléchie.

Les philosophes s'opposent ainsi au sentiment collectif d'appartenir à une nouvelle époque dans laquelle le changement des mœurs incline à l'optimisme : au XVIIIe siècle, par exemple, plus personne ne croit à l'enfer, et chacun aspire, y compris dans les classes moyennes, au « bonheur », en réclamant de nouvelles libertés : le droit au bonheur sera inscrit dans la Constitution américaine, qui suit ainsi l'esprit de son temps. Il y a, en ce sens, quelque chose du souffle de mai 68 dans cette époque où la réclamation du divorce, de l'émancipation des femmes, et plus fondamentalement la curiosité pour les « manières de civiliser » viennent bouleverser les modes d'existence et de pensée. Cependant les philosophes ne partagent pas cet « optimisme » ambiant, dont ils font un concept philosophique et l'objet d'une critique, notamment avec un Voltaire adversaire de Leibniz et hanté par le problème du mal[3]. Aussi l'antithèse entre l'histoire passé et le devenir au sens positif se formule-t-elle à travers l'opposition paradoxale de la perfectibilité et du perfectionnement dont l'évènement reste ambigu.

---

1. Sur le « principe » fondamental selon lequel l'irréflexion est toujours première en histoire, voir Condillac, *Traité des sensations*, dans *Œuvres*, G. Leroy (éd.), Paris, PUF, 1951, t. III, p. 254.

2. *Second Discours*, *OC*, III, comparer p. 177-178 et 191.

3. Sur la profondeur de cette querelle, voir notre *Voltaire*, Paris, Vrin, 2002, p. 66-72.

LA QUESTION DU « PRÉSENT » :
LES LUMIÈRES AURONT-ELLES LIEU ?

Parce que l'histoire passée a pour moteur des mœurs et des passions irréfléchies, les philosophes sont amenés à souligner que l'histoire constitue une mémoire que les cartésiens, et notamment Malebranche, ont justement assimilée à l'habitude et à ses mécanismes associatifs qui s'opposent à la liberté. Les Lumières ajoutent que cette mémoire s'oppose à l'histoire, au sens d'un « devenir autre »[1] et meilleur.

C'est dans cette perspective que Condillac définit la raison spécifique ou le « génie » individuel comme le « moi de réflexion » qui se situe « au-delà » du « moi d'habitude », la multiplicité des habitudes historiques représentant pour l'homme l'équivalent d'un instinct, mais surdéveloppé[2]. L'homme est un animal porteur d'instincts acquis au hasard, irréfléchis et écrasants par leur multiplicité.

Rousseau dénonce ce poids des habitudes passées, lorsqu'il accuse les mauvais philosophes, que ce soit Aristote ou les jusnaturalistes de son temps, de confondre le droit et le fait, notamment en considérant que la servitude ou l'esclavage sont le résultat ou de la nature ou d'un libre contrat entre les hommes. C'est ainsi « qu'Aristote avait raison » en constatant l'existence « d'esclaves par nature », mais il confondait « l'effet et la cause » : il a fallu que l'histoire fabrique artificiellement des générations d'esclaves pour que ces derniers oublient leur liberté naturelle. C'est là un raccourci génial : à la suite de Spinoza et avant Marx, Rousseau découvre qu'une affirmation peut être vraie pour le temps présent, où les hommes se sont effectivement habitués à la servitude, mais que cette vérité tronquée masque la connaissance adéquate des causes, et ici des causes de la servitude consentie. La nature humaine change en effet et ne rétrograde pas, si bien qu'elle s'identifie déjà à l'histoire, même si la « conscience » innée et indestructible de Rousseau ne peut être

---

1. L'expression n'est pas anachronique. Rousseau l'emploie fréquemment, par exemple après « l'Illumination de Vincennes » : le « chaos » et « la révolution » des pensées le font « devenir un autre homme », voir *Les confessions, OC*, I, p. 351 ou 356.

2. Condillac, *Traité des animaux, op. cit.*, p. 488-492.

qu'oubliée ou recouverte par les sociétés inégalitaires. Le *Second Discours* fait donc la généalogie causale de l'inégalité, pour donner l'intelligence réfléchie des mécanismes d'une habitude de penser que Marx appelle « l'idéologie » : l'idéologie est une vérité ou une conscience de soi en adéquation avec le présent, c'est-à-dire ici avec le résultat du passé, résultat qu'elle ne fait que refléter [1]. C'est pourquoi la pensée philosophique peut se ramener à ce que Rousseau appelle déjà des « philosophies à l'usage des riches et des puissants » [2] et qui sont des idéologies.

Diderot s'inscrit dans la même perspective, en se livrant, de façon originale, à une véritable généalogie politique des styles d'écriture : le vrai philosophe s'exprime par le dialogue, le paradoxe ou le roman, parce ces modes d'expression permettent de déjouer les habitudes de penser, en les ramenant à leurs causes, et donc en reprenant une conception spinoziste de la connaissance adéquate qui doit fournir la genèse causale des idées. La *Lettre sur les aveugles* en est un exemple : elle opère la genèse de la croyance en la finalité à partir de la métaphysique spontanée de la vue, pour lui opposer le matérialisme tout aussi spontané de l'aveugle qui ne saurait croire à l'ordre de la nature. La question est alors posée de s'affranchir de la mémoire-habitude de chaque sens, et en particulier de la prédominance historique des métaphysiques déistes de la vue. C'est encore l'histoire causale et ici l'histoire atomiste de l'ordre de la nature qui fait pencher la balance des raisons du côté d'une conjecture matérialiste : l'ordre pourrait être le résultat des combinaisons hasardeuses entre les atomes. Quelle que soit l'opposition entre Jean-Jacques et Diderot, quant à la place qu'il faut accorder au matérialisme [3], les deux philosophes s'entendent donc pour dénoncer les sophismes inconscients de la mémoire-habitude.

Voltaire, on l'a vu, fournit un exemple de cette nouvelle conception de l'idée, non plus comme idée-essence, mais comme idée-relation qui n'est évaluable qu'à condition d'être mise en rapport avec

---

1. Sur cette compréhension de l'idéologie chez Marx, voir F. Fischbach, en particulier dans *Sans objet*, Paris, Vrin, 2009, p. 147-152. Sur la critique d'Aristote par Rousseau, voir *Du Contrat social*, *OC*, III, p. 353.

2. Rousseau, *Dialogues*, *OC*, I, p. 971.

3. Rousseau renie le monisme matérialiste qui n'est d'ailleurs qu'un « rêve » ou une conjecture, selon l'auteur du *Rêve de d'Alembert*.

sa véritable cause. La critique des « romans de physique » des cartésiens et la défense de Newton reposent sur cette démarche : les
« génies » du siècle de Louis XIV, qui prétendent bâtir par la seule
puissance de leur cogito un système complet de connaissances, ne font
que refléter les mœurs de leur temps.

C'est pourquoi Voltaire en particulier, que l'on a longtemps
assimilé à un sceptique nihiliste, soulève effectivement le problème
du poids des habitudes. La pesanteur de l'histoire est telle qu'il avertit
ses contemporains, à de nombreuses reprises, de profiter des « temps
présents », car « peut-être ils seront courts »[1]. Les Lumières en effet
constituent bien un évènement propre aux « temps modernes » : « le
monde commence à se civiliser » et partout des hommes travaillent à
améliorer le sort des conditions les plus misérables ou à encourager la
tolérance religieuse, politique et philosophique. Mais cette nouvelle
civilisation qui veut que chaque individu soit apte à raisonner par
lui-même, sans directeur de conscience d'aucune sorte, constitue un
« passage », une « marche » ou un « devenir-autre » dont on ne sait s'il
s'effectuera, car cette effectuation reste une tâche, un devoir-être
et non un fait. C'est ainsi que les « lumières » ne sont encore qu'un
« crépuscule », parce que « la société ne s'est pas perfectionnée en
proportion des lumières acquises »[2]. Il y a donc « une crasse et une
rouille des siècles » que Voltaire ne cesse de souligner : la « grossiè-
reté » ou « la barbarie » règnent encore, notamment chez les « cultiva-
teurs, tant vantés dans des élégies », bien qu'ils « traîneraient encore
leur frère en prison pour un écu »[3]. Voltaire s'accorde ainsi avec
Rousseau et Diderot, et il suffit, pour s'en convaincre, de se rappeler
ces courtes citations : « l'homme est né libre et partout il est dans les
fers », ou cette remarque « qu'on ne sait que par quelques exemples
tirés de l'histoire jusqu'où l'on peut enchaîner les hommes » par la
force de l'habitude. Le philosophe lui-même ne s'exempte pas de cette
réflexion sur le paradoxe d'un présent qui est à la fois un devenir et une
répétition du passé : lorsque je vois passer la Procession de Saint-

1. Voltaire, *Le prix de la justice et de l'humanité*, OC, XXX, p. 586.
2. Voltaire, *Des singularités de la nature*, OC, XVII, p. 190-191.
3. Voltaire, *Le prix de la justice et de l'humanité*, OC, XXX, p. 549.

Sulpice sous mes fenêtres, dit Diderot, je redeviens enfant et crédule, car le passé constitue une « mémoire immense » et inconsciente [1].

Nous en venons ainsi à l'idée que le remarquable article que Foucault a consacré à l'opuscule de Kant, *Qu'est-ce que les Lumières ?*, vaut également pour les Lumières françaises.

Ces dernières rompent bien en effet avec les anciens concepts de « présent », comme simple moment d'un processus universel, même si ce moment reste à déchiffrer ou fait l'objet d'une herméneutique. Le présent est désormais et simultanément un déjà-là et un devenir à poursuivre, voire à recréer perpétuellement, car en faisant des mœurs le moteur principal de l'histoire, y compris de l'histoire des savoirs, l'on se met nécessairement en demeure de réfléchir sur la relation de la philosophie à son époque. Autrement dit les Lumières françaises obligent la philosophie à penser sa propre insertion dans l'histoire ou la relation qu'elle entretient avec son temps. La rupture avec le cartésianisme métaphysique réside essentiellement dans ce nouveau sens du présent dont il s'agit d'extraire ce qui est original et radicalement nouveau, tout en caractérisant cet évènement comme un « devenir ». Cette « attitude de modernité » que Foucault décèle chez Kant – ce qui l'amène, tardivement, à souligner la « contemporanéité » des Lumières, non sans bouleverser nos découpages de l'histoire de la philosophie [2] –, confirme le lien étroit entre les lumières allemandes et françaises qui se soucient également de l'évènement « présent » et des limites du pouvoir de la philosophie sur cet évènement.

Kant tente de traiter ce dernier problème, et avec lui celui du passage de la « minorité » à la « majorité » des différents peuples, par l'élaboration d'une histoire philosophique qui fait de la Révolution française l'archétype d'un présent paradoxal. En un sens, cette révolution a coupé l'histoire en deux, en faisant coïncider la nécessité phénoménale et la liberté nouménale. En un autre sens, la révolution n'a pas eu lieu, puisque les révolutionnaires sont retombés, avec la Terreur, et en particulier le régicide, à l'état d'hétéronomie : condamner le roi comme tel, par exemple, et non comme citoyen n'ayant pas obéi à la

---

1. Diderot, *Éléments de physiologie*, VER, I, p. 1291-95 et 1288.
2. Sur la critique des termes de « modernité » et de « post-modernité », voir M. Foucault, *Qu'est-ce que les Lumières ?*, Paris, Bréal, 2004, p. 71-86.

loi ou à la constitution qu'il s'est donné, c'est retomber dans la fronde, et oublier le passage extraordinaire d'un peuple à l'autonomie [1].

Les philosophes français n'ont pas connu, pour la plupart, les Révolutions de 89 et de 93, mais ils poursuivent bien, comme Kant, et par delà leurs différends, le but de faire advenir la liberté de penser et d'agir par soi-même, tout en sachant que cet évènement reste incertain et fragile. L'*Encyclopédie*, on l'a vu, représente pour Diderot un modèle démocratique pour la nouvelle culture théorique et pratique de l'humanité. Pour Voltaire, plus fidèle à Montesquieu, c'est le système anglais des contre-pouvoirs qui constitue un des moyens privilégiés de la création d'un espace public de discussion, car ce système met chaque citoyen en demeure de « s'instruire » et « d'apporter sa voix pour le bien de la société » : la notion moderne « d'opinion publique » est ainsi forgée [2], et Kant la re-théorise dans sa propre perspective, à travers le concept de « publicité ». Pour Rousseau, c'est une Genève qui ne se serait pas corrompue qui doit donner ses principes démocratiques à toute l'Europe. Mais les trois philosophes ne cessent de souligner la difficulté du passage à chacun de ces devenirs.

Il y a bien en effet des évènements irréversibles qui ont eu lieu et dont la nécessité passée pourra toujours être alléguée pour créer de nouveaux « projets » [3] de sociétés ou de cultures. Dans le long terme, on peut ainsi se référer avec Voltaire aux grands siècles privilégiés que représentent la Grèce de Périclès, la Rome de César et Auguste, la Florence des Médicis, puis le règne de Louis XIV en tant qu'il marque pour la première fois l'ébranlement de la prédominance de l'Église sur l'État, l'essor des couches moyennes, la reconnaissance du travail comme valeur et donc une floraison de « génies » sur lesquels on doit désormais « raisonner ». Pour Rousseau cependant, le grand évènement qui caractérise les temps modernes reste l'avènement du Christ, distingué du christianisme dogmatique par sa tolérance et son esprit égalitaire qui s'étend à tous, car le Christ s'est incarné dans un corps, dans une cité conquise et dans une famille de menuisier. On peut enfin,

---

1. A. Tosel, *Kant révolutionnaire*, Paris, PUF, 1988, p. 86-87.

2. Voltaire, *Lettres philosophiques*, *OC*, XXII, p. 163.

3. Condillac, « Dessein », *Œuvres*, *op. cit.*, t. III, p. 202b-203a et Rousseau, *Émile*, *OC*, IV, p. 250. Sur ces deux conceptions du projet, voir notre *Rousseau*, *op. cit.*, p. 98-104.

avec Diderot, qui emprunte cette idée à Brucker[1], estimer que
« l'éclectisme » qui naît à partir de la Renaissance, et dont Leibniz
est un représentant privilégié, marque la fin du temps des écoles et
des sectes dans tous les domaines de la pensée : désormais chacun
ose penser par soi-même, ce qui ne constitue pas encore les véritables
Lumières, car l'éclectisme commence par être dogmatique, puis sceptique ou nihiliste, avant de poser le problème des limites du « génie »
individuel qui doit laisser place à une critique.

Mais ces évènements passés que l'on doit sans cesse rappeler, pour
ne pas sombrer dans un usage désespérant de l'histoire que Rousseau
appelle « une satire du genre humain » et Kant un usage « terroriste »
ou despotique[2], restent à réinventer pour les temps modernes ou pour
un présent singulier qui est fait de « contradictions », parce qu'il est
entravé par l'Ancien et travaillé par le Moderne.

Il faut donc concevoir le présent comme un ou des systèmes de
rapports de forces contradictoires et la philosophie doit désormais
orienter sa *praxis* en fonction de ces rapports de forces mouvants.
C'est pourquoi nous avons parlé, chez Voltaire, de l'invention
d'un « journalisme philosophique » qui se sert de la courte durée de
l'évènementiel, tel que l'affaire Calas, pour rassembler toutes les
forces qui militent et ont milité depuis longtemps (les Parlements
notamment, se souviennent de la tradition des États Généraux soute-
nus par Charlemagne) en faveur d'une attitude de modernité[3]. La
leçon générale qui en ressort est clairement énoncée par Rousseau : la
question du meilleur gouvernement ou de la meilleure *praxis* possible
n'a de sens que pour un peuple donné, à un moment déterminé de son
histoire. Le philosophe, comme le législateur de Rousseau, cesse donc
d'être, en même temps que la raison, le sujet de l'histoire : il n'a ni
pouvoir exécutif ni législatif et il ne peut qu'entraîner sans violence et
persuader sans convaincre, même si le savoir historico-politique reste
le plus utile pour instruire le citoyen. Le législateur éclaire en effet le

1. Jacob Brucker est l'auteur d'une *Historia critica philosophiae…*, Leipzig, 1742-
1744, qui a servi de source aux articles d'histoire de la philosophie de l'*Encyclopédie*.

2. Rousseau, *Émile*, *OC*, IV, p. 626-627 et Kant, *Le conflit des Facultés*, dans
Œuvres, Paris, Gallimard, 1986, t. III, p. 890.

3. Voir, sur les contradictions de la France et le rôle des Parlements dans l'affaire
Calas, notre *Voltaire, op. cit.*, p. 136-144.

peuple par les leçons de l'histoire qui permettent « de rapprocher à ses yeux les lieux et les temps », afin de « balancer l'attrait des avantages présents », ou des intérêts particuliers, « par le danger des maux éloignés et cachés »[1]. La fiction est même autorisée si le peuple, qui veut le bien mais ne le voit pas toujours, résiste à son propre devenir-libre. C'est alors qu'il faut lui « faire voir les objets tels qu'ils sont », et « quelquefois tels qu'ils doivent lui paraître », pour le garantir de « la séduction des volontés particulières » qui veulent leur satisfaction sans médiation ni réflexion.

On pourrait alors estimer qu'avec le législateur de Rousseau, qui doit être un « génie » créateur d'un nouveau peuple ou d'un devenir-autre qui change la nature de l'homme, les Lumières françaises, si conscientes du poids de l'histoire, réintroduisent sous couvert du thème du génie un rationalisme arrogant, la philosophie retrouvant paradoxalement sa position de discipline-reine avec l'invention d'une conception anti-providentialiste ou anti-finaliste de l'histoire. On peut penser à cet égard aux célèbres accusations d'absolutisation de la Loi rationnelle que Deleuze et Lacan portent contre Kant, car avec les Lumières, la loi n'est même plus l'émanation du Bien platonicien qui la transcende et autorise sa critique, si bien qu'elle semble constituer un ultime principe qui sert à culpabiliser et tyranniser une humanité qui n'est jamais à sa hauteur[2]. Rousseau a pu subir la même accusation, avec son génie-législateur qui éduque le peuple de fait par la fiction de l'origine divine des lois, lois qui doivent cependant être l'acte de la volonté générale. Enfin c'est avec Diderot en particulier, que la théorie du génie semble redonner aux grands hommes, et seulement aux grands hommes, le pouvoir de rompre avec le passé ou de faire évènement, ce qui pourrait bien revenir à réserver à la raison philosophique la puissance intemporelle de faire l'histoire. Les philosophes se querellent d'ailleurs et eux-mêmes sur cette question : Rousseau accuse « la ligue holbachique » des encyclopédistes de survaloriser les pouvoirs de la raison, car les héros de la raison ne sont que des surhommes chimériques, seule la sensibilité, ses passions et

---

1. Rousseau, *Du Contrat social*, *OC*, III, p. 380.
2. Voir par exemple G. Deleuze, *Présentation de Sacher-Masoch*, Paris, Minuit, 1967, p. 73-74.

ses besoins constituant le mobile de toute action, y compris de la pénible action de penser[1]. Aussi faut-il désormais se pencher de plus près sur la théorie du génie mais aussi sur celle des mœurs, afin de mettre au jour les liens que la nouvelle conception du présent ou « l'attitude de modernité » tisse entre ces deux concepts.

LE GÉNIE ET LES MŒURS OU
LE PHILOSOPHE ET L'HISTOIRE SOCIALE

Nous commencerons ici par le cas de Diderot qui ne cesse effectivement de prescrire un véritable culte du génie qui bouleverse les modes de pensée et fait ainsi avancer l'humanité. *Le neveu de Rameau* reste à cet égard quelque peu troublant : au Neveu qui fait une critique du génie méchant homme, « Moi », ou le philosophe rationaliste, répond que le génie a œuvré pour la postérité ou pour le tout de l'espèce, même s'il a fait périr autour de lui quelques formes de vies plus chétives, ce qui revient à reprendre, en l'historicisant, la décentration de la finalité vis à vis de l'individu ou des parties, comme Leibniz dans sa *Théodicée*. C'est le tout qui importe, et le Neveu doit donc accepter les inégalités naturelles qui sont nécessaires au progrès. Il est encore vrai que Diderot se refuse à porter un jugement moral sur le génie, et cela au nom du devenir ascendant de l'humanité : il faut que « l'éponge des siècles » efface les défauts et ne retienne que la grandeur, car le génie, même extravagant ou méchant homme, constitue la vraie providence d'une humanité qui doit donc, comme chez Comte, lui vouer un culte, en remplaçant les Saints du calendrier religieux par les Grands Hommes, tels que Socrate.

Mais la position de Diderot n'est pas simple à cerner dans ses dialogues : le Neveu souligne en particulier que le génie individuel ne parvient qu'à changer très partiellement les choses et qu'il en résulte au mieux un beau charivari, car l'Ancien continue de côtoyer le Moderne. La nouvelle conception paradoxale du présent réapparaît ici : tant que les Lumières restent l'apanage de quelques hommes, le

---

1. Rousseau, *Dialogues, OC*, I, p. 855.

monde ressemble à l'habit d'Arlequin, sans que le présent comme évènement puisse avoir lieu[1].

Il faut donc comprendre que Diderot se soucie en fait d'instaurer, comme Voltaire, un culte critique du génie qui est toujours soumis à une « interprétation » ou à un jugement théorique : ses œuvres seraient incompréhensibles sans les esprits « clairvoyants » qui étudient les principes inconscients de ses créations, et « les esprits éclairés » qui font l'application de ces principes, de façon à délimiter leurs « justes bornes ». « L'instruction » ou la politique démocratique du savoir, nécessite ainsi la collaboration de tous les esprits, si bien que le génie tombe sous le coup d'un jugement politique mais aussi social. La réunion encyclopédique des points de vue restitue de force au génie une sociabilité qui lui est naturellement étrangère, du fait de l'organe dominant en lui de la raison, organe qui le pousse nécessairement à s'isoler, comme Leibniz ou d'Alembert, pour mieux rivaliser avec Newton et ses continuateurs. La « bête philosophique » qu'est le génie se voit donc ramenée par la vertu sociale de la publicité à un animal singulier et à l'esprit de système, y compris sceptique[2]. Aussi le génie doit-il cesser de vouloir imposer aux autres sa propre idiosyncrasie théorique et passionnelle. Diderot en effet dénonce la tendance « enthousiaste » ou fanatique du génie à faire secte : c'est ainsi que l'austérité stoïcienne véhicule un « fanatisme de la vertu » qui ne vaut que pour des individus, réels, mais rarissimes parmi les productions de la nature[3].

Le concept de génie, toujours excessif et extravagant, malgré sa créativité, fonde donc et paradoxalement l'invention d'une conception historique de la rationalité, tant chez Diderot que Voltaire et Rousseau.

À travers le cas de Diderot, on voit donc se confirmer l'affirmation de R. Aron suivant laquelle les Lumières inventent, avec le terme de

1. Diderot, *Le neveu de Rameau*, VER, II, p. 626-631.

2. Diderot, « éclairé, clairvoyant », *Encyclopédie*, V, p. 269b. La même idée est développée par d'Alembert : voir M. Malherbe, *D'Alembert, Discours préliminaire de l'Encyclopédie*, Paris, Vrin, 2000.

3. Sur Diderot et le génie, nous résumons les thèmes utiles ici de notre ouvrage, *Un aspect de la pensée politique de Diderot, savoirs et pouvoirs*, Paris, Ellipses, 1999.

« vertu sociale », une nouvelle philosophie [1], et donc, dirons-nous, une nouvelle évaluation des hommes et de l'histoire. Il n'est pas besoin de démontrer ici que Rousseau écrit l'histoire sociale de l'humanité, de ses mœurs et de ses lumières, mais que le génie-législateur participe de cette histoire critique. C'est ce que nous avons avancé dans notre dernier ouvrage : le législateur des temps modernes ne doit pas se borner à imiter les Anciens, même s'il s'agit de Lycurgue ou Numa, notamment parce que ces derniers ignoraient la véritable valeur de l'égalité. Si les dieux de la cité ont effectivement eu le mérite de fonder une égalité entre les libres citoyens, ils ont néanmoins amené ces citoyens à se penser comme supérieurs aux barbares et donc à les transformer en esclaves de guerre. L'Empire romain, bien avant le Christianisme, considéré comme Église temporelle, a donc fini par inventer un « Paganisme » uniformisant qui impose déjà aux vaincus sa religion et ses mœurs. Le « paganisme » est ainsi la première religion universelle qui a réussi à s'établir. Le Christianisme n'a fait qu'inventer un Pape, un roi prétendument spirituel mais aussi temporel, pour une nouvelle religion universalisante ou tyrannique. La monarchie absolue ou le despotisme a suivi cette leçon de politique, empruntée à une religion qui a elle-même reproduit l'Empire romain, aux plans temporel et spirituel [2].

Le génie-législateur des temps modernes doit donc rompre avec les inégalités engendrées par des mœurs politiques qui ignorent les modernes vertus sociales. Il éduque le « peuple » de façon à le rendre apte à devenir le créateur du « présent » comme évènement. Les Lumières, on l'a vu, n'auront pas lieu sans la participation de tous, sinon le présent reste un devoir-être. Mais cela signifie aussi, selon nous, que désormais la démocratie ne doit pas être seulement politique, mais sociale. Aussi n'y a-t-il rien de méprisant dans les leçons soit historiques soit pseudo-religieuses que le législateur administre au peuple, y compris lorsqu'il les enveloppe sous la forme sensible et agréable des « fictions » qui doivent toujours dire la vérité, mais de

---

1. L'*Encyclopédie* comprend un article « social », où il est dit qu'il s'agit là « d'un mot nouveau ». C'est ce qu'a signalé R. Aron dans un entretien avec M. Foucault : voir R. Aron, M. Foucault, *Dialogue*, Paris, Lignes, 2007, p. 13-14.

2. Rousseau, *Du contrat social*, *OC*, III, p. 460-462.

façon à persuader sans convaincre et entraîner sans violence, et cela dans le cas d'un peuple jeune et naissant qui n'a pu réfléchir sur son expérience passée.

Ce peuple peut et doit donc refaire la généalogie des lumières, de façon droite, sous l'égide du législateur qui se contente, comme dans l'*Émile*, de l'accoucher de son pouvoir de penser par lui-même. La loi, d'abord présentée comme un commandement divin qui régirait la nature comme la cité, reproduit alors l'éducation négative d'Émile par l'expérience de la nécessité : elle empêche les affects de se corrompre, ce qui permet de faire prédominer la volonté générale, ou le désir du bien de tous, sur la volonté particulière. Chacun se sent alors membre, à égalité, d'un même tout voulu par un Dieu bon. Les affects s'étendent ainsi autant qu'il est possible, et avec eux les idées « s'élèvent », dit Rousseau[1]. Plus exactement, il n'y a pas lieu de distinguer l'idée et l'affect, mais seulement l'idée réfléchie ou non, en ce sens que la sensation ou l'affect est déjà, comme Spinoza et Condillac l'ont appris, une idée de relation ou, en termes rousseauistes, une « raison sensitive » qui s'ignore, et ici un ensemble d'idées spontanées et droites des relations à autrui. S'accoutumant aux lois justes et égalitaires, notamment par les bienfaits ou les jouissances qu'il en retire, le peuple peut alors réfléchir sur ce paradoxe que la loi juste, d'abord ressentie comme une contrainte à l'égard de l'individu et de ses intérêts particuliers, s'avère être la source de plaisirs multipliés par les bonnes relations à autrui. La propriété étant soit abolie, soit refondée sur le travail et les besoins communs, chacun est reconnu à égalité par la loi et par ses concitoyens. La raison intellectuelle, ou le jugement réfléchi qui compare les sensations, se forme ainsi : la nécessaire comparaison des hommes entre eux, dans toute société, devient bienveillante et douce, car elle engendre des affects heureux et actifs qui augmentent le nouveau *conatus* affectif qu'est le désir de son propre bien[2]. L'amour légitime de soi retrouve alors l'histoire qu'il aurait dû connaître, sans

1. Rousseau, *Lettre à d'Alembert*, *OC*, V, p. 36-37. Sur cette importante théorie de l'idée-affect, voir notre ouvrage, *Rousseau ou la conscience morale des Lumières*, *op. cit.*, en particulier p. 37-47 et 108-116 où nous approfondissons le thème de « l'emportement » ou de la vertu-force d'indignation d'Alceste, en tant qu'elle est apte à « élever les idées ».

2. Rousseau, *Émile*, *OC*, IV, p. 586 sur l'idée que je suis libre précisément parce que je n'ai pas la liberté de ne pas vouloir mon propre bien ou d'être autre que moi-même.

l'artifice des sociétés corrompues : il engendre naturellement des sentiments de sociabilité envers autrui, en tant qu'autrui est source de nouvelles jouissances.

Mais ce mouvement naturel doit être artificiellement réinventé ou recréé par une nouvelle histoire sociale. C'est lorsque le citoyen s'est habitué à la loi juste et à en tirer un plaisir désormais réfléchi que le législateur peut progressivement s'effacer, et laisser au peuple le pouvoir de droit qui lui revient : celui de détenir la puissance législative et de changer les lois lorsqu'il le veut, car si la loi d'hier s'imposait pour demain, la loi resterait un nouvel absolu tyrannique qui obligerait les générations futures à répéter l'histoire passée. Le peuple une fois formé à l'amour du bien public, en tant qu'il coïncide avec le véritable intérêt particulier ou avec l'amour de soi, peut ainsi devenir son propre créateur, car ses mœurs, qui sont lentes à se transformer en « vertus sociales » ou en « sentiments de sociabilité », soutiennent désormais les lois, les mœurs constituant toujours, on l'a vu, le moteur relationnel sans lequel les lois n'ont pas d'efficace.

À la limite, et c'est là l'horizon du présent, les mœurs sociales peuvent tenir lieu de lois et même de puissance exécutive, car la vertu ou la force du lien social fonde tous les talents. Le « cerveau » de la cité ou l'exécutif peut ainsi disparaître, sans que la vie de la cité soit affectée : il s'agit même du cas le plus favorable où le peuple a formé un lien social ou une « religion civile » tels qu'il n'a plus besoin ni des lois ni de l'exécutif. On sait en effet que l'exécutif tente toujours de s'emparer du législatif, en faisant prévaloir les intérêts particuliers des gouvernants ou des re-présentants du peuple qui devraient, au contraire, se borner à appliquer les lois. Quant aux lois, elles ne sont, au fond, qu'une « raison publique » et droite qui doit se mettre au service de l'intérêt commun ou de l'égalité, égalité qui est la seule équité. C'est pourquoi la multiplication des lois est toujours l'indice d'une dégénérescence des mœurs qui se mettent à entrer dans le détail des intérêts particuliers. Inversement, leur effacement progressif montre que le peuple augmente la force de son lien social et se hisse à la hauteur la conscience de soi ou de l'instinct divin et « moral » de la *Profession de foi*. La bonté et son effectuation réside ainsi dans la création concrète d'une démocratie sociale, sans contrainte juridique, ou sans trace du système des contre-pouvoirs qui est la marque distinctive de la subsistance des intérêts particuliers et des factions. Or et tant que l'exécutif subsiste, la société est toujours divisée par deux puissances qui se heurtent sans jamais pouvoir s'équilibrer, contrairement aux poids d'une balance, car l'exactitude n'a pas lieu dans le domaine des mœurs. Il faut donc que l'un des deux pouvoirs prédomine et fasse disparaître l'autre. Mais il revient au peuple de créer son propre devenir : Rousseau affirme explicitement la souveraineté populaire et l'absence de principe supérieur à cette souveraineté, si bien que personne ne doit empêcher un peuple devenu souverain de faire son malheur ou son bonheur [1].

Pour Rousseau et les Lumières, le « présent » et son avenir dépendent donc du lien social et du « génie » du peuple qui est apte à se substituer au génie philosophique. Le philosophe se contente de se mettre au service du peuple pour que celui-ci puisse poursuivre tel ou tel projet. La naissance de la philosophie sociale achève ainsi d'infléchir la compréhension de soi de la philosophie qui doit avoir conscience de participer d'une histoire et de mœurs constituées, ce qui doit l'amener à refuser le rôle d'un porte-parole ou d'un représentant du peuple qui parlerait à sa place. Les Lumières et leur multiplicité ne les empêchent donc pas d'être nos contemporaines, comme Foucault l'affirme, mais en un nouveau sens. Lorsque les encyclopédistes proclament, par exemple, qu'il faut « rendre la philosophie populaire », Rousseau rétorque que le « langage de la raison » est un instrument de calcul et de domination : la froide raison ne sert qu'à donner des ordres, car « l'on n'a besoin ni d'art ni de figure pour dire *tel est mon bon plaisir* ». Les langues favorables à la liberté viennent du peuple lui-même, comme chez les Anciens où la place publique retentissait de langues sonores et éloquentes, car destinées à persuader. Encore faut-il se méfier de la « tyrannie très aristocratique » des grands Orateurs qui ont corrompu Athènes.

Les philosophes s'entendent donc, en définitive, pour dénoncer « le jargon », et pour multiplier les modes de communication, en utilisant aussi bien l'écrit savant que la fiction, le roman ou le théâtre, afin de s'adresser aux « forces du présent », dans toutes les conditions. Rousseau explique en effet qu'il n'y a pas de réponse définitive à la

---

1. Rousseau, *Du contrat social*, *OC*, III, p. 368-369, 424-437.

question d'une langue ou d'un spectacle populaires, car ces derniers sont à penser et repenser en relation avec un moment social de l'histoire d'un peuple[1]. Chaque société a ses pathologies, qui varient elles-mêmes au cours du temps, et c'est au philosophe à emprunter au peuple opprimé ses langues, qui subsistent toujours en se transformant. C'est pourquoi les Lumières brouillent les frontières entre littérature et philosophie, et plus fondamentalement encore entre langue savante et langue populaire, car « toute langue avec laquelle on ne peut se faire entendre au peuple assemblé est une langue servile »[2].

Au terme de cette étude, nous espérons avoir donné aux lecteurs l'envie de relire les Lumières, dont la conception de l'histoire s'avère instructive et même « intempestive » pour notre temps. Si l'histoire est détruite comme « Idole », elle n'en fait pas moins l'objet d'un nouvel usage politiquement critique et socialement créateur. Les Lumières pourraient ainsi juger notre modernité, en soulignant que « le présent dure longtemps », du fait de l'inertie des mœurs et des philosophies qui ont oublié la leçon de leur insertion dans l'histoire. La renaissance de la philosophie sociale reste, en ce sens, la bonne nouvelle de l'époque contemporaine : l'histoire de la philosophie repasse par les Lumières.

Éliane MARTIN-HAAG

---

1. Rousseau, *Lettre à d'Alembert*, *OC*, V, p. 16.
2. Rousseau, *Essai sur l'origine des langues*, OC, V, p. 428-429.

KANT : L'HISTOIRE DANS LES LIMITES
DE LA SIMPLE NATURE

« C'est un projet à vrai dire étrange, et en apparence extravagant, que de vouloir composer une *histoire* d'après l'idée que le monde devrait suivre s'il était adapté à des buts raisonnables certains; il semble qu'avec une telle intention, on ne puisse aboutir qu'à un *roman* »[1]. Énoncée à la fin de son principal essai sur l'histoire, cette réserve montre l'extrême prudence avec laquelle Kant envisage le statut épistémologique de son entreprise. L'idée, surtout lorsqu'elle est morale, ne se laisse pas romancer : la liberté échappe à la schématisation et au récit. Kant ne semble pas assigner de rôle éthique à l'imaginaire : la comparaison avec le « roman » exprime cette méfiance à l'égard d'une moralisation du cours des choses qui serait en fait son esthétisation.

On lit pourtant un peu plus loin que le projet de raconter l'histoire d'après une idée morale pourrait bien « devenir utile » (*brauchbar*). Étrange conjugaison que celle qui confère à l'étude du passé un rôle prospectif. Pour reprendre les catégories de Koselleck, l'« horizon d'attente » de l'humanité relativise son « espace d'expérience » et stipule de porter un certain regard sur le passé. En termes kantiens, le risque de philosopher sur l'histoire se justifie par une référence

---

1. *Idée d'une histoire universelle d'un point de vue cosmopolitique*, Ak VIII, 29 (désormais cité *Idée*). Pour les textes de Kant consacrés à l'histoire, j'emprunte la traduction à S. Piobetta en la modifiant parfois (*Opuscules sur l'histoire*, Paris, GF-Flammarion, 1990, p. 86; *cf.* également *Histoire et politique*, M. Castillo (éd.), Paris, Vrin, 2000). La comparaison réapparaît dans les *Conjectures sur les débuts de l'histoire humaine* : « Mais, si l'on se mettait à dresser de toutes pièces une histoire sur des conjectures on ne ferait guère autre chose, semble-t-il, qu'un roman » (Ak VIII, 109, 145).

implicite à l'intérêt de la raison[1]. Envisager le passé *philosophi-quement* pour ne pas désespérer : telle pourrait être la devise d'une pensée qui se refuse à abandonner le cours du temps à l'absurde.

On le sait, l'intérêt de la raison est pratique en dernière instance[2]. Le motif pour composer une histoire selon l'idée relève de l'obligation d'envisager l'humanité comme une fin en soi. À ce titre, le point de vue cosmopolitique sur l'histoire n'appartient déjà plus à l'histoire, mais à la subjectivité morale en tant qu'elle est en mesure de déter-miner un devoir qui est en même temps une fin. Que cette fin soit, en l'espèce, plus juridique qu'éthique (nous allons le vérifier), ne change rien au fait que l'horizon de l'histoire transcende le temps, et que le but cesse ici d'être un terme objectif.

Cette dimension transcendante aiguise encore le problème : le temps des hommes peut-il être envisagé comme le développement exigé par une idée infinie ? Dans quelle mesure le raisonnable se manifeste-t-il dans ce qui semble le contredire ?

Ces difficultés, Kant les lègue à toutes les philosophies transcen-dantales qui, de Fichte à Husserl, se préoccuperont de l'histoire. Mais il les affronte avec une contrainte que ses successeurs abandonneront : il n'y a, pour lui, aucune genèse du transcendantal. Si l'histoire est la synthèse du sens et du temps, celle-ci n'est pas donnée à même l'expé-rience, en sorte qu'il n'existe pas de preuve de la compatibilité entre la raison et l'évolution du monde. L'*Esthétique transcendantale* exclut toute dérivation du sensible (en particulier du temps) à partir du concept, et il n'est pas davantage possible de déduire l'idée de la raison du cours de l'histoire. En plus d'être temporel, celui-ci est déter-miné causalement, ce qui exclut d'y lire une manifestation directe de la liberté. C'est pourquoi l'opuscule de 1784 s'ouvre sur la mise entre parenthèse du suprasensible.

---

1. À propos de l'horizon historique d'une constitution civile parfaite, Kant écrit que « nous pouvons d'autant moins [y] être *indifférents*, puisque, semble-t-il, nous sommes capables par notre propre disposition raisonnable d'amener plus vite l'avènement de cette ère si heureuse pour nos descendants » (*Idée*, Ak VIII, 27, 84, je souligne).

2. Sur ce point, voir *Critique de la raison pratique* Ak V, 119-121 (Paris, GF-Flammarion, 2003).

> Quel que soit le concept qu'on se fait, du point de vue métaphysique, *de la liberté du vouloir, ses manifestations phénoménales*, les actions humaines, n'en sont pas moins déterminées, exactement comme tout évènement naturel, selon les lois universelles de la nature [1].

Parce qu'elle a lieu dans le temps, l'histoire obéit aux mêmes lois causales que celles qui permettent d'aborder scientifiquement la nature. Faut-il, pour autant, identifier ce mécanisme à un déterminisme intégral ? Toute la pensée kantienne de l'histoire s'élève contre la confusion entre la causalité historique (incontestable au niveau des phénomènes) et une « sempiternelle objection » aux réquisits stipulés par l'intérêt de la raison [2]. Cela implique une théorie de l'action humaine qui désigne son sujet comme un être historique. De fait, Kant précise qu'il y a histoire parce que les hommes « ne suivent pas simplement leurs instincts comme les animaux » et qu'ils n'agissent pas non plus « comme des citoyens raisonnables du monde » [3]. Leurs actes ne relèvent donc d'aucune fatalité, ni naturelle, ni morale. Cette indétermination anthropologique, en laquelle se loge le poids des passions sociales sur les conduites, rend tout à la fois possible l'histoire universelle et problématique son déchiffrement.

Car la question demeure : si l'action est indéterminée, comment « découvrir dans ce cours absurde des choses humaines un *dessein de la nature* » [4] ? De cette dernière formule, on ne retient le plus souvent que l'amorce d'une dialectique, comme si la nature se trouvait subrepticement érigée en acteur de son propre développement. Il est vrai que Kant fait de l'espèce humaine le sujet de l'histoire parce que c'est derrière le dos des individus (« à leur insu ») que se réalise quelque chose comme un plan. Mais le dessein de la nature doit d'abord être entendu littéralement : comme la définition du domaine dans lequel se déploie l'histoire humaine. On ne peut parler de la « ruse de la nature » (la formule n'est pas chez Kant) comme d'une annonce du thème hégélien de la « ruse de la raison » car les deux penseurs adoptent

---

1. *Idée*, Ak VIII, 17, 69.
2. *Idée*, Ak VIII, 29, 88 (traduction modifiée).
3. *Idée*, Ak VIII, 17, 70.
4. *Idée*, Ak VIII, 18, 70.

un point de départ différent[1]. Selon Hegel, il est inacceptable que le domaine de la liberté (c'est-à-dire de l'esprit) soit moins rationnel que celui de la nature. Il doit même l'être beaucoup plus, si l'on admet de ne pas réduire la rationalité au règne d'une légalité monotone. Le présupposé de Kant est plus modeste : l'activité humaine ne peut être le seul domaine *de la nature* qui échappe à tout règle. C'est parce qu'elle est encore naturelle que l'histoire intéresse le philosophe soucieux de retrouver les traces de la liberté dans son *autre*.

Il faut donc être attentif au soin avec lequel Kant associe histoire et nature. Pourquoi prêterait-on attention au devenir de l'humanité si celui-ci n'était que l'accomplissement destinal du règne des fins ? C'est justement parce que l'histoire est celle de l'espèce qu'elle est intéressante pour la raison pratique. Le point de vue philosophique sur l'histoire s'élabore donc dans un domaine distinct de celui dans lequel l'histoire advient : le temps humain n'est pas l'être-là du concept. Au contraire, l'idée doit demeurer la mesure transcendante de ce qui se produit dans le temps. C'est pourquoi, dans l'histoire, la nature attestera tout au plus son articulation avec la liberté : « il nous faut rechercher ce que la nature peut faire pour préparer [l'homme] à ce qu'il doit nécessairement faire lui-même pour être fin finale »[2]. Il n'y a pas d'invention radicale dans l'histoire, seulement la « confirmation » épisodique de la réalité des idées morales produites par la raison[3].

Comme on essaiera de le montrer, l'articulation entre histoire et nature est fondamentale à un double titre. 1) Elle fixe le statut épistémologique de la pensée de l'histoire en la soustrayant à la théologie. En dépit du « providentialisme » qu'on lui prête souvent, Kant forge un concept déterminé de la nature (et de sa finalité), et y intègre

---

1. En toute rigueur, l'image de la « ruse de la raison » est inadéquate même pour Hegel, ou plutôt elle demeure représentative (« *On peut appeler* ruse de la raison le fait qu'elle laisse agir à sa place les passions », *La Raison dans l'histoire*, trad. fr. K. Papaioannou, Paris, UGE, 1965, p. 122, je souligne). En effet la « ruse » est indissociable du modèle de la finalité externe avec lequel Hegel, plus radicalement que Kant, entend rompre.

2. *Critique de la faculté de juger*, § 83, Ak V, 431, trad. fr. A. Renaut, Parais, GF-Flammarion 1995, p. 429 (désormais cité *CFJ*); *cf.* également trad. fr. A. Philonenko, Paris, Vrin, 2000.

3. Voir *CFJ*, § 86, Ak V, 445.

l'histoire, pour interdire tout recours intempestif à la volonté divine. Les actions humaines sont susceptibles d'une interprétation « progressiste » sans qu'il soit nécessaire d'invoquer une intervention transcendante. C'est à ce point que se noue le rapport entre mécanique passionnelle et téléologie. 2) La nature nous renseigne aussi sur le contenu du progrès historique puisque l'histoire universelle peut être lue comme le devenir positif du droit naturel. À la différence de l'éthique, le droit se situe au point de convergence de la nature et de la liberté : il est une synthèse entre la contrainte et l'autonomie. Parce qu'elle s'ancre dans la nature, la pensée kantienne de l'histoire relève d'une théorie de l'interaction plus que d'une métaphysique de la liberté. Le cosmopolitisme (que l'on distinguera du providentialisme) désigne cette spécificité.

Par sa méthode comme par son contenu, la pensée kantienne de l'histoire redouble la réserve critique. Non seulement il n'y a pas d'ontologie historique puisque les actions humaines ne sont décelables qu'au niveau des phénomènes, mais la pensée de l'histoire est aussi le meilleur antidote à l'historicisme. Comme l'histoire se situe dans les limites d'une nature finalisée, elle ne peut dépasser les bornes fixées par les « germes » et les « dispositions » de l'espèce humaine. De même qu'un organisme ne peut devenir autre chose que ce qu'il est déjà virtuellement, l'humanité n'est pas le sujet d'une *Bildung* infinie. Définie par le tribunal de la raison, la fin de l'histoire n'est plus historique.

NATURE ET HISTORICITÉ

L'histoire de la nature

La notion d'histoire n'apparaît pas d'abord, chez Kant, dans le contexte d'une réflexion restreinte à l'humanité, mais dans le cadre d'une interrogation générale sur la nature organique. Plus qu'un objet stable qui se laisserait enserrer dans des catégories immuables, le vivant est le lieu d'un dynamisme propre. Il existe donc une « histoire de la nature » qui arrache l'ordre des choses à la répétition du même et introduit le temps comme un facteur fondamental dans la constitution du réel[1].

Contrairement à sa « description » (classification selon les genres et les espèces), l'« histoire de la nature » traite du rapport entre l'état actuel des êtres vivants et leurs dispositions primitives[2]. La nature n'est pas étrangère à toute historicité : son présent s'éclaire à partir du jeu des *forces* qui s'y déploient successivement dans le temps. Déjà à propos de cette forme d'histoire, Kant note qu'il s'agira moins d'un « système constitué » que d'une « esquisse » fondée sur de simples hypothèses. L'histoire de la nature ne dresse pas un tableau exhaustif du vivant, elle recherche l'origine de ses évolutions dans le temps. Puisqu'elle est elle-même naturelle, cette origine se distingue d'un fondement. L'illusion cosmologique à l'œuvre dans la première antinomie l'atteste : la régression temporelle du présent au passé est indéfinie. De même, l'« archéologie de la nature »[3] ne s'achève pas métaphysiquement : il y une histoire du monde et des hommes, parce que leur création ne peut être l'objet d'un savoir[4].

Comment expliquer que le principe de l'historicité se situe au cœur de la nature ? Kant en rend compte dans sa thèse selon laquelle les races humaines sont des « dérivations » à partir d'une seule « souche ». L'espèce humaine est une (ce qui rendra possible l'histoire « universelle ») parce que, quelle que soit leur race, ses membres peuvent se reproduire entre eux[5]. Mais si l'interfécondité est un signe de l'unité humaine, elle prouve aussi son historicité. De fait, la différence entre les races s'explique par des variations qui se conservent à travers les générations. Kant en conclut à l'existence de « germes »

---

1. Sur le passage de l'*historia naturalis* (encore descriptive et fixiste) à l'« histoire naturelle » au XVIIIe siècle, voir R. Koselleck, *L'Expérience de l'histoire*, Paris, Gallimard-Seuil, 1997, p. 53-57.

2. *Sur l'emploi des principes téléologiques dans la philosophie*, Ak VIII, 161-163.

3. *CFJ*, Ak V, 428.

4. C'est finalement le sens de l'affirmation célèbre selon laquelle « l'histoire de la liberté commence par le mal car elle est l'*œuvre de l'homme* » (*Conjectures*, Ak VIII, 115, p. 154).

5. « Tous les hommes sur toute l'étendue de la terre appartiennent à un seul et même genre naturel parce que, régulièrement, par accouplement, ils donnent naissance à des enfants féconds » (*Des différentes races humaines*, Ak II, 429, 48).

(*Keime*) et de « dispositions » (*Anlage*) propres à chaque espèce, autant de concepts décisifs dans sa théorie juridique de l'histoire. Ceux-ci désignent des potentialités inscrites dans la force de reproduction de la souche. Si l'espèce humaine s'est diversifiée en races, c'est donc parce qu'elle comporte en sa nature des principes de variations qui se développent en réaction au milieu.

Les germes et dispositions de la nature humaine sont au principe de l'épigénèse : un être vivant possède, mais seulement *virtuellement*, des dispositions finales internes qui se déploieront de manière contingente dans le temps. Kant assigne d'emblée à l'épigénèse une fonction critique. Comme hypothèse sur l'histoire de la nature, elle s'oppose à l'« occasionalisme » autant qu'à la « préformation » (qui pose que le futur d'un organisme est déjà réalisé dans sa nature) : deux doctrines qui font intervenir Dieu dans le cours des choses [1]. Alors que le providentialisme est obligé de recourir à des décrets spéciaux pour rendre compte des évolutions naturelles, l'épigénèse fournit un principe de clôture épistémologique. Dieu est peut-être cause de ce que la nature humaine possède telle ou telle disposition : c'est le seul point qui n'exclut pas la Providence de la considération de l'histoire naturelle. Mais cette causalité hypothétique ne justifie en aucun cas la démiurgie puisque ces dispositions se développeront si les conditions naturelles l'exigent, sans aucune intervention transcendante.

La téléologie naturelle n'est d'aucun secours pour une théologie : le principe « que tout dans la science de la nature doit être expliqué naturellement délimite en même temps ses frontières » [2]. La raison humaine ne peut remonter en deçà de la souche primitive et de ses germes. Partant, l'histoire (celle du vivant, comme celle des hommes) prend la forme d'un ajustement entre les dispositions naturelles et le contexte dans lequel elles se développent (ou pas). Le cours historique du temps implique la contingence du déploiement des dispositions.

Si l'intervention de Dieu n'explique rien dans l'histoire, un certain usage de la raison fonde en revanche l'historicité. La première *Critique* a montré que la raison exige au titre de ses « présuppositions transcendantales » de ne pas multiplier les espèces (au risque de nier

---

1. Voir *CFJ*, § 81, Ak V, 422-425.
2. *Sur l'emploi des principes téléologiques dans l'histoire*, Ak VIII, 178, 193.

l'ordre de la nature) et de ne pas non plus sacrifier la diversité du vivant (principe de spécification[1]). Pour que ces deux maximes de la raison ne se contredisent pas, il faut 1) qu'elles soient seulement régulatrices et 2) qu'une historicité limitée soit reconnue au vivant, de telle sorte qu'il puisse se diversifier en espèces sans que l'unité du genre (les « souches ») s'en trouve affectée. L'hypothèse des « dispositions », sans laquelle il n'y aurait pas d'histoire, est appelée par la raison critique. Pour rendre compte de la diversité du présent, il faut poser qu'elle résulte du passé. En ce sens, on peut parler d'une « histoire transcendantale » chez Kant : le principe d'une évolution finalisée dans le temps relève des attendus du système. C'est pourquoi l'histoire universelle peut être l'objet d'une « idée » sans que l'on confonde pour autant la succession temporelle des phénomènes avec le déploiement sans reste de la raison.

Une nature humaine disposée à l'histoire

Avec l'histoire de la nature, on n'a rien dit encore de ce qui fait la spécificité de celle des hommes. En envisageant la seconde sur le modèle de la première, on cèderait même à la tentation naturaliste. À Herder, qui dissertait sur l'histoire universelle à partir de l'inclinaison de l'écliptique et déduisait la liberté de l'homme de sa station debout, Kant ne réplique-t-il pas que l'avenir de l'homme ne se décide pas « dans le cabinet d'histoire naturelle », mais dans ses « actions »[2] ? C'est pourtant au nom de cette liberté que Kant réitérera sa prudence à l'égard du providentialisme : « nous ne pouvons nous placer du point de vue du soleil lorsqu'il s'agit de la prévision d'actions libres. Car ce serait le point de vue de la *Providence* qui se situe au-delà de toute sagesse humaine »[3]. Même si la liberté est engagée dans l'histoire, la philosophie ne peut l'adopter comme fil directeur.

C'est pourquoi Kant est à la recherche d'un critère qui permette de statuer philosophiquement sur l'histoire tout en respectant son statut épistémologique propre. Deux termes viennent nommer ce critère, de

---

1. Voir l'Appendice à la Dialectique transcendantale de la *Critique de la raison pure*.
2. *Compte-rendu de Herder*, Ak VIII, 56, 108.
3. *Conflit des facultés*, Ak VII, 83, 209 (désormais *CF* ; dans *Histoire et politique*, M. Castillo (éd.), *op. cit.*).

part et d'autre du travail de Kant sur l'histoire : un « fil conducteur » (*Leitfaden*) dans l'*Idée*, un « signe d'histoire » (*Geschichtszeichen*) dans le *Conflit des facultés*. Si le « fil conducteur » est une règle qui confère un caractère systématique à une recherche, le « signe d'histoire » manifeste indirectement la possibilité d'un progrès juridique. Mais, dans les deux cas, ces critères permettent seulement l'édification d'un point de vue : ils ne constituent pas des principes pour une connaissance objective. Le « fil conducteur » et le « signe d'histoire » expriment la prudence méthodologique de Kant devant un territoire qui ne se laisse entièrement déterminer ni par les concepts de l'entendement ni par les lois de la liberté.

Le « fil conducteur » pour aborder l'histoire a à voir avec la finalité. On comprend par là que le dogmatisme historique sera un dogmatisme des causes finales. Celui-ci prend presque toujours la figure d'une causalité intentionnelle qui, du dehors du monde, déciderait de son évolution. C'est pourquoi le présupposé de la pensée de l'histoire est encore naturel : il réside dans l'application à l'homme de la thèse selon laquelle « toutes les dispositions naturelles d'une créature sont destinées à se développer un jour de façon exhaustive et finale »[1]. La téléologie à laquelle il est ici fait référence est immanente puisqu'elle suppose simplement que tout organe est destiné à remplir (un jour) sa fonction. Gérard Lebrun parle à ce propos du « principe de la fonctionnalité intégrale de l'être organisé » : même si elle relève du jugement réfléchissant, la finalité vaut pour tout le vivant, l'espèce humaine comprise[2]. Seul ce principe, et non une quelconque croyance eschatologique, autorise la prévision d'un perfectionnement à venir.

Si l'homme est un être historique, il le doit donc à des dispositions propres à sa nature. L'organe dont l'apprentissage prend un temps indéfini est bien sûr la raison. Ce point rend compte de l'identité du sujet de l'histoire : « chez l'homme (en tant que seule créature raisonnable sur terre), les dispositions naturelles qui visent à l'usage de sa raison n'ont pas dû recevoir leur développement complet dans l'indi-

---

1. *Idée*, Première proposition, Ak VIII, 18, 71 (traduction modifiée).
2. G. Lebrun, « Une téléologie pour l'Histoire ? La première proposition de l'*Idée pour une histoire universelle* », dans *Kant sans le kantisme*, Paris, Fayard, 2010, p. 281.

vidu, mais dans l'espèce »[1]. Le principe de fonctionnalité intégrale importe plus que la dialectique des fins (les mobiles conscients des individus sont contredits par les dessins secrets de la nature) pour faire de l'espèce l'acteur historique principal. Même si elle est naturelle à l'homme, la raison porte au-delà de l'instinct animal qui effectue d'emblée tout ce qu'il peut faire. La raison a besoin de s'exercer pour se perfectionner et elle trouve dans la temporalité des générations le milieu de son développement.

L'histoire est la dimension dans laquelle apparaît *ce que peut la nature humaine*. Comme toujours chez Kant, le déploiement de la raison a lieu en régime de finitude. D'où l'insistance sur la fragilité, voire l'infirmité, originaire de l'homme : en le dotant d'un instinct peu assuré et d'une raison laborieuse, « la nature semble s'être ici complu à la plus grande économie »[2]. À l'espèce humaine, rien n'est donné, sinon le soin de créer par elle seule les conditions de sa survie. C'est donc naturellement qu'elle exerce son pouvoir de dépasser la nature par l'industrie. Ce pouvoir n'est pas une faculté abstraite : il est expérimenté dans la « foule d'épreuves qui attendent l'homme »[3]. On comprend alors pourquoi la « détresse » est la source anthropologique de l'histoire. Kant, d'ordinaire soucieux de séparer l'analytique de la finitude de tout *pathos*, insiste à plusieurs reprises sur la cruauté des conditions naturelles de la vie humaine, comme il insistera sur les drames qui caractérisent l'histoire universelle. Ici et là, le philosophe porte un jugement réfléchissant sur ce qui semble absurde : la nature a multiplié les obstacles sur le chemin qui sépare l'espèce humaine du bonheur, « c'est comme si elle avait attaché plus d'importance chez l'homme à l'*estime raisonnable de soi* qu'au bien-être »[4].

La vocation historique de l'homme découle du rapprochement entre ce qui, depuis Herder, est en passe de devenir un lieu commun de l'anthropologie (l'homme est un être indigent, un *Mängelwesen*) et une thèse sur le vivant (la nature « ne fait rien en vain »). C'est une disposition de la nature humaine que d'être peu disposée à affronter

---

1. *Idée*, Ak VIII, 18, 71.
2. *Idée*, Ak VIII, 19, 73.
3. *Idée*, Ak VIII, 20, 73.
4. *Ibid.*

son milieu, d'où la nécessité d'aménager ce dernier à sa mesure. Il doit y avoir une raison finale pour laquelle l'homme est doué de raison sans avoir les moyens d'atteindre immédiatement au plein développement de cet organe. L'homme est naturellement un être de l'*œuvre* : son agir est aussi un faire qui demande à être achevé dans le futur. Il y a histoire parce que les réalisations techniques et juridiques des hommes seront mises à profit par les générations ultérieures.

DE LA MÉCANIQUE SOCIALE AUX EXIGENCES DU DROIT

L'histoire et les antagonismes naturels

« Y a-t-il dans la nature humaine des dispositions qui permettent de conclure que l'espèce humaine progresse de plus en plus vers le mieux ? »[1]. La question centrale de la philosophie de l'histoire ne quitte pas le domaine de la nature : elle implique seulement une réorientation du regard. Il ne s'agit plus, comme dans l'histoire de la nature, de relier l'état présent de l'espèce humaine au développement de ses dispositions, mais de risquer une hypothèse sur l'avenir à partir de ces mêmes dispositions.

C'est paradoxalement sur la conflictualité entre deux tendances naturelles que Kant fait reposer l'espoir d'un progrès de l'espèce. La quatrième proposition de l'*Idée* l'énonce non sans ambiguïtés : « le moyen dont la nature se sert pour mener à bien le développement de toutes ses dispositions est leur *antagonisme* au sein de la société »[2]. L'antagonisme est inhérent à l'homme, même s'il ne produit ses effets que dans la vie sociale. La société trouve la « cause de son ordre légal »[3] dans le jeu naturel des forces qui s'affrontent dans la nature humaine. Mais ce jeu n'est pas l'origine de la société : par principe, la théorie de l'histoire est étrangère à la question du contrat social qui, chez Kant comme chez Rousseau, implique pour être résolue d'écarter « tous les faits ». Le point fondamental est que la nature continue à

1. *Théorie et pratique*, Ak VIII, 307, trad. fr. F. Proust, Paris, GF-Flammarion, 1994, p. 85 ; *cf.* également trad. fr. L. Guillermit, Paris, Vrin, 2000.

2. *Idée*, Ak VIII, 21, 75.

3. *Idée*, Ak VIII, 20, 74 (traduciton modifiée).

produire ses effets dans la société. Bien loin de rompre avec la nature humaine, l'histoire en déploie le potentiel. En insistant sur cette dimension anthropologique, Kant échappe à l'historicisme.

L'« insociable sociabilité » est le titre kantien de cet antagonisme entre des forces. Du fait de sa précarité naturelle, l'homme possède un « penchant à s'*associer* » qui l'incite à s'unir aux autres membres de son espèce. Mais cette première disposition se double d'une « propension à se *détacher* » parce que l'individu juge toute chose à sa propre aune, abstraction faîte des sollicitations d'autrui. En appliquant à l'espèce humaine le principe newtonien d'action et de répulsion, Kant confirme l'ancrage naturel de sa théorie de l'histoire. Il n'est, jusqu'ici, nullement question de la liberté et de ses effets dans le monde, mais uniquement d'une énergétique à la fois naturelle et sociale où la raison se manifeste dans l'élément de la force.

De l'insociabilité naissent les principales passions sociales : la « vanité », l'« appétit insatiable de possession » et le désir de « domination »[1]. Kant retient de Hobbes la thèse d'une mise en concurrence généralisée des individus, mais il la transporte de l'état de nature sur le terrain des sociétés historiques. Confronté aux autres, l'individu ne cesse de rencontrer des résistances qui mettent à l'épreuve sa prétention à vivre de manière autarcique. Il est alors mécaniquement entraîné à développer ses talents en surmontant son « inclination à la paresse ». L'amour propre joue un rôle socialement dynamique : même si les hommes utilisent leur raison comme un moyen pour satisfaire les passions de leur insociable sociabilité, le philosophe peut y voir un plan de la nature pour le forcer à développer ses dispositions. « L'homme veut la concorde, mais la nature sait mieux que lui ce qui est bon pour son espèce : elle veut la discorde »[2]. Le lien de finalité entre la raison et les passions est l'inverse de ce qu'il semble être dans les dessins des individus.

S'agit-il là d'un renversement providentiel ? Nullement car la nature n'annule pas l'antagonisme, elle le discipline. Par l'énergie qu'ils déploient pour trouver une place parmi leurs congénères, les

---

1. *Idée*, Ak VIII, 21, 75 (traduction modifiée).
2. *Ibid.*

hommes ne suivent pas un plan intentionnel de la transcendance, bien au contraire, ils remplissent le « vide de la création »[1]. Ce vide, auquel sont condamnés les « bergers d'Arcadie » dans leur indolence, rappelle qu'il n'existe nulle direction préétablie dans l'histoire. En revanche, les mobiles qui incitent les hommes (et les États[2]) à la concorde ne sont pas des motifs rationnels. Saisie du point de vue historique de sa genèse, l'instauration de la raison juridique est passionnelle : le désir de paix se nourrit des ravages de la violence.

Le paragraphe 83 de la *Critique de la Faculté de Juger* reviendra sur ce lien entre mécanique passionnelle et obligation juridique à partir du thème de la « culture ». De l'indigence originaire de l'être humain, Kant conclut que la fin que s'est fixée la nature n'est pas le bonheur de l'espèce. À l'inadéquation de la morphologie humaine à son milieu s'ajoute ce que les hommes s'imposent les uns aux autres, en particulier la « barbarie des guerres »[3], signe historique du mal. Pour établir une « fin dernière », il faut donc partir d'une autre aptitude humaine : celle qui consiste « à se proposer à soi-même en général des fins […] et à utiliser la nature comme moyen ». Il n'est pas encore question de la liberté comme autonomie, mais de la présence dans la nature humaine d'une *capacité à la contre-nature*. Celle-ci se nomme « culture » et, comme discipline, elle réside dans « la libération de la volonté à l'égard du despotisme des désirs »[4]. Comme on va le voir, cette émancipation progressive par rapport aux contraintes naturelles prend la forme du droit. Mais il importe de remarquer que la finalité culturelle de la nature humaine est l'objet d'un jugement réfléchissant. Kant ne dit nulle part que la nature possède (dialectiquement) le pouvoir de sortir d'elle-même. En réalité, tout se passe *comme si* le mécanisme de ses antagonismes menait à son propre épuisement : il nous est permis de juger de la dynamique naturelle selon les progrès de l'acculturation.

---

1. *Idée*, Ak VIII, 21, 75 (traduction modifiée).
2. Sur l'analogie entre l'insociable sociabilité interindividuelle et les relations naturelles entre États, voir *Idée*, Ak VIII, 24.
3. *CFJ*, Ak V, 430, 428.
4. *CFJ*, Ak V, 431, 429.

L'histoire subordonnée au droit

Comment le jeu interne aux antagonismes naturels peut-il mener historiquement à un «accord *pathologiquement* extorqué» qui se convertit en «tout *moral*»[1]? Cette question ne doit pas être envisagée à part de celle qui établit une hiérarchie entre mécanique sociale, technique politique et principe juridique[2]. Sauf à céder à une vision du progrès comme réalisation mécanique et nécessaire des libertés civiles, il faut rappeler que l'histoire, *précisément parce que son domaine se confond avec celui de la nature*, est subordonnée au droit dont le fondement est purement rationnel. L'histoire ne peut être son propre tribunal, ce qui exclut que l'on voit en elle le développement linéaire de l'idée.

La téléologie paradoxale à l'œuvre dans l'histoire doit donc être replacée sous condition de la seule source de légitimité avérée : la raison pratique dans son usage juridique. En effet, le progrès historique ne s'évalue pas selon «une quantité toujours croissante de la *moralité* quant à l'intention», mais par «une augmentation de sa *légalité* dans des actions conformes au devoir, quel que soit le motif qui ait pu les déterminer»[3]. L'insociable sociabilité ne mène pas à une amélioration du fort intérieur, puisqu'elle ne joue aucun rôle au niveau de la conscience morale. Le problème qu'elle pose est de nature technique : comment concilier la plus grande part de liberté avec un ordre qui ne menace pas de s'abolir en anarchie? Le principe de conservation du corps social doit donc être compatible avec l'exercice des arbitres individuels. Parce qu'il organise la coexistence des individus par des moyens de contrainte, mais sous des lois de liberté, le droit fournit la solution à ce problème[4].

---

1. *Idée*, Ak VIII, 21, 75.

2. Pour une reconstruction de la philosophie kantienne de l'histoire à partir du ternaire égoïsme solipsiste/stratégie intersubjective/communication et publicité, voir J.-M. Ferry, *La Question de l'histoire. Nature, liberté, esprit*, Bruxelles, Éditions de l'Université de Bruxelles, 2002, p. 27-59.

3. *CF*, Ak VII, 91, 219.

4. Rappelons que Kant définit le droit en général comme l'ensemble des dispositifs «qui peut faire coexister la liberté de chacun avec la liberté de tout autre selon une loi universelle» (*Doctrine du droit*, Introduction, Ak VI, 230).

Dans l'histoire, les hommes seront donc amenés à désirer l'instauration d'une loi que la raison leur prescrit *par ailleurs*. La norme n'émane pas de l'histoire – tout comme le désir sensible n'est à la source d'aucune volonté morale. Kant s'oppose par avance à l'historicisation du droit. Ainsi qu'on l'a dit, « l'équation de l'histoire et du droit ne peut se dire qu'en un seul sens : l'histoire est droit, non pas : le droit est histoire »[1]. On peut le vérifier en mettant en parallèle deux chapitres du *Projet de paix perpétuelle* : le premier « Supplément » et le premier « Appendice ».

Dans le Supplément, Kant montre comment l'histoire peut être interprétée comme une « garantie » de réalisme pour le projet juridique de paix perpétuelle. Prenant la suite des analyses de l'*Idée*, Kant restitue la logique historique qui porte les peuples à désirer la paix en dépit de leurs penchants à la violence. En dépit, ou plutôt « à cause » de ces penchants, puisque c'est l'excès des guerres et les malheurs qu'elles engendrent qui disposent les États à négocier la paix. Associés à la rotondité de la Terre, les conflits obligent les hommes à trouver le moyen de coexister. La finitude de l'espace humain est une circonstance géographique (donc naturelle) qui rétroagit sur le sens de l'histoire puisque les individus ne peuvent indéfiniment s'éloigner les uns des autres : l'insociable sociabilité est seulement contenue par une sociabilité cultivée par le droit[2]. La guerre apparaît clairement comme un moyen en vue de son contraire. L'histoire politique (qui est surtout faîte de conflits) garantit la paix « grâce au mécanisme même des penchants »[3].

Il en va de même au niveau du droit des gens (ou « droits des États ») dont Kant ne cesse de dénoncer le faible degré d'institutionnalisation. Alors que l'*Idée* et (de manière plus nuancée) *Théorie et pratique*, soutenaient la constitution d'un État mondial capable de rendre impossible la guerre, le *Projet* insiste sur le risque inhérent à la constitution d'une « monarchie universelle » qui marquerait l'aboli-

---

1. B. Bourgeois, « Histoire et droit chez Kant », *Revue germanique internationale*, 6, 1996, p. 91.
2. Voir *Projet de paix perpétuelle*, Ak VIII, 363-364, trad. fr. J. Gibelin, Paris, Vrin, 1999.
3. *Projet de paix perpétuelle*, Ak VIII, 368, trad. cit., p. 83.

tion impériale de l'idéal républicain. Pour éviter le despotisme, le progrès historique doit faire signe vers une simple fédération des peuples (*Völkerbund*) respectueuse du pluralisme politique des États. Or, la nature utilise deux procédés « pour empêcher la fusion des peuples et pour les séparer : la diversité des *langues* et celle des *religions* »[1]. La différence culturelle est ici interprétée comme un moyen dont use la nature pour retarder une uniformisation politique du monde au détriment du droit. La monarchie universelle marquerait une sortie de l'histoire par la voie du despotisme : du fait de son dynamisme conflictuel, la nature humaine est l'élément qui rend impossible une fin de l'histoire.

Par là, nous touchons à ce qui, de l'extérieur de la sphère naturelle, vient limiter l'histoire dans sa prétention à incarner le sens. Dans l'Appendice au *Projet de paix perpétuelle*, Kant restreint le recours à l'histoire comme principe de légitimation en confrontant les préro-gatives du droit à celles de la politique. Rappelons-le, la paix est le « souverain bien politique » : elle désigne donc aussi bien l'accom-plissement du droit que le *telos* de l'histoire universelle. Est-ce à dire, pour autant, qu'elle constitue un but inconditionné ? La fin de l'histoire justifie-t-elle l'usage de tous les moyens ? En aucun cas, puisque la paix, tout comme l'histoire qui y mène, demeure sous condition du droit. C'est le propre du « moraliste politique » que de « subordonner les principes au but »[2] en confondant morale et prudence. Contre cette tentation, il faut rappeler qu'une paix qui se construirait sur le « cimetière de la liberté » (donc par la contrainte du despotisme[3]) ne marquerait aucun progrès dans l'histoire. Elle sanctionnerait un rapport de force au détriment de l'idée.

Le propre du « moraliste politique » est précisément de recourir à l'histoire factuelle pour discréditer les exigences en matière de liberté et de publicité. S'il ne faut pas établir la république (*i.e.* octroyer le pouvoir souverain en matière législative au peuple), c'est parce que les hommes n'ont jamais fait bon usage de cette liberté nouvelle. Mais,

---

1. *Projet de paix perpétuelle*, Ak VIII, 367, 81.

2. *Projet de paix perpétuelle*, Ak VIII, 376, 107.

3. Kant écrit en 1795 et pense vraisemblablement aux velléités des monarchies coalisées d'imposer la paix à la France républicaine.

répond Kant, « tous les genres de gouvernements ont fourni dans l'histoire des exemples contraires » [1], et l'on ne peut se réclamer de l'empirie lorsqu'il s'agit de « morale » (c'est-à-dire, dans ce contexte, du droit).

Le fait qu'elle garantisse l'efficience du droit ne soustrait pas l'histoire universelle au jugement. Kant le suggère lorsqu'il dénonce la confusion entre la téléologie historique et la Providence. Du fait de la différence transcendantale entre l'intelligible et la nature, la notion d'une « collaboration divine en vue d'un effet dans le monde sensible doit disparaître » [2]. Dans l'histoire, rien ne s'explique par l'intention de Dieu, ce qui signifie aussi que rien ne se justifie par elle. Au terme de « Providence », on préférera donc celui de « nature » puisqu'il s'agit ici de philosophie et non de « religion » [3]. La finalité naturelle à l'œuvre dans l'histoire est organique et non intentionnelle : elle décrit l'articulation du temps humain et du sens, non pas la genèse du second dans les vicissitudes du premier.

PHILOSOPHIE OU CRITIQUE DE L'HISTOIRE ?

Le fil conducteur qui permet de distinguer l'histoire d'un roman est juridique : « on peut considérer l'histoire de l'espèce humaine dans son ensemble comme l'accomplissement d'un plan caché de la nature pour produire une constitution politique parfaite » [4]. La finalité interne aux antagonismes sociaux trouvera son aboutissement dans l'institutionnalisation du cosmopolitisme. Mais la critique de la démiurgie qui accompagne la pensée kantienne de l'histoire nous rappelle que cette espérance ne saurait devenir l'occasion d'une nouvelle métaphysique. La connaissance de l'*Historie* ne peut servir de modèle à celle de la *Geschichte*, même si l'écriture de la première conditionne l'élaboration de la seconde [5]. De fait, l'histoire des historiens procède par

---

1. *Projet de paix perpétuelle*, Ak VIII, 377, 109.
2. *Projet de paix perpétuelle*, Ak VIII, 65, 361.
3. *Ibid.*
4. *Projet de paix perpétuelle*, Ak VIII, 27, 83 (traduction modifiée).
5. « La première page de *Thucydide* (dit Hume) est le seul début de toute histoire authentique » (*Idée*, Ak VIII, 29).

schématisation de concepts (en particulier la causalité) tandis que la nature dans laquelle se déroule l'histoire de l'espèce est irréductible au déterminisme.

C'est pourquoi, dès 1784, Kant associe l'espérance dans les progrès de l'humanité à l'existence d'«indices» qui font signe vers la commensurabilité de l'histoire à l'exigence juridique[1]. L'indice est moins qu'une preuve puisque l'histoire (du fait de sa temporalité) n'est pas susceptible de présenter intuitivement ce dont elle doit pourtant garantir l'efficience. Abordée d'un point de vue cosmopolitique, l'histoire n'exemplifie rien, elle ne schématise pas non plus une liberté qui, par principe, échappe à la connaissance théorique.

En 1798 (date de la publication du *Conflit des facultés*), l'indice est devenu «signe d'histoire». En effet, la Révolution française dément l'association entre l'histoire des peuples et l'ordre mécanique du temps. Le soulèvement d'une nation contre le despotisme constitue une sorte d'évènement cosmopolitique dont on peut espérer l'«extension à tous les peuples de la terre»[2]. Est-ce à dire qu'elle participe d'une histoire de la liberté? Non, car il ne faut pas envisager la Révolution comme une «cause» qui produira inéluctablement des effets juridiques. La causalité historique ne déroge pas au mécanisme. Tout l'effort de Kant consiste à envisager l'histoire autrement que comme un synthèse dialectique entre liberté et nécessité : dans son système, le lieu d'une telle synthèse est transcendant (il se situe dans le postulat de Dieu), ce qui en exclut toute temporalité. À cet titre déjà, Kant élabore moins une philosophie qu'une critique de l'histoire.

De là le déplacement du «signe d'histoire» de l'ordre évènementiel à sa répercussion sensible chez les «spectateurs»[3]. Ce qui, dans la Révolution française, fait époque ne réside pas dans l'objet historique lui-même, mais dans la «sympathie» avec laquelle il a été perçu par les contemporains. Le signe de la tendance morale de l'humanité se trouve donc dans

---

1. *Idée*, Ak VIII, 27.

2. *CF*, Ak VII, 89, 215.

3. La meilleure présentation de ce déplacement et de ses enjeux a été proposée par Jean-François Lyotard dans *L'Enthousiasme. La critique kantienne de l'histoire*, rééd. Paris, Le Livre de Poche, 1994.

la manière de penser des spectateurs qui se trahit *publiquement* dans ce jeu de grandes révolutions et qui, même au prix du danger que pourrait leur attirer une telle partialité, manifeste néanmoins un intérêt universel, qui n'est pourtant pas égoïste, pour les joueurs d'un parti contre ceux de l'autre [1].

Le sens de la Révolution réside dans le sentiment qu'elle inspire aux témoins et dans le courage public que ces derniers ont manifesté en publiant leur témoignage. L'histoire évènementielle n'est pas la seule à devoir être écrite pour être interprétée, c'est aussi le cas de la *Weltgeschichte* qui ne prend sens que d'être publiée au regard de tous.

Reinhart Koselleck a montré que la philosophie de l'histoire est née au XVIIIe siècle du souhait de la bourgeoisie éclairée de présenter les évolutions du temps (qui se réalisent en sa faveur) comme inéluctables. Plutôt que d'avouer que l'on fait de la politique, on déclare la révolution inscrite dans l'ordre des choses [2]. Contre une Providence conservatrice, la nécessité historique devient le principe idéologique de légitimation des bouleversements modernes en faveur de la liberté. En ce sens précis, Kant appartient à ce mouvement : la sympathie des spectateurs de la Révolution française est l'exemple d'une « participation *passionnée* au bien » [3] qui justifie à la fois le progrès et les drames qui accompagnent son avènement.

A-t-on, pour autant, quitté le registre de la nature humaine pour atteindre aux cimes d'une histoire de l'esprit ? En réalité, la sympathie des spectateurs manifeste moins la puissance nécessitante de la liberté que « le caractère moral de l'humanité, *tout du moins dans ses dispositions* » [4]. En recourant une nouvelle fois au vocabulaire de la téléologie naturelle, Kant confirme que l'histoire se situe au point d'articulation entre nature et liberté. La sympathie manifestée à l'égard d'un peuple qui choisit de se donner une constitution conforme au droit fait seulement signe vers une *capacité* juridique de l'homme. Son actualisation reste à la charge des individus.

---

1. *CF*, Ak VII, 85, 210-211.

2. Voir R. Koselleck, *Le Règne de la critique*, Paris, Minuit, 1979.

3. *CF*, Ak VII, 86, 212.

4. *CF*, Ak VII, 85, 211 (je souligne). Et plus bas : « cette sympathie ne peut avoir d'autre cause qu'une disposition morale du genre humain ».

De cette sympathie, Kant nous dit encore qu'elle « frise
l'enthousiasme »[1], un sentiment proche du sublime. Mais le sublime,
manifestation esthétique et indirecte de la liberté, ne se situe pas dans
l'objet, seulement dans la « disposition de l'esprit produite par une
certaine représentation »[2]. Il y aurait une « subreption » dans le fait
d'assigner à l'objet historique lui-même (en l'occurrence la Révolution française) une sublimité qui se trouve dans la destination morale
du sujet (ou plutôt, ici, de l'espèce). L'histoire ne démontre pas les
progrès de l'humanité. Elle est faite, en revanche, de représentations
indirectes de ses dispositions juridiques.

On retrouve dans le signe d'histoire l'universalité et le désintérêt
caractéristiques du jugement esthétique. La sympathie désigne un
intérêt pris au désintéressement : comme le sublime, elle dénote un
courage de regarder, de *juger* et, finalement, d'*adhérer* à ce qui,
dans la nature, est terrifiant (la guerre, les révolutions). Selon Kant,
les expériences de rupture et d'accélération caractéristiques de la
conscience moderne de l'histoire s'attestent dans le sentiment des
témoins. L'enthousiasme qu'elles provoquent trahit une disposition
affective en faveur de l'avenir et du droit qui est le propre d'une
conscience historique rétive au savoir spéculatif. Un phénomène tel
que la Révolution française « *ne s'oublie plus* »[3] : il peut être déclaré
objectivement historique dans la mesure où il est subjectivement
mémorable.

Surtout, la pensée de l'histoire partage avec l'esthétique le fait
d'être sans objets. La faculté de connaître doit être mise en suspens
afin qu'un jugement philosophique sur le progrès soit risqué. Pour
Kant, l'histoire n'a pas de « domaine » assigné, elle est le lieu par
excellence de l'exercice de la critique. On cherchera donc en vain des
lois de l'histoire ou l'évènement qui en marquera « l'énigme résolue »[4]. Cette fragilité du « point de vue cosmopolitique » s'explique
par le fait que Kant perpétue sa critique de la métaphysique en

1. *CF*, Ak VII, 85, 211.

2. Voir *CFJ*, Ak V, 250.

3. *CF*, Ak VII, 88, 214.

4. Dans les *Manuscrits de 1844*, Marx caractérise le communisme comme
« l'énigme résolue de l'histoire » ; cf. *Les manuscrits économico-philosophiques de 1844*,
trad. fr. F. Fischbach, Paris, Vrin, 2007.

abordant la question du progrès. On l'a vu, l'espèce humaine a besoin d'une «série [*Reihe*] peut être incalculable de générations» pour développer ses dispositions[1]. Le concept de «série» était au cœur de la critique d'une cosmologie rationnelle qui prétend totaliser le cours du monde phénoménal par des moyens purement conceptuels. Or, une «série» est progressive parce qu'elle est temporelle : on ne peut donc en donner une équation rationnelle achevée. De même qu'il était impossible de régresser jusqu'à un commencement absolu dans la sphère des phénomènes, il n'est pas permis de conclure autrement qu'en idée à l'existence d'un «instant final» dans l'histoire[2].

Le tort des philosophies dogmatiques de l'histoire est de considérer la synthèse historique comme *déjà accomplie*. Peu importe, alors, que l'on conclue au «terrorisme», à l'«eudémonisme» ou à l'«abdéritisme»[3] : dans tous les cas, on se donne comme un objet ce qui est une tâche. Il n'y a pas à choisir entre le pessimisme de la raison et l'optimisme de la volonté car la raison théorique n'a les moyens ni de l'optimisme ni du pessimisme historiques. Elle doit abandonner à une autre instance le soin de forger des hypothèses sur l'avenir. «Que le monde dans son ensemble ne cesse de progresser vers le mieux, aucune théorie n'autorise l'homme à l'admettre, seulement la pure raison pratique»[4]. Certes, une «théorie» est possible sur la base d'une telle hypothèse pratique (qui est, en fait, un commandement). Il s'agit précisément de la pensée de l'histoire en tant qu'elle corrobore l'intérêt de la raison. La raison pratique force la raison théorique à présenter comme possible dans le temps l'avènement de l'idéal juridique qu'elle prescrit.

L'intérêt moral nous dicte de regarder l'histoire universelle autrement que comme un roman déjà écrit ou un chaos indéchiffrable. Ce regard prend la forme d'un jugement réfléchissant qui n'a pas de valeur objective : Kant aurait souscrit à la déclaration hégélienne

1. *Idée*, Ak VIII, 19, 72 (traduction modifiée).

2. *Ibid.* Sur le rapport entre la critique de la cosmologie et le point de vue cosmopolitique sur l'histoire, voir M. Fœssel, *Kant et l'équivoque du monde*, Paris, CNRS Éditions, 2008, p. 209-219.

3. Voir la critique de ces trois doctrines de l'histoire dans *CF*, Ak VII 81-82.

4. *Progrès de la métaphysique*, Ak XX, 307, trad. fr. L. Guillermit, Paris, Vrin, 1990, p. 71.

selon laquelle il n'y a rien à apprendre de l'histoire « si l'on n'apporte pas la raison avec soi »[1]. Mais il l'aurait restreinte à la raison pratique qui divulgue un sens à partir de ce qu'elle commande.

L'intérêt pratique porte sur l'autre de la liberté : c'est la raison pour laquelle l'histoire universelle se déploie dans les limites de la simple nature. Par là, Kant échappe au moins partiellement au soupçon qui identifie la philosophie de l'histoire aux « contre-Temps modernes »[2]. Chez lui, la pensée de l'histoire n'est pas une vengeance moderne de la théodicée car cela supposerait l'existence d'un temps théologique latéral au temps humain, et susceptible d'en délivrer le sens[3]. Certes, il se pourrait que la pensée des Lumières trouve dans l'histoire universelle son « millénarisme »[4]. Pour autant, la philosophie ne sécularise pas des notions théologiques pour aborder l'histoire, elle redéfinit ces notions en restreignant l'usage que l'on peut en faire légitimement. Si le progrès historique est autre chose qu'un succédané de la Providence, c'est parce que la critique confère enfin au discours religieux un sens déterminé.

Michaël FŒSSEL

1. Hegel, *La Philosophie de l'histoire*, trad. fr. M. Bienenstock, Paris, Le Livre de Poche, 2009, p. 127.

2. Voir O. Marquard, *Des difficultés avec la philosophie de l'histoire*, Paris, Éditions de la MSH, 2002. Selon Marquard, la philosophie de l'histoire entre en tension avec le projet moderne parce qu'elle désigne une mythologie de l'achèvement communautaire incompatible avec l'idéal d'autonomie. En faisant reposer la responsabilité du mal sur l'homme seul, l'histoire exonère Dieu de toute faute : elle repose sur un athéisme *ad majorem Dei gloriam*.

3. Sur le fait que la pensée kantienne de l'histoire n'est pas une théodicée, voir M. Fœssel, *Le Scandale de la raison. Kant et le problème du mal*, Paris, Honoré Champion, 2010, p. 49-61.

4. *Idée*, Ak VIII, 27, 83.

LA FIN DE L'HISTOIRE ET LA RUSE
DE LA RAISON CHEZ HEGEL

On se propose ici d'examiner quelques thèmes fondamentaux de la philosophie hégélienne de l'histoire : la fin de l'histoire, le rôle directeur de la raison et ce qu'on a pu appeler la « ruse de la raison ». Le premier de ces thèmes est traditionnellement entendu comme si le processus historique, pour Hegel, était voué à s'arrêter et à laisser place à un « dimanche de la vie » aussi paisible qu'ennuyeux. Le deuxième est régulièrement compris comme si, aux yeux de Hegel, l'histoire était gouvernée par une instance supra-historique personnelle, qui ferait en sorte que tout phénomène historique, même le plus humble et le plus contingent en apparence, serait prévu et voulu. Enfin, à partir du troisième thème, on considère que, pour l'auteur des *Leçons sur la philosophie de l'histoire*, cette instance s'appuie sur les illusions des hommes pour promouvoir des fins qui vont à l'encontre de leurs intérêts propres : dès lors non seulement les hommes n'auraient aucune marge de manœuvre mais ils seraient en outre manipulés.

Philosophiquement, ces vues qu'on attribue à Hegel apparaissent comme inacceptables, et ceci au moins à un double titre. En premier lieu, parce que Hegel prétendrait avoir accès à un savoir qui dépasse toute expérience possible. Sa théorie serait donc le comble du dogmatisme et de la *Schwärmerei* métaphysique. En second lieu, parce qu'il tendrait à légitimer, en la qualifiant de rationnelle, une puissance qui, dans les faits, serait bien plutôt immorale et tyrannique. Il chercherait à justifier une puissance qui encouragerait perversement les hommes à se fier à leurs passions pour réaliser, contre eux, un dessein connu d'elle seule. En définitive, nous ne pourrions que nous révolter contre une telle raison et contre Hegel, son prophète.

Cependant cette interprétation de la philosophie hégélienne de l'histoire est-elle pertinente? Nous tenterons ici une lecture alternative. L'hypothèse défendue sera que, pour Hegel, l'histoire est rationnelle au sens où les peuples se développent par eux-mêmes, et que le caractère rusé de la raison historique, loin d'être l'indice de sa souveraineté, trahit au contraire son incomplétude. La ruse de la raison révèle le fait que l'histoire se développe au sein de peuples qui, quoique autonomes, sont finis, c'est-à-dire dont les buts ne renvoient qu'à des intérêts particuliers et qui, pour cette raison même, sont voués à périr. On verra en quoi ce dispositif théorique exprime l'une des intuitions les plus fondamentales de Hegel, à savoir que l'histoire, quand bien même elle assure le progrès de la liberté, reste essentiellement un lieu de malheur.

LA FIN DE L'HISTOIRE

L'enjeu du devenir historique

L'histoire, pour Hegel, est avant tout celle des peuples, un peuple consistant en une pluralité d'individus unifiés par un même état d'esprit[1]. Certes, dans l'histoire, ce sont les hommes qui agissent, mais ils n'agissent qu'en tant que membres de leur peuple, c'est-à-dire à partir du savoir et du vouloir qui caractérise ce dernier[2]. Plus précisément, l'état d'esprit du peuple intervient à titre de principe «universel» de l'action des hommes, la personnalité originale de chacun d'entre eux et les circonstances contingentes des évènements déterminant quant à elles sa dimension «particulière». Par exemple, Hegel comprend Alexandre comme l'incarnation de l'esprit grec, de sa fougue, de son brio et de sa tendance à affirmer sa liberté en l'inscrivant dans les objets extérieurs particuliers. Mais, chez Alexandre, cet esprit s'exprime singulièrement dans la conquête de l'empire perse. De même, César est l'incarnation de l'esprit romain, de son intelligence prosaïque, de sa dureté et de son sens du service de l'État

---

1. *La raison dans l'histoire* (désormais cité *RH*), J. Hoffmeister (ed.), Hambourg, Meiner, 1955, p. 59, trad. fr. K. Papaioannou, Paris, UGE-10/18, 1965, p. 80.

2. *Cf.* Ch. Bouton, *Le procès de l'histoire*, Paris, Vrin, 2004, p. 150 *sq.*

comme puissance anonyme. Toutefois, chez César, l'esprit romain se traduit singulièrement dans l'action par laquelle celui-ci met fin, par la violence, aux factions de la république.

Plus généralement, pour Hegel la philosophie de l'histoire est un moment de la philosophie de l'esprit, l'esprit désignant le sujet qui rend compte de soi par soi et qui s'accomplit en unifiant l'objet extérieur et multiple qui lui fait face (en opérant son *Aufhebung*). La notion d'esprit ne renvoie pas à une entité métaphysique qui transcenderait l'expérience mais au sujet qui agit et se donne à connaître au sein même de l'expérience[1]. L'esprit est auteur de son devenir et, au fil des étapes qui scandent son progrès, il s'incarne en une pluralité de figures, dont celle de « l'esprit du monde [historique] » qui lui-même se déploie dans la série des « esprits des peuples ». Ainsi, un peuple est un esprit dans la mesure où il réunit dans un état d'esprit commun des hommes aux aspirations de prime abord contradictoires, et où il se fait évoluer lui-même, ce qui lui permet de conserver son intégrité malgré le changement continu de sa conscience et de son organisation étatique.

Cependant, l'appartenance du peuple à l'esprit objectif, moment de la contradiction dans l'économie générale de l'esprit, le rend fini, au sens où il est incapable de s'unifier entièrement en lui-même et de se réconcilier véritablement avec le monde qui l'entoure. Parce que le principe de l'intégration des hommes est toujours particulier (le peuple a un esprit « chinois » ou « indien » ou « grec », etc.), la vie du peuple reste marquée par la contrainte et l'inégalité – et notamment par l'opposition des gouvernants et des gouvernés. Alors que les produits de l'esprit absolu (les œuvres d'art, les religions et les œuvres philosophiques), qui présentent une entière réconciliation du sujet et de l'objet, sont d'une certaine manière immortels, les institutions de l'esprit objectif – et notamment les peuples – sont guettées par la corruption et la mort.

L'esprit qui caractérise chaque peuple est souvent résumé par Hegel par la conscience qu'a celui-ci de l'homme et de sa liberté : « Les esprits des peuples [...] se distinguent selon la représentation qu'ils se font d'eux-mêmes, selon la superficialité ou la profondeur avec laquelle ils ont saisi l'esprit. [...] Et la conscience ultime à

---

1. Cf. *Encyclopédie* III, § 379-384.

laquelle tout se ramène est celle de la liberté humaine »[1]. Par exemple, dit Hegel, les Orientaux considèrent qu'un seul homme est libre (le despote), les Grecs et les Romains que quelques uns sont libres (les citoyens par opposition aux esclaves, ou les patriciens par opposition aux plébéiens), tandis que les peuples européens à l'ère chrétienne ont appris que c'est l'homme en tant que tel (et donc tout homme) qui est libre[2]. L'enjeu de l'histoire, on le voit, est la formation, la *Bildung interne* de chaque peuple et, par le passage d'un peuple à l'autre, la *Bildung* de l'humanité tout entière comme apprentissage de la liberté. Précisons.

1) Le premier enjeu de l'histoire est le processus par lequel chaque peuple, en lui-même, passe d'une organisation politique indéterminée à un État développé[3] et d'un sentiment confus à une conscience adéquate du type de liberté qui lui appartient en propre[4]. Par exemple, dans sa première période, le monde grec est incapable de produire une œuvre politique de plus haute portée qu'une union éphémère en vue de la destruction de Troie. En revanche, à l'époque de sa maturité, la cité grecque possède une organisation politique stable et est à la tête d'une ligue ou d'un empire[5]. De même, si l'âme germanique est caractérisée jusqu'à l'époque de Charlemagne par la fidélité et l'amour de la liberté (cependant une fidélité et une liberté qui ignorent toute préoccupation pour l'universel), c'est seulement à l'époque du protestantisme qu'elle en vient à comprendre que l'essence de l'homme réside en sa subjectivité intérieure, c'est-à-dire dans sa capacité à penser par lui-même[6]. Tout cycle historique a pour enjeu « l'éducation par laquelle on passe

---

1. *RH*, p. 59, trad. cit., p. 80.

2. Introduction de 1830/31 à la *Philosophie de l'histoire* (désormais cité *PH* 1830/31), dans *Gesammelte Werke* (désormais cité *GW*), 18, p. 152-153, trad. fr. M. Bienenstock (dir.), Paris, Le Livre de Poche, 2009, p. 63. L'ouvrage traduit également la Leçon de 1822/23 (désormais cité *PH* 1822/23), K.H. Ilting, K. Brehmer et H.N. Seelmann (eds.), Hambourg, Meiner, 1996.

3. Cf. *Encyclopédie* III, § 549 R., *Werkausgabe* (désormais cité *W*) 10, 350, trad. fr. B. Bourgeois, Paris, Vrin, 1988, p. 329 : « Dans l'existence d'un peuple, le but substantiel est d'être un État ».

4. Cf. *PH* 1830/31, *GW* 18, p. 152, trad. cit., p. 64 : « L'histoire du monde est le progrès dans la conscience de la liberté ».

5. Cf. *PH* 1822/23, p. 330 et 366 *sq.*, trad. cit., p. 379 et 408 *sq.*

6. Cf. *PH* 1822/23, p. 451 et 501, trad. cit., p. 481 et 521.

du déchaînement de la volonté naturelle à l'universel et à la liberté subjective »[1].

2) D'un autre côté, le passage d'un peuple à l'autre assure le progrès général de l'humanité. Par exemple, pour Hegel, le monde oriental est de part en part oppressif car les sujets n'y sont que les « accidents » de la « substance » étatique[2]. À l'opposé, l'État germanique est de part en part libérateur dans la mesure où, en lui, tout homme est considéré comme ayant une « valeur infinie »[3]. Or ce progrès n'a rien de naturel, mais il est, précisément, l'effet de l'activité historique des peuples qui luttent les uns contre les autres et dominent successivement la scène du monde.

Cependant, pour Hegel l'histoire ne consiste pas en une simple suite d'évènements. Son fil conducteur est la question « *quid juris?* » dans la mesure où chaque moment présente une certaine forme de légitimité. Certes, celle-ci est par définition bornée et vouée à être surpassée. Toutefois, parce que le peuple est à chaque fois *par soi*, la validité de sa conception de l'homme et de son régime politique, même limitée, est réelle. Il y a donc un droit dans l'histoire, celui de chaque peuple à être ce qu'il est et à dominer son espace et son temps[4]. En d'autres termes, l'histoire selon Hegel n'a rien de cynique, et la prééminence factuelle d'un peuple quelconque sur la scène du monde est l'expression d'une légitimité supérieure. Par exemple, pourquoi la Grèce a-t-elle régulièrement vaincu l'empire achéménide? Non pas en raison de circonstances contingentes, mais parce que la « belle liberté » grecque ne pouvait que dominer le « despotisme » perse[5]. Le progrès de l'histoire correspond donc au perfectionnement du savoir et du vouloir des peuples, c'est-à-dire de leur conscience de soi et de leur organisation politique.

1. *RH*, p. 243, trad. cit., p. 280.
2. *RH*, p. 246, trad. cit., p. 284.
3. Cf. *W* 12, p. 403, trad. fr. J. Gibelin, Paris, Vrin, 1998, p. 256.
4. *Cf.* J.-F. Kervégan, *Hegel et l'hégélianisme*, Paris, PUF, 2005, p. 108.
5. *PH* 1822/23, p. 366, trad. cit., p. 408.

La téléologie historique

À quel type de causalité l'histoire obéit-elle? Comme on le sait, une thèse fondamentale de Hegel porte sur le caractère finalisé de l'histoire. Pour lui, le devenir historique s'explique à partir d'un but intérieur qui le mène vers une situation déterminée – une situation qui, bonne en elle-même, justifie en outre les efforts et les sacrifices qui permettent de l'atteindre.

La compréhension de cette théorie est cependant rendue difficile par l'ambiguïté du mot «fin» qui, en français, signifie tantôt «but» (*Zweck*, *Ziel* en allemand) tantôt «achèvement» (*Ende*). Il faut d'emblée souligner que ce sont les termes *Zweck* et *Ziel* qui sont le plus massivement utilisés par Hegel, même si le terme *Ende* est employé à quelques reprises. En même temps, il y a une corrélation entre ces deux types de notions, puisque la réalisation du but peut être comprise comme la phase ultime du processus qui mène à lui. La question est donc de savoir quel est le statut de cette fin, quel est son mode d'action, et ce qu'implique sa réalisation.

Or la fin de l'histoire, chez Hegel, est non pas externe mais interne. Le but n'est pas ici à concevoir sur le modèle de la représentation qu'un artisan forge d'un objet initialement non encore existant, mais sur le modèle de l'âme naturelle qui, au sein d'une totalité organique, est un principe de vitalité. La fin est pensée par Hegel à partir de la finalité interne telle qu'elle est analysée par Kant dans la *Critique de la faculté de juger*, c'est-à-dire sur le modèle du vivant comme cause et effet de soi. Chez Hegel, chaque peuple est une fin en soi-même, et ne vise que son propre développement. Plus précisément, puisque le peuple forme une totalité, sa fin est d'être «effectivement» (*wirklich*) ce qu'il est. L'accès à la fin de l'histoire est, pour le peuple, le passage de l'immédiateté, c'est-à-dire du donné factuel superficiel et clos sur soi, à l'*objectivation*, au sens où le peuple en vient à dominer les autres peuples, et à l'*autofondation* au sens où il en vient à se gouverner à partir de la conception générale qu'il a de lui-même. En un mot, la fin de chaque peuple est atteinte lorsque celui-ci est «en et pour soi».

Il est classique de reprocher à Hegel de chercher, dans la notion de fin, une solution par trop commode. La fin ne serait qu'une catégorie mythologique, un asile pour l'ignorance du philosophe. En réalité pour Hegel, la fin fait l'objet d'une expérience tout à fait précise, puisque le peuple a par définition conscience de sa fin. La question, comme on l'a dit, est en revanche de savoir si cette conscience est « immédiate » (donc obscure) ou « effective » (donc librement déterminée). C'est en cela que consiste le progrès subjectif de l'histoire : « L'esprit d'un peuple doit donc être considéré comme le développement d'un principe d'abord enveloppé et opérant sous la forme d'une obscure impulsion, qui s'élabore et tend à devenir objectif » [1].

Il est vrai qu'on a parfois l'impression que cette fin n'est pas choisie délibérément par le peuple, et qu'elle s'impose à lui comme un destin. De fait, la base du vouloir est un donné « naturel », à savoir le peuple considéré anthropologiquement. Par exemple, pour Hegel, un peuple oriental aspire inévitablement à être organisé sur un mode patriarcal, de même qu'un peuple grec tend immanquablement vers un régime où le pouvoir, oligarchique ou démocratique, est exercé par une pluralité d'individus. C'est là, comme on l'a dit, une expression de la finitude de l'histoire. En même temps, ce vouloir reste libre, dans la mesure où le peuple se distingue subjectivement de ses volitions. En effet, quand bien même il ne peut dépasser sa particularité propre, il est libre dans la mesure où il la prend en charge. On retrouve ici une détermination fondamentale de l'esprit : alors que l'être naturel ne fait qu'un avec ses propriétés, l'être spirituel opère leur *Aufhebung*. Ce qu'il est, l'esprit ne le subit pas comme une contrainte, mais l'assume librement [2]. Par ailleurs, la *Bildung* du peuple consiste précisément pour lui, dans les bornes définies par son identité anthropologique, à faire *volontairement* évoluer sa conscience de soi et son organisation étatique. L'histoire d'un peuple, à la fois, est liée à un donné anthropologique auquel il ne peut échapper, et consiste en un agir libre.

Insistons sur le fait que la réalisation effective de la fin implique une *rupture* avec la disposition d'esprit et le régime politique initiaux du peuple. Certes, du point de départ à l'achèvement, une identité fondamentale demeure, puisque c'est un seul et même peuple qui se fait évoluer. Toutefois, parce que l'histoire est « dialectique », il y a aussi une négation de l'origine. Le devenir de chaque peuple est dès lors inanticipable, ce qu'exprime Hegel en disant que nul ne peut

---

1. *RH*, p. 64, trad. cit., p. 86 (traduction modifiée).
2. Cf. *PH* 1822/23, p. 28-29, trad. cit., p. 132-133.

sauter par dessus son temps [1]. Pareillement, dans quelle mesure le but du peuple peut-il être considéré comme « prédéfini » ? D'un côté, ce but est d'actualiser l'identité anthropologique première du peuple : voilà pour la prédéfinition. D'un autre côté cependant, le but précis du peuple, qui ne fait qu'un avec son âme actuelle, ne cesse de changer. C'est pourquoi, de même que, dans la *Phénoménologie*, le savoir absolu n'est pas impliqué par la conscience sensible, ou que, dans les *Cours d'esthétique*, l'art romantique n'est pas déductible de l'art symbolique, de même la phase ultime de la vie d'un peuple n'est pas déterminée par son origine « naturelle ». Si tel était le cas, le philosophe pourrait se faire prophète, une attitude que Hegel récuse régulièrement. Dans la mesure où le peuple est le sujet de sa vie, nul ne peut prévoir, et encore moins vouloir à sa place, quel sera son devenir.

Comment penser alors l'achèvement de l'histoire ? Deux points doivent être mis en avant.

1) La fin de l'histoire n'est pas la fin des temps, elle n'a rien à voir avec les trompettes de l'Apocalypse. L'achèvement au sens emphatique du terme, chez Hegel, ne dénote pas l'arrêt ou la sortie hors du processus considéré. Il doit être compris sur le modèle aristotélicien de l'entéléchie, c'est-à-dire de la réalisation adéquate. L'achèvement est le contraire de la mort : il est une vie dans sa plénitude. On en a un indice clair dans le texte de la *Métaphysique* Λ d'Aristote que Hegel invoque en postface à l'*Encyclopédie* : « L'acte [*energeia*] subsistant en soi de Dieu est une vie parfaite et éternelle ». Si l'on applique ce modèle au cas particulier de l'histoire, on en conclut que le couronnement de celle-ci ne peut être assuré que par un État qui est parfaitement ce qu'il doit être, c'est-à-dire qui surmonte – autant qu'il est possible au sein de l'esprit objectif – ses contradictions. *A contrario*, tant que l'État n'est pas réconcilié, il y a passage à de nouveaux types de régimes politiques. L'État de la fin de l'histoire est celui qui assure l'autonomie des hommes en même temps que leur unité politique. Sa formule est donc celle-ci : subjectivement, la prise de conscience de ce que tout homme est libre (et non pas un seul ou quelques uns), et, objectivement, un État unifié (donc, pour Hegel, une monarchie). On

---

1. Cf. *Principes de la philosophie du droit*, W 7, p. 26, trad. fr. J.-F. Kervégan, Paris, PUF, 2003, p. 106.

reconnaît ici, bien entendu, la représentation qu'a Hegel du monde européen chrétien. La fin de l'histoire est atteinte dès le début de l'histoire européenne, mais elle s'approfondit en un «cercle de cercles». La fin dans la fin, si l'on ose dire, est constituée de l'Europe post-luthérienne, et la fin dans la fin dans la fin, de l'Europe révolutionnaire et post-révolutionnaire. Ainsi, pour Hegel, l'achèvement de l'histoire n'est pas anticipé mais effectif, il ne se dit pas au futur mais au présent. Dans sa dernière figure, l'État, que Hegel désigne comme une monarchie «constitutionnelle», est organisé en une pluralité de pouvoirs qui incarnent l'ensemble des moments de la décision politique – la loi doit s'imposer à l'État comme tel : moment du prince ; elle doit résoudre des problèmes particuliers : moment du gouvernement ; elle doit être admise par tous les milieux sociaux : moment du parlement. Toujours est-il que la réalisation du but de l'histoire implique non pas une disparition de la vie historique mais une vie historique qui se fonde elle-même.

2) Cependant, même si une certaine réconciliation est possible dans l'histoire, nul État particulier n'est susceptible de durer éternellement. C'est un principe général de l'hégélianisme que l'objet est toujours fini, donc voué à la disparition. À cela s'ajoute le fait que, dans l'esprit objectif, il n'y a pas de principe absolument totalisant. À la différence de l'esprit absolu, qui se développe dans l'élément du *savoir général* et peut assumer toutes choses en son unité propre, l'esprit objectif, qui est inscrit dans le *monde extérieur*, se disperse en objets particuliers. C'est pourquoi l'État moderne ne se réalise pas dans un seul peuple mais dans une pluralité de peuples, qui sont inévitablement hostiles les uns aux autres et dont chacun n'a qu'une existence précaire. L'«esprit du monde» n'existe pas en et pour soi mais seulement sous une forme plurielle. De même qu'il n'y a pas d'âme immortelle du monde animal en général mais une succession d'animaux mortels, il n'y a pas d'âme immortelle du monde historique en général mais un enchaînement de peuples voués à mourir : «L'esprit d'un peuple est un individu naturel ; en tant que tel, il s'épanouit, se montre fort, puis décline et meurt. Il est dans la nature de la finitude que l'esprit borné soit périssable» [1]. Il faut donc tenir les deux

1. *RH*, p. 67, trad. cit., p. 89 (traduction modifiée).

bouts de la chaîne : il y a, pour Hegel, une forme étatique indépassable, à savoir celle de l'État réconcilié ; toutefois cette forme s'inscrit à son tour dans une pluralité d'États différenciés, et qui sont chacun destinés à disparaître [1].

EN QUEL SENS L'HISTOIRE EST-ELLE RATIONNELLE?

Rationalité et autodétermination

Avant d'examiner la théorie selon laquelle « la raison gouverne le monde » [2], considérons la notion de raison pour elle-même. Chez Hegel, la raison ne désigne en premier lieu ni une faculté subjective ni une entité objective mais un *rapport de réconciliation entre le sujet et l'objet* – quels que soient par ailleurs le sujet et l'objet concernés. La raison nomme ainsi un moment de chaque processus systématique, à savoir le troisième, et s'oppose à l'*immédiateté* du premier moment et à la *scission* du deuxième. La raison correspond à l'unité des contraires, et plus précisément à une unité qui respecte l'autonomie des termes associés. Est rationnel, au sein d'un cycle quelconque, le moment où un principe intérieur gouverne de manière cohérente une extériorité différenciée [3].

En d'autres termes, la raison, chez Hegel, ne désigne pas une entité qui serait analogue à un Dieu personnel omniscient et omnipotent, mais un mode de relation à soi-même, à savoir l'auto-fondation. Est rationnel le sujet qui rend compte par lui-même de son objectivité. Pour utiliser un lexique post-hégélien, on dira que cette définition de la raison n'est pas substantielle mais procédurale. Ou plutôt, en termes hégéliens cette fois-ci, que la raison n'est pas caractérisée par un contenu déterminé mais par une forme d'activité, celle qui assure l'unification de moments scindés. C'est pourquoi elle n'apparaît

---

1. *Cf.* B. Bourgeois, « Hegel et la fin de l'histoire », *Philosophie politique* 5, 1994, p. 21-22 et Ch. Bouton, « Hegel, penseur de la fin de l'histoire? », dans J. Benoist et F. Merlini (éds.), *Après la fin de l'histoire*, Paris, Vrin, 1998, p. 91-105.

2. *PH* 1830/31, p. 162, trad. cit., p. 71.

3. Cf. *Encyclopédie* I, § 82, *W* 8, p. 176, trad. fr. B. Bourgeois, Paris, Vrin, 1970, p. 344.

jamais qu'en situation, et constitue, au sein d'un cycle, la phase de la réconciliation. Dès lors, puisqu'elle nomme le sujet auto-organisateur qui achève un développement processuel, la raison n'a pas de signification fixe. Autant de processus systématiques (ou autant d'accomplissements des processus systématiques), autant de types et de niveaux de rationalités. Il faudra s'en souvenir lorsqu'on examinera les limites de la rationalité historique.

Quelle est alors la portée de l'affirmation selon laquelle « la raison gouverne le monde » ? La question est tout d'abord de savoir dans quelle mesure cette affirmation vaut spécifiquement pour le monde historique. Or l'examen des textes montre qu'elle porte sur l'objet de la philosophie en général, et n'est donc valable pour l'histoire qu'à titre de cas particulier. La thèse de Hegel n'est pas que l'histoire serait rationnelle par opposition à d'autres domaines du parcours encyclopédique, mais qu'elle s'intègre dans un parcours de part en part rationnel. On en déduit que Hegel veut ici souligner deux éléments corrélatifs : d'un côté, que l'histoire est un objet de plein droit pour la philosophie, de l'autre, que l'histoire, à l'instar de l'objet de la philosophie en général, se gouverne elle-même.

1) La thèse fondamentale de Hegel est que l'histoire est un objet digne de la philosophie – ce qui, au regard de l'histoire des doctrines philosophiques, n'a rien d'évident. Que l'histoire soit un objet philosophique, signifie qu'elle n'est pas un phénomène insignifiant, un ensemble d'anecdotes qui seraient, selon les cas, amusantes, édifiantes ou effrayantes, mais qu'elle est une étape de plein droit du devenir général de la logique, de la nature et de l'esprit, c'est-à-dire du devenir de l'« Idée ». L'histoire est rationnelle dans la mesure où elle ne se réduit ni à ce qui d'elle est immédiatement perceptible (objet de l'histoire originaire), ni à ce qu'en construisent les historiens (objet de l'histoire réfléchissante), mais où il y a en elle un principe d'unification, à savoir l'esprit des peuples.

2) Corrélativement, donc, que l'histoire soit rationnelle signifie qu'elle rend compte d'elle-même par elle-même. En d'autre termes, l'ensemble des phénomènes historiques, aux yeux de Hegel, exprime une subjectivité intérieure qui se connaît et agit efficacement. On retrouve l'idée selon laquelle le peuple est le sujet de son histoire : « Tout est œuvre du peuple. Sa religion, ses lois, ses langues, ses

coutumes, son art, les évènements qui lui arrivent, ses actes et ses attitudes à l'égard des autres peuples constituent son acte»[1]. À l'inverse, le peuple serait irrationnel s'il ne s'exprimait pas dans ses œuvres, ou s'il était gouverné par un autre que soi-même. Quand un peuple est asservi, sclérosé, ou corrompu et incapable d'agir, il est en proie à la déraison. Mais alors, précisément, il sort de l'histoire et perd tout intérêt pour le philosophe.

Histoire et contingence

L'affirmation de la rationalité de l'histoire est associée, dans la *Raison dans l'histoire*, à l'affirmation selon laquelle «la réflexion philosophique n'a d'autre but que d'éliminer ce qui est contingent»[2]. Faut-il entendre par là que la contingence, pour Hegel, ne serait qu'une illusion, si bien que, dans l'histoire, tout serait nécessaire au sens où rien ne pourrait être autre qu'il n'est? En réalité, la position hégélienne est à comprendre, non comme l'affirmation d'une nécessité implacable, mais comme l'affirmation selon laquelle l'histoire se caractérise par une médiation interne qui produit des effets sur le terrain même de la contingence. En effet :

– que le hasard soit vaincu ne peut signifier, chez Hegel, qu'il soit réduit au rang d'une illusion, d'un pur et simple néant. Car, pour l'auteur de la *Science de la logique*, ce qui est faux ne renvoie pas à un mirage subjectif, à quelque chose qui serait impossible, mais à un moment déficient, à la fois *réel* et *voué à être dépassé*. De même qu'il y a une réalité du laid, de l'arbitraire, du mal, etc., il y a une réalité du contingent. Donc, si l'histoire est en tant que telle affranchie de la contingence, cela signifie que les moments qu'elle «relève», eux, en sont affectés. Plus encore, cela signifie que l'histoire, loin de se garder pure de la contingence, la combat activement ;

– les textes définissent en effet la contingence d'une manière tout à fait particulière, à savoir comme «la nécessité externe», c'est-à-dire la nécessité «qui résulte certes de causes, mais de causes telles

1. *PH* 1822/23, p. 45, trad. cit., p. 145.
2. *RH*, p. 29, trad. cit., p. 48 (traduction modifiée).

qu'elles-mêmes ne sont que des circonstances extérieures »[1]. La contingence, sous la plume de Hegel, désigne ce qui est, non pas intérieurement nécessaire, mais déterminé par des causes externes. (On voit ici le lien avec la notion spinoziste de contrainte, qui renvoie à « la chose qui est déterminée par une autre à exister et à produire un effet ») ;

– à l'opposé, la nécessité intérieure renvoie à la notion spinoziste de liberté, au sens de « la chose [qui] est déterminée par soi seule à agir ». Plus précisément, chez Hegel, « nécessaire » au sens emphatique du terme signifie : qui se détermine non seulement par soi-même mais aussi au nom d'un principe universel, et qui ainsi fait de soi-même une totalité. Tel est le cas de tout moment rationnel : « La raison repose en elle-même et porte en elle-même sa fin ; elle se réalise dans l'existence et développe ses potentialités »[2]. L'histoire hégélienne est non contingente au sens où elle n'est pas l'effet de circonstances extérieures, elle est intérieurement nécessaire au sens où elle fait de soi une unité autodéterminante ;

– le devenir selon Hegel est toujours pensé comme une activité spontanée. Telle est l'une des signification de la notion de négativité : le changement ne s'explique pas en termes de conséquence inéluctable, au sens où tout devenir consisterait dans le déploiement irrésistible d'un principe antérieur, mais en termes d'initiative imprévisible, au sens où le devenir est le fait d'un sujet qui s'oppose à l'objet donné. Dans les peuples, la processualité historique s'appuie par définition sur l'agir spontané des hommes, lequel ne répond à aucune nécessité d'airain ;

– d'un point de vue hégélien, la nécessité intérieure n'implique donc nullement que les effets produits soient inéluctables et en droit prévisibles. Elle ne signifie pas davantage que leur contraire implique contradiction. On ne peut identifier les adjectifs « nécessaire » et « inévitable », de même qu'on ne peut superposer « contingent » et « inattendu ». Parce que Hegel rejette le modèle de la *mathesis universalis* au profit du modèle de la vie, il donne un sens inédit au couple

---

1. *PH* 1822/23, p. 40, trad. cit., p. 141. *Cf.* B. Mabille, *Hegel. L'épreuve de la contingence*, Paris, Aubier, 1999, en particulier p. 154-163.
2. *RH*, p. 30, trad. cit., p. 49.

nécessité-contingence. Est nécessaire non pas ce qui est inscrit dans un enchaînement mécanique ou déductif mais ce qui est cause et effet *de soi-même*. Est contingent non pas ce qui surgit hors de tout enchaînement mais ce qui est cause et effet *d'autre chose*;

– le peuple «relève» la contingence, en premier lieu, en ce qu'il unifie, dans une conscience partagée, des individus aux personnalités et aux intérêts divers. Mais, en second lieu et plus fondamentalement, cette *Aufhebung* est l'enjeu même de son développement. Le premier moment de tout cycle historique, en effet, est celui de la clôture, donc de la *possibilité* au sens du concept inaccompli (l'État est borné à un étroit territoire, et le peuple est exclu du pouvoir politique). Le deuxième moment est celui de la scission, donc de la *contingence* (l'État affronte des ennemis à l'extérieur et, à l'intérieur, il est divisé en factions rivales). Enfin, le troisième moment est celui de l'auto-fondation, donc de la *nécessité intérieure* (l'unité du pouvoir est restaurée, le peuple y a part désormais, et l'État, constitué en empire, domine une partie du monde). C'est en cela que l'histoire est la victoire de la nécessité sur la contingence : non pas en ce qu'elle serait soumise à un destin invincible, mais en ce que l'État conjure ses tendances centrifuges et se constitue en unité autodéterminante. En définitive, loin de balayer la contingence d'un revers de la main, la nécessité historique l'affronte sans cesse. Elle la vainc, certes, mais elle l'a tout autant pour assise [1].

LA RUSE DE LA RAISON

Y a-t-il, dans l'histoire selon Hegel, une ruse de la raison ? Certains commentateurs affirment que cette thématique n'est pas authenti-quement hégélienne, et vont même jusqu'à soupçonner les premiers éditeurs posthumes des *Leçons sur la philosophie de l'histoire*, E. Gans et K. Hegel, d'avoir artificiellement introduit le terme. À cela, on objectera que cette accusation est rendue malaisée, précisément, parce qu'une partie importante des documents qui ont permis à ces

---

1. On n'abordera pas ici la relation entre la réalité historique et le discours philosophique qui la prend objet. Là aussi, dans l'élévation de l'extériorité de l'histoire à l'intériorité de la pensée, il y a une opération d'*Aufhebung* de la contingence.

éditeurs de rédiger les *Leçons* a disparu. En outre, on note une grande proximité thématique entre la ruse de la raison telle qu'elle est définie dans la *Science de la logique* et certaines analyses des introductions de la philosophie de l'histoire. Enfin, et le point décisif est là, le manuscrit Heimann, récemment édité et qui porte sur le cours de 1830/31 sur la philosophie de l'histoire, fait bel et bien apparaître la notion[1]. En définitive, la thèse de l'inauthenticité du concept de ruse de la raison à propos de l'histoire engendre plus de problèmes qu'elle n'en résout.

Le concept de la ruse de la raison

Dans la *Science de la logique*, la ruse de la raison caractérise l'activité finalisée. Prenant place dans la « Doctrine du concept », et plus précisément dans la « téléologie » comme troisième sphère de l'« objectivité », elle renvoie à un agir téléologique indirect et dont la fin est bornée. Précisons ces deux points. 1) Il y a ruse de la raison, tout d'abord, lorsque la fin ne se rapporte pas elle-même à l'objet, mais intercale, entre elle et ce dernier, un autre objet. Par là, dit Hegel, le sujet qui détermine la fin s'immunise contre la violence « mécanique » impliquée par l'activité dans le monde extérieur, puisque c'est le moyen qui, à sa place, subit une altération[2]. 2) En outre, au caractère indirect de l'action téléologique est liée la finitude de la fin : il s'agit, pour l'action considérée, d'atteindre tel but à l'exclusion de tout autre, et le sujet ne rend le moyen que superficiellement approprié à son usage[3].

À quelle analyse cette théorie renvoie-t-elle dans les *Leçons sur la philosophie de l'histoire* ? Soulignons qu'il ne faut pas ici chercher de correspondance exacte entre la téléologie dans la logique et l'histoire dans l'esprit objectif. Les contextes systématiques étant différents, les concepts le sont inévitablement aussi, et il ne peut y avoir d'équivalence que *ceteris paribus*. La différence tient notamment au fait que

---

1. Cf. *Die Philosophie der Geschichte, Winter 1830/1831*, K. Vieweg (ed.), Münich, Fink, 2005, p. 42 : « C'est une ruse de la raison que de laisser ces instruments [les intérêts particuliers des hommes] se combattre, en tant que cette dernière advient par [leur] destruction [mutuelle] ».

2. Cf. *Encyclopédie* I, § 209 Add., *W* 8, p. 365, trad. cit., p. 614.

3. Cf. *ibid.* I, § 212 Add., *W* 8, p. 367, trad. cit., p. 614.

l'agir téléologique est pensé par Hegel comme portant sur un objet extérieur alors que l'agir historique du peuple porte sur lui-même. Toutefois, cette précaution méthodologique étant admise, on trouve une réelle proximité entre les deux analyses. Celle-ci tient au décalage qui existe, dans l'histoire, entre les aspirations des individus et des peuples et le résultat effectif de leurs actions, un décalage qui autorise à affirmer que ceux-ci ne sont que des instruments :

> En général, dans l'histoire mondiale, il sort des actions des hommes autre chose encore que ce qu'ils prennent pour but [...], autre chose encore que ce qu'ils savent et veulent immédiatement. Ils accomplissent leur intérêt, mais quelque chose de plus se produit encore, qui est aussi dedans, intérieurement, mais qui ne se trouvait pas dans leur conscience ni dans leur intention [1].

En outre, les individus et les peuples sont marqués par une finitude fondamentale : celle de la passion chez les grands hommes et celle du particularisme anthropologique chez les peuples. Par exemple, selon l'analyse de Hegel, l'attitude de César peut s'analyser comme celle d'un homme qui lutte pour assurer, égoïstement, son pouvoir, son honneur et sa sécurité. Certes, il n'y a pas que cela dans son agir, car César, pour satisfaire sa passion (moment de la particularité), fait en sorte d'accomplir ce que l'esprit de son peuple requiert (moment de l'universalité). Il n'empêche que l'élément passionnel de son action, parce qu'il est tributaire de circonstances favorables, ne peut être satisfait que provisoirement : d'où, finalement, la mort violente de César.

En d'autres termes, la ruse de la raison, dans l'histoire, renvoie à l'idée selon laquelle, d'un côté, l'agent n'est qu'un moyen, et, d'un autre côté, qu'un moyen inadéquat, donc voué à être sacrifié. S'agissant des grands hommes, elle traduit le fait que leurs aspirations individuelles finissent toujours par être déçues alors même qu'ils font utilement progresser leurs peuples respectifs. S'agissant des peuples, elle exprime le fait que les empires sont éphémères, mais que c'est justement en cédant la place à des peuples neufs qu'ils font avancer l'histoire.

---

1. *PH* 1830/31, *GW* 18, p. 172, trad. cit., p. 72.

Inconscience et naturalité

Comme on l'a souvent noté, le caractère sacrificiel de l'action historique est associé, sous la plume de Hegel, au caractère inconscient ou caché de la fin :

> Il semble qu'une multiplicité de faits agissent les uns sur les autres en ayant finalement un résultat, en produisant ce qui était certes déjà là à titre d'impulsion intérieure, mais qui semble tenir du miracle, parce que le but de ces circonstances était un but caché [1].

Comment comprendre cette affirmation ? Elle nourrit l'interprétation selon laquelle, pour Hegel, les peuples et les hommes seraient mystifiés. Non seulement leur passion finirait toujours par être mise en échec, non seulement le vrai résultat de leur agir serait pour eux imprévisible, mais il y aurait en outre une puissance qui, quant à elle, connaîtrait d'avance ce résultat et ferait en sorte de l'occulter. Le but et l'issue de l'histoire, quoique toujours déjà définis, seraient dissimulés.

La difficulté, cependant, est que Hegel fournit lui-même un certain nombre d'énoncés qui vont directement à l'encontre d'une telle interprétation. Par exemple :

> [Les grands hommes] savent l'universel et le veulent. [...] Il est à remarquer que les hommes qui relèvent de l'histoire mondiale sont les plus perspicaces dans leur monde. Ils comprennent au mieux ce qu'il s'agit de faire. Ce qu'ils veulent et font est juste et légitime [2].

Aux yeux de Hegel, les actions des grands hommes expriment ce qu'exige leur époque, et par là « ce qui est vrai, ce qui est nécessaire » [3]. Par exemple, il y a lieu pour lui d'opposer la lucidité de César, le grand homme progressiste, à l'aveuglement de Cicéron, traditionaliste et bavard. Les textes insistent en outre sur le droit des hommes d'action à être heureux : « C'est là le droit infini du sujet [...] : qu'[il] se trouve lui-même satisfait, dans une activité, dans un travail » [4]. De même,

---

1. *PH* 1822/23, p. 440, trad. cit., p. 471.

2. *Ibid.*, p. 69, trad. cit., p. 164. Il en va de même des peuples, qui possèdent le sentiment de l'universel : « Mais les autres doivent nécessairement obéir, parce qu'ils le sentent, parce qu'intérieurement il s'agit déjà de leur affaire. » (*ibid.*).

3. *Ibid.*, p. 69, trad. cit., p. 164.

4. *PH* 1830/31, *GW* 18, p. 159, trad. cit., p. 68.

disent les *Leçons*, les individus sont des fins en soi, et non pas seulement des moyens, ils sont responsables, ce qui exclut qu'ils soient de simples jouets aux mains d'une puissance omnipotente et manipulatrice[1].

En réalité, le thème de l'inconscience ne traduit pas l'impossibilité de prendre conscience d'un but qui, en lui-même, serait d'emblée complet. Mais il signifie que la fin, originairement, n'est que « nature », c'est-à-dire « immédiateté », impulsion. Dans l'introduction de 1830/31, l'inconscience s'oppose à la conscience réfléchie et est prise comme synonyme d'instinct. L'inconscience ne renvoie pas à ce qui serait censuré, mais à ce qui n'a pas encore été l'objet d'une *Bildung* en bonne et due forme, et qui pour cette raison même n'existe encore qu'à l'état de disposition intérieure :

> C'est seulement en soi, c'est-à-dire comme nature (la réalité effective n'est d'abord qu'en tant que nature), que l'histoire mondiale commence par ce qui constitue sa fin générale. [...] Cette fin en est l'impulsion intérieure, l'impulsion intime et inconsciente [*der innere, der innerste bewußtlose Trieb*]. [...] Ainsi trouve-t-on, surgissant dans la figure de l'essence naturelle, de la volonté naturelle, ce que l'on a dénommé le côté subjectif, le besoin, l'impulsion, la passion, l'intérêt particulier, ainsi que l'opinion et la représentation subjective, qui sont présents là immédiatement pour eux-mêmes. Cette masse incommensurable de vouloirs, d'intérêts et d'activités – ce sont les instruments et les moyens qu'a l'esprit du monde d'accomplir sa fin, d'élever cette fin à la conscience et de la réaliser effectivement[2].

Dans les textes cités, la fin n'est pas tant présentée comme originairement *dissimulée* que comme originairement *immature*. Corrélativement, son contenu est unilatéral. Elle est certes une aspiration à la liberté – mais à une liberté *bornée*. La fin est d'abord naturelle, c'est-à-dire particulière. Elle ne s'est pas élaborée elle-même et reste abstraite. Hegel n'est pas un philosophe de la mystification mais un philosophe du commencement inculte et, corrélativement, de la nécessité de la *Bildung*. Pour lui, on n'accède à la raison

---

1. Cf. *PH* 1830/31, *GW* 18, p. 166-167, trad. cit., p. 75-76 ; *PH* 1822/23, p. 60-61, trad. cit., p. 157.
2. *PH* 1830/31, *GW* 18, p. 161-162, trad. cit., p. 71.

qu'en commençant par la passion : « Les lois et les principes ne vivent pas et ne s'imposent pas immédiatement d'eux-mêmes. L'activité qui les met en œuvre et les inscrit dans l'être-là, c'est le besoin de l'homme, son impulsion, et, au-delà, son inclination et sa passion »[1]. Un processus historique s'inaugure toujours par un savoir et un vouloir déficients.

Cependant, l'homme accède-t-il à une conscience complète du but de l'histoire au sein même de cette dernière? La réponse, d'un point de vue hégélien, ne peut être que double. 1) On peut considérer en premier lieu, comme dans le texte ci-dessus, que la fin inconsciente désigne le seul point de départ de tout processus historique. Ce dernier commencerait donc avec une aspiration indéterminée – et, corrélativement, un État clos sur lui-même – mais s'achèverait avec un volonté adulte, qui prendrait la forme de lois délibérées et valables pour chacun – et, corrélativement, avec un empire cosmopolitique. En ce sens, l'inconscience serait vaincue au sein même de l'histoire de chaque peuple, qui ainsi passerait d'un stade infantile de lui-même à un stade adulte : « L'histoire universelle est la présentation de l'esprit dans son effort pour acquérir le savoir de ce qu'il est en soi »[2]. 2) En second lieu, on peut dire que, dans l'histoire, la volonté des peuples est inconsciente du début à la fin, dans la mesure où elle reste particulière. C'est pourquoi le savoir véritable (c'est-à-dire entièrement unifié, « absolu ») n'est obtenu que par la philosophie. On retrouve ici les propos bien connus de la préface des *Principes la philosophie du droit* sur l'oiseau de Minerve qui ne prend son vol qu'au crépuscule, c'est-à-dire au sortir de l'histoire et dans le passage à l'esprit absolu[3]. C'est une telle conception qui autorise les énoncés de Hegel selon lesquels les peuples et les hommes ignorent de part en part la signification du progrès de l'histoire[4]. Ce deuxième usage de l'idée d'occultation n'est pas incompatible avec le premier, il ne fait que traduire un changement

1. *RH*, p. 81-82, trad. cit., p. 104 (traduction modifiée).

2. *Ibid.*, p. 61-62, trad. cit., p. 83.

3. Cf. *Principes de la philosophie du droit*, *W* 7, p. 28, trad. cit., p. 108.

4. Cf. *PH* 1822/23, p. 439, trad. cit., p. 471 : « Dans cette histoire, l'Idée a régné [...] comme un intérieur caché qui accomplit sa fin avec la volonté contraire des peuples, si bien que ce qu'elle accomplit et ce que veulent les peuples sont souvent l'inverse l'un de l'autre. ».

de point de vue. Par exemple, d'un côté la disposition d'esprit des Romains considérés en leur histoire parvient bel et bien à son achèvement à l'époque de l'empire. De l'autre, même dans cet achèvement, elle reste unilatérale. Les Romains peuvent certes faire de la philosophie et alors considérer le réel d'un point de vue universel. Mais, dans leur agir historique, ils conservent un rapport violent avec le monde, ce qui les empêche de le comprendre adéquatement.

Le thème de la ruse de la raison est donc à associer à la finitude des peuples. Il n'y a pas de peuple « mondial » au sens où un tel peuple pourrait entièrement rendre compte de ses particularités. Dit autrement : l'esprit du peuple, dans l'histoire, est par définition une *partie* de l'esprit historique en général. C'est pourquoi l'histoire se caractérise par le règne successif des égoïsmes nationaux. Il faut donc, ici aussi, tenir les deux bouts de la chaîne : d'un côté, le peuple est une fin en soi, de l'autre, il n'est qu'une étape, c'est-à-dire qu'un moyen. Telle est la contradiction fondamentale qu'exprime le concept de la ruse de la raison. La raison historique est morcelée, elle n'existe que sur le mode de l'« en soi », de l'objectivité extérieure. Elle est rusée, non parce qu'elle mettrait en place un plan cynique, mais parce que le bonheur, dans l'histoire, est inévitablement provisoire, et que chaque peuple sert d'assise à un peuple ultérieur qui le contredit.

En définitive, qu'il y ait une raison dans l'histoire signifie que chaque peuple constitue son principe et sa fin. Toutefois, cette raison reste bornée, parce qu'elle est divisée en peuples concurrents. De même que, dans la nature organique, une espèce se partage entre des individus finis qui, pour cette raison même, sont mortels, de même la raison dans l'histoire se partage entre les peuples – des peuples qui sont inévitablement voués à la corruption et à la mort, qui ne sont que des étapes dans le progrès de l'histoire. Dans l'histoire selon Hegel, les pages de bonheur ne sont que des pages blanches ou, à tout le moins, aussitôt effacées qu'écrites : « L'histoire nous met devant les yeux le mal, l'iniquité, la ruine des empires [...]. Nous entendons avec pitié les lamentations sans nom des individus, nous ne pouvons qu'être remplis de tristesse à la pensée de la caducité »[1]. L'histoire est certes tendue vers la réconciliation, mais elle n'y parvient jamais entièrement.

---

1. *RH*, p. 79-80, trad. cit., p. 102-103.

***

Nombreux sont les philosophes qui, tout en reconnaissant le caractère fallacieux, voire délirant, de l'interprétation kojévienne de la philosophie de Hegel, continuent à la relayer. Là-contre, il faut rappeler que la pensée hégélienne ne peut être ramenée aux idées de continuité, de linéarité et de téléologie telles qu'elles sont classiquement entendues – ni non plus à l'idée de rationalité triomphante. En premier lieu en effet, le développement de l'histoire, pour Hegel, se fonde sur le conflit et la rupture : chaque peuple, chaque grand homme agit *contre* le peuple jusqu'alors dominant, *contre* le droit politique en vigueur. Ensuite, dans tout cycle systématique, le deuxième moment est celui de la fragmentation et de la violence (qu'on songe par exemple, dans l'interprétation hégélienne, au monde indien par opposition au monde chinois, au Moyen Âge par opposition à l'empire de Charlemagne, etc.). Par conséquent, s'il y a un progrès, il ne suit pas une ligne droite. En troisième lieu, quand bien même l'esprit tend de part en part à être libre, sa volonté particulière ne cesse de changer et de se contredire : à cet égard, on ne peut parler d'un programme fixe et établi une fois pour toutes. Enfin, même si l'histoire est rationnelle au sens où les peuples jouent un rôle dans le monde en tant que (et pour le laps de temps où) ils sont autodéterminants, la rationalité de l'histoire reste divisée et par là déficiente.

La finitude de la raison historique exprime la finitude de l'esprit objectif en général. Si l'esprit objectif est concrètement incarné dans le monde (à la différence de l'esprit subjectif), cependant il ne s'incarne pas *comme tel et tout entier* dans chacune de ses figures (à la différence de l'esprit absolu). Pour Hegel, une œuvre d'art, une religion ou une doctrine philosophique exprime une entière réconciliation du sujet et de l'objet. En revanche, dans l'esprit objectif, la propriété est menacée par le vol, l'action morale peut être pervertie par des circonstances non prévues, la société civile est en proie aux inégalités de richesse, les États se font la guerre, etc. De la même manière, une action historique, quand bien même elle est efficace, ne procure jamais qu'un bonheur passager : « Puisqu'ils sont irrésistiblement poussés à faire ce qu'ils font, ils se donnent satisfaction. Ainsi ils satisfont leur passion. [Cependant] les grands hommes n'ont pas été heureux. Car ou bien ils se sont donnés beaucoup de mal, ou bien, à l'instant où ils réalisaient ce qu'ils avaient voulu, ils sont morts, ont été tués ou déportés. Leur personnalité se sacrifie, leur vie entière n'a été qu'un sacrifice »[1]. Même si l'histoire est le lieu d'un progrès vers la liberté, il ne s'agit alors que d'une liberté « éthique » et non pas de cette vraie liberté qu'assurent l'œuvre d'art, le culte religieux et la pensée philosophique. La liberté historique reste fondamentalement tragique et l'histoire n'est rien d'autre que cet « autel » (*Altar*[2]) – voire cet « abattoir » (*Schlachtbank*) – où « sont conduits, pour y être sacrifiés, le bonheur des peuples, la sagesse des États et la vertu des individus »[3].

Gilles MARMASSE

1. *PH* 1822/23, p. 70, trad. cit., p. 165.
2. *Ibid.*, p. 25, trad. cit., p. 128.
3. *PH* 1830/31, *GW* 18, p. 157, trad. cit., p. 67.

SCHELLING, LES TEMPS DE L'HISTOIRE

Dans sa thèse inédite consacrée à Schelling, *Das Absolute und die Geschichte*, Jürgen Habermas faisait le constat suivant : « comparée à celle de Hegel, la compréhension de l'historicité est plus essentielle chez Schelling »[1]. L'examen de la comparaison ainsi suggérée excède les limites de cette présentation. S'il est évident que la philosophie hégélienne de l'histoire n'est ni un dogmatisme méta-historique ni une théologie déguisée qui figerait l'effectivité sous une idéalité dialectique et rationnelle, une question délicate demeure entière que Schelling touche avec acuité, la question du rapport entre histoire et temps. Pour fonder l'intelligibilité de l'histoire, Hegel part de l'éternité de l'Idée, de l'intemporalité du processus logique. Pour concevoir l'histoire, il lui faut donc se soustraire en pensée au temps. Les structures de l'historicité sont ainsi déterminées comme intemporelles, elles-mêmes « anhistoriques » en quelque sorte. Pour surprenante que puisse sembler l'audacieuse proposition habermassienne à qui aura pris l'hégélianisme au mot, elle atteste une grande perspicacité de lecture et son auteur en élucidera un peu plus tard les principaux motifs dans *Théorie et pratique*[2]. C'est cette profonde « compréhension [schellingienne] de l'historicité », dont la densité tient à la tenace analytique de la relation temps/histoire, qui est trop souvent méconnue ou distordue. C'est elle qu'il importe de restituer dans son

---

1. *Das Absolute und die Geschichte. Von der Zwiespaltigkeit in Schellings Denken*, Gummersbach, Bonn, 1954, p. 12. *Cf.* également p. 203 : « la pensée de Schelling est plus historique que celle de tous ses contemporains » au sens où « elle comprend la vie de tout étant depuis l'horizon de l'historicité de l'homme ».

2. J. Habermas, *Théorie et pratique*, trad. fr. Paris, Payot, 1975, p. 187-240.

ampleur et sa portée en en suggérant au moins allusivement les multiples descendances.

La plupart des grands commentaires de l'œuvre de Schelling s'accordent jusque dans leurs titres à considérer que la relation de l'histoire et de l'Absolu constitue transversalement « le problème schellingien par excellence »[1]. Il est remarquable que, dès 1798, Schelling s'interroge sur le statut théorique d'une « philosophie de l'histoire » et conclut à son « impossibilité » : « si l'homme ne peut avoir d'histoire qu'en tant que celle-ci n'est pas a priori déterminée, il s'ensuit qu'une histoire a priori est en soi contradictoire et, si une *philosophie de l'histoire* n'est rien d'autre qu'une science a priori de l'histoire, il s'ensuit donc également *qu'une philosophie de l'histoire est impossible* »[2]. Il est non moins frappant que le *Système de l'idéalisme transcendantal* de 1800 fait de l'histoire un objet majeur de la philosophie transcendantale – comme si l'impossibilité d'une *philosophie* de l'histoire non seulement n'empêchait pas mais obligeait au contraire toute *pensée* à affronter l'histoire dans sa dimension de structure constitutive de l'être absolu, de révélation inachevable de l'absolu. Schelling est ainsi le premier à l'intégrer thématiquement dans l'idéalisme classique. Il est le penseur qui, dans sa philosophie des *Âges du monde*, porte la réflexion sur l'absolu historique à un degré de très haute intensité spéculative, jusqu'au point même où l'articulation en tension extrême de l'absolu et de l'histoire fait vaciller, voire s'effondrer, l'édifice des *Âges*. Quant à sa dernière philosophie, elle s'autodétermine en entier comme une philosophie « historique ». Encore faut-il s'entendre sur les mots. Il est donc requis de clarifier l'usage ou les usages des termes histoire, historique, historicité dans la philosophie de Schelling. On pourrait sans doute le faire en en retraçant les avatars et le cheminement sinueux mais cohérent depuis les premiers textes jusqu'à la dernière philosophie ou encore en statuant sur leur fonction depuis « l'échec » des *Âges du monde*, comme le tente Habermas. Il semble cependant préférable d'envisager la question de l'histoire depuis le point de vue de la dernière philosophie. D'abord parce que son promoteur la qualifie lui-même,

1. X. Tilliette, *Schelling, une philosophie en devenir*, Paris, Vrin, 1969, I, p. 51.
2. *Sämtliche Werke*, Stuttgart, 1856-1861 (14 vol.), I, p. 473.

on l'a dit, d'historique de part en part. Ensuite parce qu'elle offre le dernier état d'une pensée qu'on ne saurait saisir hors de son propre devenir et de la dynamique qui la pousse sans cesse à différer son « dernier mot ».

Il faut commencer par rappeler que la *Spätphilosophie* s'efforce de faire correspondre sa « positivité » avec son caractère « historique », tel que Schelling l'avait déterminé dans son enseignement des années munichoises, et d'en fournir une complète intelligence. La philosophie positive, philosophie de la mythologie et de la révélation, est historique et son contre-point se marque dans le rapport à la philosophie négative, dite, elle, logique ou purement rationnelle et en tant que telle « anhistorique ». Qu'est-ce qui est historique dans la philosophie positive ? Le cours de Munich de 1830 cerne expressément cette difficulté. Il s'agirait en effet, explique Schelling, d'« écarter les éventuels malentendus » sur « cette désignation d'historique [qui] pourrait facilement être mal comprise »[1]. Cet éclaircissement fait l'objet d'une reprise explicite entre les leçons IV et V, d'une séance à la suivante donc, certainement en réponse à l'objection d'un auditeur. Schelling suggère qu'il lui faudra peut-être finalement abandonner l'expression de « philosophie historique » et la « remplacer » par celle de « philosophie positive ». Ce qu'effectivement il fera tendanciellement si on compare la fréquence des occurrences des deux qualificatifs, mais, notons-le, l'expression de « philosophie historique » ne disparaît jamais. Schelling, de fait, n'y renonce nullement (« celle que nous tenons toujours à nommer encore philosophie historique »[2]). L'argument formel de l'*Introduction* de 1830 sera repris et synthétisé de façon ramassée dans une longue note de l'*Introduction de Berlin* de 1841[3]. Essayons d'en récapituler les articulations, telles qu'elles se construisent, dans les deux exposés, à partir de délimitations négatives.

Comme y invite Schelling, il convient de bien comprendre tout d'abord ce que n'est pas et ne peut signifier « historique » dans

1. *Introduction à la philosophie*, trad. fr. P. David et M.-C. Challiol, Paris, Vrin, 1996, p. 32.

2. *Ibid.*, p. 32, 37.

3. *Philosophie de la Révélation. Livre I*, trad. fr. J.-F. Marquet et J.-F. Courtine (dir.), Paris, PUF, 1989, p. 164.

l'expression « philosophie historique » en tant que celle-ci, c'est-
à-dire la philosophie positive, se contredistingue de tout savoir des
seules nécessités internes à la sphère de la pensée. Pour cette raison,
cette « philosophie historique » ne saurait être une *histoire de la
philosophie* qui suivrait la succession chronologique contingente des
systèmes [1]. Qui se contente de penser sur la pensée en la saisissant dans
un processus qui lui confère l'apparence d'une nécessité cesse par
là-même de penser [2]. Il ne faut pas davantage prendre la « philosophie
historique », dit ensuite Schelling dans la note de 1841, pour une
« *philosophie de l'histoire* », ce qui, ajoutait-il lapidairement à
Munich, va encore plus de soi, par où se retrouve selon une belle
constance l'argument de jeunesse sur l'impossibilité d'une philosophie de l'histoire – on y reviendra. Elle n'est pas non plus un *savoir*
qui procèderait de la seule révélation et renoncerait aux instruments
de la raison. Ni « histoire de la philosophie », ni « philosophie de
l'histoire », ni « philosophie subjective ». Alors quoi ? Ce qui fait que
la philosophie positive est historique, ce n'est pas le mode de traitement, à vrai dire, mais son objet même, ce n'est pas le « mode du
savoir », mais son « contenu », comme écrit Schelling dans la note
berlinoise. Une philosophie n'est pas « historique » parce qu'elle traite
d'un objet (elle-même ou la religion ou l'histoire universelle) dans la
modalité génétique de l'exposition progressive. Pas davantage parce
qu'elle s'abolirait dans un matériau « immédiatement historique » en
abdiquant purement et simplement sa rationalité opérative. Il y a
philosophie ou explication « historique » dès lors que le monde et les
choses singulières sont envisagés à partir d'une liberté en acte et non
déductivement à partir d'une essence intemporelle et éternelle [3]. Une
philosophie qui chercherait à montrer que l'être ne peut être trouvé
qu'à condition d'admettre « quelque chose de positif, la volonté, la
liberté, le fait » [4] et de « *se diriger vers quelque chose d'extérieur* » [5],

---

1. *Introduction à la philosophie, op. cit.*, p. 36.

2. *Ibid.*, p. 38.

3. Dans la note de 1841, Schelling prend la philosophie de Spinoza pour le meilleur
exemple d'une philosophie « anhistorique ».

4. *Introduction à la philosophie, op. cit.*, p. 37.

5. *Ibid.*, p. 38 (nous soulignons).

pareille philosophie serait celle qui suit « la voie historique »[1]. Schelling prend ici en vue rétrospective le basculement qui s'est joué dans son propre parcours philosophique, soit dans sa philosophie médiane, le passage d'un primat de l'ontologique à une subordination à l'historique, de l'anhistoricité de l'essence, le *quid*, à l'explication par l'acte et par l'évènement, le *quod*.

Les trois « malentendus » évoqués dans la note berlinoise et leur attendu descriptif, l'extériorité comme direction de la volonté, demeurent assez flous dans l'*Introduction* de 1830. En 1841, en revanche, leur élucidation est considérée comme acquise et, du coup, simplement pointée. Pour en trouver une exposition plus précise, il faut se reporter à la leçon X de l'*Introduction historico-critique à la philosophie de la mythologie*, très probablement postérieure à 1830, puisque la version dont nous disposons a fait l'objet d'un enseignement donné à Berlin jusque dans les années 1845-1846, avec les révisions et les incessants remaniements dont Schelling était familier.

Qu'en est-il tout d'abord de la « philosophie de l'histoire » (sur laquelle l'*Introduction* de 1830 passait très vite en se contentant de préciser qu'il allait de soi que la philosophie historique n'était pas une philosophie de l'histoire) ?

Dans l'*Introduction historico-critique*, après avoir rappelé que ce sont les Français puis Herder qui ont assuré la fortune de l'expression, Schelling avoue une sorte de perplexité quant à ses présupposés. Parler de philosophie de l'histoire, c'est « définir l'Histoire comme un tout »[2]. Or, objecte-t-il pour commencer, c'est un tout qui n'est pas tout puisque l'avenir n'en fait pas partie d'une part et que, d'autre part, ce tout a le plus grand mal à savoir lui-même où il commence. L'Histoire telle que l'envisage la philosophie de l'histoire est donc un tout qui ne commence ni ne finit nulle part, sans début ni avenir, « un tout (qui) progresse à l'infini, dépourvu de limites et donc de sens, un progrès sans arrêt et sans pause »[3]. Lui fait essentiellement défaut une véritable connexion des temps, un « système » des temps – défaut que

1. *Introduction à la philosophie*, *op. cit.*, p. 30.

2. *Introduction à la philosophie de la mythologie*, trad. fr. J.-F. Courtine et J.-F. Marquet (dir.), Paris, Gallimard, 1998, p. 225.

3. *Ibid.*, p. 226.

Schelling a constamment considéré comme le point aveugle et la
«mauvaise conscience» de la «métaphysique vide». Cette Histoire
serait-elle du moins, dans ses contenus et ses objets, le «tout» du
passé, une formation close et empiriquement observable? Ou bien ne
contraint-elle pas à considérer le passé lui-même sur le modèle de
cette progression indéfinie, sans arrêt ni pause? Qu'en est-il par
exemple de la distinction usuelle entre le temps historique et le temps
préhistorique? Emporte-t-elle chez les historiens qui l'utilisent une
différence d'essence, laquelle permettrait alors de produire des
délimitations temporelles, des définitions effectives entre un temps
proprement historique et un autre temps, un temps autre qu'historique? Pourrait-on alors tracer une frontière réelle entre les deux
temps? Attentif à l'usage habituel aux historiographes, Schelling
constate qu'il n'en est rien. La distinction entre l'historique et le
préhistorique s'établit de façon toute triviale à partir d'une différence
contingente. Le temps historique dont parlent les historiens, c'est tout
simplement celui dont nous pouvons savoir quelque chose; le temps
préhistorique, celui dont nous ne savons rien. Schelling s'amuse au
passage de l'embarras où sont plongés les rédacteurs des grandes
Histoires universelles encyclopédiques qui ne savent jamais où et par
où commencer et ne peuvent donc jamais parvenir à un accord sur le
point de départ. Une rectification essentielle s'imposerait donc ici qui
procèderait d'une stricte discrimination entre «savoir tout ce qui s'est
passé» et «entendre quelque chose à l'histoire proprement dite»[1], à
laquelle Schelling a toujours tenté de se tenir. Le temps préhistorique,
il faudrait le nommer préhistorial ou préhistoriographique (*vorhisto-
risch*) et non pas préhistorique (*vorgeschichtlich*) puisqu'il n'est
strictement rien de non-historique. C'est bien d'un même temps dont
il s'agit en effet avec la préhistoire et l'histoire des historiens. Il n'y a
rigoureusement aucune différence interne, de contenu, entre les deux
temps supposés, un temps qui serait rempli d'évènements (*geschichtlich*) et un temps où jamais rien ne se serait passé, un temps d'avant
tout évènement (*vorgeschichtlich*). La fragilité des documents et des
archives, la contingence radicale des modalités de leur attestation, leur

---

1. *Les Âges du monde*, trad. fr. P. David, Paris, PUF, 1992, p. 15 (c'est-à-dire à
l'histoire «propre», dans son historicité même).

crédibilité plus ou moins avérée, y compris pour le temps historial, règlent seules l'arbitraire d'une fausse différence.

Mais cette différence ne ferait-elle pas néanmoins *symptômalement* sens, tout autrement cependant que par la présence à elle-même de l'histoire, son *Geschehen* selon la définition hégélienne (*die Geschichte ist was geschieht*)? Il y aurait, dit Schelling, une différence plus ou moins sue et un préjugé plus ou moins avoué qui travailleraient l'inconscient des historiens : « les évènements du temps préhistorique seraient insignifiants alors que ceux du temps historique seraient significatifs », selon une inversion du déductif et de l'inductif caractéristique de la science historique. Or, pour une pensée comme celle de Schelling, c'est pratiquement l'inverse qu'il faut très minutieusement prendre en considération. Ce qui « recèle les processus les plus significatifs », c'est justement « cette contrée inconnue, cette région inaccessible à l'histoire, dans laquelle se perdent les sources ultimes de toute histoire [*Geschichte*] » et qui est comme « l'enfance d'un individu historial »[1] – l'enfant étant « le père de l'homme » selon la formule déjà « freudienne » de Wordsworth, parfaitement conforme à la ligne de pensée développée par Schelling. Et si l'on tient, à tout prix et pour ne pas contrevenir au « grand et sacro-saint principe du progrès continu de l'espèce humaine », à se mettre en quête d'une direction, d'un sens, d'une progression, ils ne cheminent pas germinativement comme le croient et le sens commun et les philosophies de l'histoire, « du petit au grand ». C'est au contraire « le gigantesque qui constitue le commencement »[2].

S'avère ici un premier trait fondamental de la pensée schellingienne de l'histoire et de l'historicité. Il s'agit pour Schelling de « concevoir l'historique en tant qu'historique »[3]. Cet enjeu, souvent rappelé avec une certaine gravité, est philosophiquement articulé autour de la question du *commencement* et de son statut, c'est-à-dire du rapport entre histoire et temps, entre historicité et système des

1. *Introduction à la philosophie de la mythologie*, *op. cit.*, p. 227.

2. *Ibid.*, p. 233 – les deux grandes figures de ce « gigantesque » du commencement étant, selon Schelling, l'homérique et le biblique.

3. *Philosophie de la Révélation. Livre III*, trad. fr. J.-F. Marquet et J.-F. Courtine (dir.), Paris, PUF, 1994, p. 54 (*SW*, XIV, p. 33 : « *es kommt darauf an, das Geschichtliche als Geschichtliche zu begreifen* »).

temps. Il s'explicite par ailleurs depuis le thème de l'*évènement* en tant qu'«effectivité absolue antérieure à toute possibilité, effectivité qu'aucune possibilité ne précède», intraitable par une quelconque science a priori puisque rapportée à son «exister imprépensable»[1]. On peut considérer que ce même enjeu est articulé architectoniquement dans la dernière philosophie autour de la place d'une philosophie de la mythologie comme «la partie la plus nécessaire et la plus incontournable» d'une pensée de l'Histoire[2] et de son historicité, à inventer ou à construire depuis l'imprépensable ou l'immémorial (*unvordenklich*), le «gigantesque», qui en commande l'accès significatif. Il faudrait alors détailler quelques éléments saillants de la philosophie de la mythologie proprement dite. On se contentera de rappeler un seul point: le mythe, pour Schelling, n'est rien de mythique. Il est historique, non pas parce qu'il contiendrait des faits historiquement vérifiables, mais en tant qu'*il a effectivement été* en tant que mythe. Il est donc lui-même contenu de l'histoire. L'histoire contient les mythes. Par là est posée l'obscure question de son commencement. Bien que Schelling ne fasse pas toujours clairement cette distinction, le commencement (*Anfang*) ne se confond pas pour lui, nous semble-t-il, avec l'origine (*Ursprung*). Comme les noms l'indiquent, le commencement signifie le moment d'une prise, d'une césure et d'une saisie[3], que la «plate et médiocre philosophie de l'histoire»[4] est incapable d'apercevoir comme question. L'origine n'est pas constructible comme peut l'être le commencement dans la philosophie de la mythologie. Elle est un prime saut dont le mythe lui-même sort et d'où il procède. Proprement immémoriale, elle est avant tout commencement. Munis de ces quelques éléments et depuis leur élucidation, nous pouvons mieux revenir à la symptômatologie schellingienne de l'histoire historienne et à sa conclusion positive.

---

1. *Philosophie de la Révélation. Livre II*, trad. fr. J.-F. Marquet et J.-F. Courtine (dir.), Paris, PUF, 1991, p. 111.

2. *Introduction à la philosophie de la mythologie*, *op. cit.*, p. 232.

3. «Comme le mot *Anfang* l'indique, le [commencement] ne peut consister en une donation, en une profération ni en une communication de soi, mais seulement en une prise, un rapt, une attraction» (*Les Âges du monde*, *op. cit.*, p. 253). C'est exactement en ce sens que La Bruyère pouvait écrire que «l'amour commence par l'amour».

4. *Introduction à la philosophie de la mythologie*, *op. cit.*, p. 232.

Si la différence du temps « historique » et du temps « préhistorique » n'est guère intelligible selon la simple distinction externe
inscrite, si l'on peut dire, dans un seul et même continuum temporel et
si cette homogénéité du temps ne permet pas que soit pensée radicalement ladite différence – et tel serait au fond le préjugé foncier de
toute philosophie de l'Histoire –, si par ailleurs elle détient une signification réelle, de quelle nature peut-elle bien être ? On aurait affaire,
explique Schelling, à deux temps essentiellement différents *c'est-
à-dire* discontinus. Le contenu du temps préhistorique, c'est la *krisis*,
le passage, la séparation différenciante, lesquels manifestent les
mouvements de la conscience théogonique (« genèse des théologies »)
et ethnogonique (« la séparation de l'humanité en peuples »[1]). Ce
temps préhistorique est donc rempli d'évènements, il est par conséquent aussi historique ou « signifiant » que le temps historique *stricto
sensu*. Ce n'est donc pas cela qui fera la différence. Ce par où le temps
historique se distingue essentiellement du temps préhistorique (mais
on commence à voir que les superpositions ne coïncident plus,
Schelling les fait considérablement bouger et les dénominations
sont désormais brouillées), c'est qu'à partir de lui l'engendrement, le
processus de séparation, prend figure d'engendré, de produit étant-là.
En ce sens précis, la mythogonie appartient au passé. On n'a donc
nullement affaire à un temps illimité que l'historiographie pourrait à
sa guise séquencer et segmenter selon le « degré de culture », comme
raille Schelling[2]. Au contraire, « *il y a des temps effectivement et
intérieurement différents les uns des autres dans lesquels l'histoire
se compose et s'articule* »[3]. Le temps propose, l'histoire dispose, en
quelque sorte. Le temps dit historique reçoit ainsi une détermination,
c'est-à-dire un « type » et une « loi » qui sont tout autres que le type et
la loi du temps dit préhistorique. À son tour, ce temps préhistorique,
déterminé lui-même par cette contre-détermination (ce qui oblige
Schelling à l'appeler « relativement préhistorique »), s'adosse à

1. *Introduction à la philosophie de la mythologie, op. cit.*, p. 228.
2. *Ibid.*, p. 233.
3. *Ibid.*, p. 228 (nous soulignons).

quelque chose qui serait de quelque façon un *temps non-temps*[1], «absolument préhistorique», «temps de la complète immobilité historique», ne connaissant «aucune vraie succession de temps», «temps absolument identique», «éternité relative», «sorte d'éternité»[2].

Une fois établi, donc, que le concept de *Geschichte* est plus «étendu» que celui d'*Historie*, que l'histoire historique n'est pas toute dans l'histoire historiale, le schéma proposé par Schelling distingue entre trois temps : 1) le temps absolument préhistorique, temps d'avant toute histoire, aussi bien historiale qu'historique ; 2) le temps relativement préhistorique qu'il suggère d'appeler préhistorial, temps des différentes «-gonies», temps historique *lato sensu* ; 3) le temps historique ou historial enfin, temps historique *stricto sensu*.

Quelle que puisse être la discussion sur les attendus, les modes et le tracé de cette découpe, force est de relever l'incontestable fécondité de l'analyse schellingienne des structures de l'historicité. C'est là, à vrai dire, que réside la compréhension «plus essentielle» que celle de Hegel qu'elle emporte selon le jeune Habermas. Il semble même d'ailleurs que Schelling ait été le co-inventeur du terminus «*Geschichtlichkeit*», historicité, ou en tout cas celui qui en assura les premières circulations effectives[3]. Cette «*tendance à l'historique*», Schelling, dans les années 30, a cru lui-même pouvoir rétrospectivement la discerner dans toute sa production philosophique passée et dans ce qui aura été sa façon la plus originale de philosopher[4].

En tranchant comme elle le fait *selon des qualités temporelles*, la pensée schellingienne de l'histoire atteste encore cette «tendance». C'est ce tranchant qui lui confère ce cachet d'historicité singulier et la

1. Cette expression n'est pas de Schelling, je l'emprunte à Rosenzweig, un penseur dont l'affinité avec le présent propos schellingien est tout à fait patente. *Cf.* G. Bensussan, *Dans la forme du monde*, Paris, Hermann, 2009, chap. VIII («Rosenzweig, Schelling et l'histoire»).

2. *Introduction à la philosophie de la mythologie*, *op. cit.*, p. 229 et 230. Schelling renvoie dans cette page 230 à l'hébreu *olam*, temps-monde, *Weltalter*.

3. Voir l'excellent *Schelling. De l'absolu à l'histoire* de P. David, Paris, PUF, 1998, p. 5, n. 1, et p. 103 *sq.*

4. *Contribution à l'histoire de la philosophie moderne*, trad. fr. J.-F. Marquet, Paris, PUF, 1983, p. 110 : «Mes premiers pas en philosophie révélaient déjà la tendance à l'historique» (*SW*, X, p. 94 : «*so verriet sich schon durch meine ersten Schritte in der Philosophie die Tendenz zum Geschichtlichen*»).

porte à une vraie rupture avec les représentations d'un temps linéaire et homogène qui serait le temps indifférencié parcouru par l'Histoire, un temps illimité pour une histoire temporellement indéterminée. Au contraire, le temps historique doit être inséré et pensé dans ce que les *Âges du Monde* nommaient un « organisme » ou un « système des temps ». Il est clair qu'on peut différencier plus spécifiquement et autrement que ne le fait Schelling, mais ce qui importe, c'est la clé de l'organicité des temps et la direction qu'elle ouvre à la pensée de l'histoire sous la « dictée du temps ». Chaque temps envisagé est délimité par un temps qui non seulement le précède ou le suit cumulativement, mais le contracte, le révoque, le surcharge. Dans ce jeu de forces temporelles, les temps de l'histoire sont des temps proprement différents, historiquement distincts les uns des autres. Il y a donc des temporalités historiques différentielles adossées elles-mêmes à l'immobilité d'une sorte d'éternité mythogonique, ethnogonique et théogonique. L'histoire se détache en tant que telle, comme histoire, sur un fond immémorial de non-historicité qui la rend possible et effective. L'enquête historique devra donc pour sa part se montrer attentive à la profonde discontinuité des scansions inégales auxquelles elle a affaire. Elle pourrait alors envisager une typologie des rapports entre ces temps hétérogènes, ou tel ou tel d'entre ces temps, et leur arrachement au fond de quasi-éternité qui les supporte. Ces rapports qualifieraient alors une articulation singulière, spécifique et à chaque fois différente, entre l'inscription dans un temps historique donné et le mode particulier d'habitation de la temporalité qui caractérise les cultures, les religions, les civilisations.

À partir de la distinction entre historicité ou histoire historique (*geschichtlich*) et historialité ou histoire historiale (*historisch*) et à partir aussi de la différence qualitative entre histoire proprement dite et préhistoire « critique » (au sens où la *krisis* y préside à la mythogonie), Schelling propose de lire l'histoire elle-même, *lato* et *stricto sensu*, de façon stratifiée. L'histoire « ordinaire » (*gemein*), phénoménale, externe, serait en fait comme travaillée en son cœur par une histoire « propre » (*eigentlich*), comme on peut lire dans les *Âges*[1], ou

---

1. *Les Âges du monde, op. cit.*, p. 15.

encore supérieure, «suprême»[1], interne, par une «histoire supra-historique» selon l'étonnante formule de la *Philosophie de la Révélation*[2]. À certains égards, cette lecture éclatée de l'histoire fait écho, à quelque quarante ans de distance, à certaines thématisations qu'on peut trouver dans le *Système de l'idéalisme transcendantal*, en particulier à cette idée remarquable d'un «progrès anti-historique». Il s'agissait alors, en 1800, et nonobstant de saisissantes différences, de conjoindre productivement deux choses. D'une part, le concept d'histoire inclut le concept d'une progressivité infinie car il ne peut y avoir d'histoire humaine que sous la condition qu'un idéal fasse l'objet d'une transmission, moyennant «des écarts en nombre infini» dans la réalisation de cette transmission. D'autre part, cette progressivité, étant donné ce qu'elle est (infinie en droit) et conformément à la nature de la transmission (infinité de fait des écarts), «n'autorise nulle conclusion allant dans le sens d'une perfectibilité infinie de l'espèce humaine»[3]. Dans ces formulations de 1800, il faut lire des tentatives, tâtonnantes peut-être, pour essayer de penser l'histoire tout autrement que sous le modèle matriciel des philosophies de l'histoire, ce que les théorisations ultérieures chercheront à étayer et confirmer. On peut remarquer en passant que, dans un texte de 1837, *Die heilige Geschichte der Menschheit*, un penseur comme Moses Hess – qu'on range trop hâtivement parmi les Jeunes-Hégéliens – propose, selon une intuition voisine de la suggestion schellingienne, de lire les évènements historiques selon une double grille «interne»/«externe» qu'il détermine, lui, comme un rapport du latent (les déterminations vécues du réel social) au patent (leurs réalisations par défaut[4]).

---

1. *Philosophie de la Révélation. Livre II, op. cit.*, p. 41. *Cf.* J.-F. Courtine, «Histoire supérieure et système des temps», dans *Extase de la Raison*, Paris, Galilée, 1990, p. 237-259.

2. *Philosophie de la Révélation. Livre III, op. cit.*, p. 56.

3. *Système de l'idéalisme transcendantal*, trad. fr. Ch. Dubois, Louvain, Peeters, 1978, p. 588 et 592 (*SW*, III, p. 225 et 229).

4. *Philosophische und sozialistische Schriften*, A. Cornu et W. Mönke (eds.), Berlin, Akademie-Verlag, 1961. On retrouve encore cette intuition chez Ernst Bloch, le «Schelling marxiste» (Habermas), avec le concept de non-contemporanéité (*Héritage de ce temps*) et avec la thèse d'une structuration de l'histoire par l'intervention alternée de temporalités différentielles (*L'esprit de l'utopie*).

On peut tenter une première récapitulation de l'apport schellingien. Si elle demeurait coupée de sa relation à « l'histoire interne », « l'histoire externe »[1] stagnerait dans une sorte de mouvement aveugle, dans un simulacre ignorant de la signification des processus qu'il met au jour. Les évènements qui structurent l'histoire externe ou ordinaire, s'ils restaient coupés d'un rapport au supra-historique, d'une relation à une extra-historicité historique, comme dira Rosenzweig, ne seraient qu'égrenés à perte de vue, enchaînés causalement les uns aux autres, sans possibilité d'être déliés de cette concaténation. Ils se figeraient dans « l'ombre dure » de l'histoire (Péguy). Au fond, les sensibilités historiques les plus fines seraient celles qui se montreraient capables d'échapper à l'illusion d'une pure immanence de l'histoire à elle-même. Penser quelque chose d'historique comme relevant aussi d'un au-delà de l'histoire (un supra- ou un extra-historique), d'une « histoire mystique » (M. de Certeau), c'est rappeler l'impossibilité stricte, autant ontologique que gnoséologique, d'une immanence absolue. On voit bien en revanche que l'histoire déterminée dans un rapport constitutif à une extériorité n'est pas *Historie*, masse accumulée d'évènements qui se sont passés et qui se cristallisent en passé historique (ce que l'historiographie ou l'histoire historiale retrace en tant que discipline légitime du savoir). L'historicité schellingienne, surdéterminée dans l'idée d'une historicité supérieure telle que l'autorise le renouvellement de sens du terme « historique », désigne quelque chose qui se donne aux hommes depuis une extériorité ou une altérité, quelque chose par conséquent qu'il leur faut proprement endurer. C'est pour cette raison que l'histoire demeure réfractaire à la dimension de l'a priori et qu'une philosophie de l'histoire est impossible puisqu'aucune doctrine ne pourra jamais prévoir les actions des hommes.

Que sont les contenus précis de l'historicité supérieure schellingienne et que recouvre l'invention de ce concept et de ceux qui se constellent à lui (commencement de l'histoire, différentialité des temps, rapport de l'histoire à l'historialité, extériorité, non-

---

1. Schelling lui-même écrit dans un brouillon des *Âges du monde* : « les monuments de l'*histoire interne* sont la principale source de l'*histoire externe* » (*Les Âges du monde, op. cit.*, p. 258, nous soulignons).

immanence) ? C'est le christianisme qui, pour Schelling, représente et plus précisément *incarne* l'entrelacs, le lien et le lieu où les deux histoires, dans l'Incarnation justement, s'enchevêtrent et s'entre-réalisent. Pourquoi cette attache profonde, marquée, entre christianisme et historicité supérieure, entre christianisme et philosophie historique – la philosophie de la Révélation, partie de la philosophie positive, décrivant elle-même une histoire supérieure, trans- et supra-historique ? Tout d'abord parce que la philosophie de la Révélation en son ensemble prend en vue un avenir où se jouent des évènements qui mettent en scène Dieu lui-même (création, chute, révélation, incarnation, rédemption) et son «histoire». Mais elle n'est pas pour autant une «philosophie chrétienne», pas plus qu'une «philosophie révélée» ou une «philosophie religieuse». Les explications de Schelling sur ce point sont rigoureuses [1]. À travers elles s'esquisse une double opération théorique d'*historicisation*. D'une part, la Révélation désigne un débord radical du concept, «elle contient quelque chose qui dépasse la raison et qui est plus que ce que la raison contient» [2]. D'autre part, pour être ainsi pensée, la Révélation doit faire l'objet d'une extension par rapport aux «fondements historiques [qu'elle] a eus en partage jusqu'à présent» et cet élargissement passe par «la médiation historique du fait» [3]. Ce débord du concept et cette extension par la facticité du fait, qui emporte elle-même «une extension de la philosophie au-delà de ses bornes actuelles» [4], sont les deux traits dominants de ce que Schelling qualifie d'«historique». La philosophie de la Révélation, ni religieuse, ni chrétienne, ni révélée, ni édifiante, est bel et bien en revanche une *philosophie historique*. Le christianisme lui-même, en tant que tel, est dit «vision historique de l'univers», «religion éminemment historique» – le «concept» de l'un fournissant le «concept» de l'autre [5]. À quel titre ? Essentiellement parce que le christianisme vient rejouer l'archi-évènement de l'expulsion du paradis. L'épisode de la Genèse signifie pour Schelling

1. *Philosophie de la Révélation. Livre I, op. cit.*, p. 158 *sq.*

2. *Ibid.*, p. 168.

3. *Ibid.*, p. 169.

4. *Ibid.*, p. 170.

5. *Philosophie de la Révélation. Livre II, op. cit.*, p. 41 – comprendre (*begreifen*) le christianisme, c'est comprendre l'histoire.

la mise en mouvement inaugurale du processus proprement historique, la propulsion de l'histoire elle-même. Et il a d'ailleurs toujours saisi et pensé cet épisode de l'expulsion comme un philosophème capital. Le christianisme ébranlerait une deuxième fois le fond créationnel, il répèterait un acte immémorial, par où s'inaugurerait la série des évènements qui en sortent. Cette sortie, c'est l'histoire autorisée et en quelque sorte portée sur les fonts baptismaux par la répétition chrétienne. Le christianisme impliquerait du coup une différence décisive : en lui s'effectuerait une « identité du doctrinal et de l'historique » : « ce serait une mauvaise explication du christianisme, une suppression complète de ce qui lui est propre, que de vouloir distinguer le doctrinal et l'historique et considérer seulement le premier comme l'essentiel, le contenu propre, mais l'historicité comme une simple forme ou un revêtement. L'historicité n'est pas quelque chose de contingent pour la doctrine, elle est la doctrine même » [1]. La boucle est comme bouclée : la Révélation, c'est l'historicité même en tant qu'elle excède le concept et contraint la pensée à s'élargir au-delà d'elle-même. Le christianisme effectue en quelque sorte ce principe en abolissant l'essentialité du « doctrinal » en son entier dans une histoire « supérieure » – où l'Incarnation et la kénose, en donnant sens aussi bien au prophétisme juif qu'au libre esprit grec, ouvrent l'avenir à sa propre puissance.

L'historique, ici, dans son opposition au doctrinal et dans son assignation à tout autre chose qu'une simple contingence, désigne bien un mode de pensée, l'exercice « positif » de la philosophie, très radicalement distingué de la façon logique ou purement rationnelle d'envisager le monde. Quel est en effet, aux yeux de Schelling, le trait le plus accusé de la philosophie « négative » ? C'est de bannir tout élément historique de son explication du monde, de rapporter l'existence de ce monde à ses conditions de possibilité telles que rassemblées par et sous le concept et d'en déduire logiquement le monde lui-même – soit, bien sûr, le monde à l'envers des philosophies a priori. « Rationaliser », c'est tout bonnement « exclure [tout] contenu historique » [2]. L'indépassable exemple d'une procédure « négative » de ce

---

1. *Philosophie de la Révélation. Livre II, op. cit.*, p. 41.
2. *Ibid.*, p. 40.

genre en philosophie demeure, on l'a indiqué, le *mos geometricus* spinozien, lequel déduit le monde comme on peut déduire les propriétés d'un triangle. Si en revanche la philosophie positive peut à bon droit être dite historique, si pour elle, doctrinalement, l'historicité précède toute déduction et toute hypothèse rationnelle, c'est avant tout parce qu'elle s'oriente principalement sur le fait, l'acte, l'évènement, le *quod* ou le *dass* en tant qu'ils ne se laissent pas appréhender a priori dans l'élément d'un penser. Le monde existe selon un constat immédiat et empirique, en tant que réalité précédant effectivement et « historiquement » toute possibilité logique. Il existe comme évènement historique et pratique – le second terme renvoyant jusqu'à un certain point au premier. Le projet de la philosophie positive est de quelque façon issu de l'empiricité affirmée, posée positivement, de ce constat. On peut le rapprocher de ce qu'évoque Schelling du travail de l'artiste, lequel aurait toujours à « saisir ce qui advient », à restituer quelque chose des évènements du monde toujours-déjà là, « une église, une cuisine, une grande action héroïque » – alors que la philosophie (négative) aurait toujours à « produire » dans l'après-coup de l'évènement[1]. Ainsi, la philosophie de la mythologie constituerait le fond où l'identité du doctrinal et de l'historique est déjà mise en évidence et la philosophie de la Révélation prendrait en charge cette identité en la mobilisant, au sens où elle est irruption d'un « monde nouveau de mobilité »[2], irruption d'un mouvement sur fond de cet imprépensable sans lequel il n'y aurait même pas d'histoire. L'historicité, pour Schelling, c'est en quelque sorte ce *rapport de dérivation* entre un fond, ou un absolu, et ses suites, ses conséquences. « -Gonie » nomme très précisément ce rapport : la mythologie n'est pas une *Götterlehre*, une *doctrine* des dieux ou une théologie, mais une *Göttergeschichte*, une *histoire* des dieux ou une théogonie relevant d'une auto-élucidation. *Il y a histoire* (de l'Absolu, du Dieu en devenir), dès lors qu'est donné lieu à une explicitation de l'être, à un dépliement de ses conséquences temporelles. Le fond fonde en même temps que la possibilité d'une histoire la succession elle-même, ou plus exactement le principe temporel qui permet cette possibilité. Le

---

1. *Philosophie de la Révélation. Livre II, op. cit.*, p. 46.
2. *Ibid.*, p. 242.

fond assure un passé puisqu'il vient avant le fondé qu'il fonde. Par lui, « un sujet peut être posé à la fois comme étant ceci et ayant été cela, c'est-à-dire comme possédant une histoire »[1]. Par lui, donc, l'humanité en son entier possède une histoire. Cette histoire est recréation permanente du temps et éclatement de ses dimensions. Avoir une histoire, c'est donc, pour les hommes, être confronté à la question de leur liberté[2], à l'épreuve de leur finitude, depuis l'infini du fond qui l'excède. La distinction entre l'histoire « ordinaire » et l'histoire « supra-historique » est donc aussi bien une relation : la dérivation depuis le fond, l'exercice d'une liberté depuis l'absolu, l'action depuis le manque à être. Ainsi considérée, elle permet une ouverture particulière aux phénomènes de l'histoire empirique. Dans ses multiples implications, parfois inattendues, la pensée de l'histoire qu'elle articule permet de penser *à la fois* l'action consciente et projective des hommes et l'opacité profonde, insondable, de ses effets. Comme le dit Schelling à propos de l'art en tant que pratique[3], on pourrait poser qu'il y a dans les sujets historiques un moi qui serait conscient selon la production mais inconscient du point de vue de ce qu'il produit. L'Histoire des philosophies de l'histoire, en revanche, est comme ce « deuxième monde » évoqué dans les mélancoliques premières pages de l'*Introduction de Berlin* de 1841, surélevé au-dessus de la nature par les hommes qui en sont les initiateurs et les fondateurs. On pourrait attendre, puisque les hommes habitent ce deuxième monde et s'y meuvent par la liberté de leur volonté, qu'ils y acquièrent le sentiment de « commencer pour eux-mêmes une série nouvelle d'évènements ». Or ils le traversent comme des ombres, dans l'obscurité et l'étrangeté à soi, car il est pour eux « un effrayant mouvement perpétuel que nous nommons l'histoire »[4].

---

1. J.-F. Marquet, *Liberté et existence*, Paris, Gallimard, 1973, p. 395.

2. Tel est le sens de la différence que propose Schelling entre *procès* et *histoire* : « dans le procès règne la pure nécessité, dans l'histoire la liberté », dans le procès nécessaire n'intervient « aucune cause libre extérieure à la conscience », dans l'histoire est effectif « un acte extérieur à la conscience », *Philosophie de la Révélation. Livre III*, *op. cit.*, p. 23.

3. *Système de l'idéalisme transcendantal*, *SW*, III, p. 619.

4. *Philosophie de la Révélation. Livre I*, *op. cit.*, p. 24.

Rappelons quelques points saillants en guise de conclusion.

1) L'histoire, chez Schelling, est soumise à son articulation selon des temporalités spécifiques et distinctes et son temps lui-même est adossé à un temps intemporel qui formerait le fond de toute temporalité et de toute histoire. Cette plasticité ouvre à la possibilité de penser l'éternité elle-même comme une catégorie historique, une catégorie sur laquelle l'historicité peut venir se brancher, une éternité « relative » à l'histoire.

2) Si nulle philosophie de l'histoire n'est autorisée par ce préalable, une véritable pensée de l'histoire peut être toutefois circonscrite chez le dernier Schelling. Elle n'entendrait nullement en saisir la prévisibilité ou la légalité objective, mais accueillir l'histoire ou l'historicité comme ce par quoi se fait connaître à l'expérience un imprévisible, un imprépensable, une factualité qui excède la raison historique, un déchirement aussi, sans relève.

3) Ceci se distingue fort bien avec le statut de la négativité. Ou bien le négatif n'est tel que pour n'être pas et il ne fait qu'assurer affirmativement le fonctionnement dynamique du concept. Il s'accorde alors à la totalité et à l'infinité, il est créatif, affirmatif. Mais il ne saurait avoir d'autre sens que *logique, sa créativité est une création de concepts.* Ou bien il détient un caractère *historique*, c'est-à-dire qu'il ne peut être relevé par son autodépassement logique, et il reste négatif, il demeure à l'état de crise, de scission, d'inadéquation. Et il signifiera alors un trou dans la continuité rationnellement assurée à la trame de l'histoire par son intelligence logico-dialectique.

4) On comprend évidemment qu'une histoire mesurée par l'expérience et l'épreuve qui en sont faites, et par son entêtement devant la négativité historique, ne se laisse pas représenter dans une téléologie qui résorberait la subjectivité dans une nécessité ayant à s'achever dans la liberté de l'esprit. Loin de l'épopée d'un sens qui retotaliserait toujours un passé dans un présent, loin de se disposer selon une structure sensée où l'avenir réaliserait ou autoréaliserait ses significations dans une unification possible des fins, l'histoire, ici, ne se déroule pas selon une évolution, elle se surprend sans cesse en effectuant l'évènement de ce qui ne cesse d'advenir.

5) L'historicité, c'est donc, en résumé, la facticité évènementielle. Elle ne désigne pas pour Schelling, à proprement parler, le caractère

historique constatable d'un fait, d'un évènement, d'une donnée quelconque, mais une dimension constitutive de l'effectivité en train de s'effectuer. C'est que l'existence prime les structures d'intelligibilité produites par la raison. Pas plus qu'elle n'est relevée dans un sens, la liberté n'obéit à une logique transcendantale qui en ferait un commencement absolu qui dépasserait les conditions empiriques dans une réalisation par et dans l'histoire. La liberté ne se gagne qu'en faisant l'épreuve de sa finitude vécue, à partir d'un fond, d'un excès, d'un infini qui est au cœur de tout fini et qui stimule l'action historique. Elle est ce qui surmonte et se surmonte dans le temps ouvert de l'histoire.

6) La position schellingienne a le mérite d'échapper à l'opposition ou à l'alternative convenue entre, d'un côté, une histoire consciente de soi, une histoire de l'autolibération par la réflexion, et, d'un autre côté, une histoire qui ne serait que le pur déchaînement de forces totalement aveugles, interminable bruit et fureur. Comme l'acte fondateur et inaugural de l'histoire est un procès théogonique (chute, sortie, exil), les hommes ne peuvent reconnaître dans ce mouvement quelque chose qu'ils auraient accompli, ils ne peuvent récupérer ce qui s'est par là extériorisé. Scandée par d'imprédéterminables « progrès anti-historiques », l'histoire avance, mais sans voir, à reculons peut-être comme l'Ange de l'histoire de Benjamin, elle s'avance sans se voir, elle progresse contre elle-même.

Gérard BENSUSSAN

HISTOIRE, TEMPS ET TRAVAIL
UN ITINÉRAIRE ENTRE MARX ET HEIDEGGER

> Examiner le rapport de l'histoire et du temps peut conduire
> à une détermination essentielle de l'histoire.
>
> Heidegger [1]

Qu'on ne s'attende pas à lire ici le énième exposé des principes d'une philosophie de l'histoire certes connue sous le nom de « matérialisme historique », mais dont Marx lui-même n'a jamais parlé. Un exposé de ce genre serait le plus sûr moyen de se barrer immédiatement l'accès à ce qu'il y a de philosophique dans la manière dont Marx a abordé l'histoire. C'est pourquoi, justement contre le « matérialisme historique », ou ce qu'il en reste, je voudrais ici soumettre à l'examen l'hypothèse selon laquelle la représentation d'une histoire cumulative qui, en se déployant dans un temps homogène, aurait conduit de façon progressive à la société moderne bourgeoise, et qui, en poursuivant son développement, devrait aussi conduire à la société qui la supplantera – que cette représentation, donc, n'est pas la représentation que Marx se faisait de l'histoire. Loin que cela ait été la représentation propre à Marx lui-même, il s'agirait plutôt là de la manière dont la société bourgeoise moderne se représente et se comprend, se considérant elle-même comme l'aboutissement d'un long et lent progrès historique, comme l'achèvement de l'évolution des formations sociales antérieures, comme la société la mieux formée et, en définitive, la plus « naturelle » vers laquelle toutes les précédentes tendaient et vers laquelle elles aspiraient comme vers le

---

1. Heidegger, *La logique comme question en quête de la pleine essence du langage* (1934), trad. fr. F. Bernard, Paris, Gallimard, 2008, p. 121.

modèle de toutes sociétés. Tout se passant comme si les sociétés antérieures avaient progressivement accumulé en leur sein des germes qui n'avaient finalement pu s'épanouir et parvenir à leur complet développement que dans la société industrielle et capitaliste moderne. Le modèle d'une histoire progressive et cumulative serait ainsi le produit même d'une illusion rétrospective propre à la société bourgeoise moderne qui est spontanément portée à considérer toutes les sociétés antérieures comme autant d'étapes préparatoires sur le long cheminement qui a progressivement conduit jusqu'à elle-même.

Ce que Marx permet de comprendre, pour peu qu'on le lise vraiment, c'est qu'une telle vision historique du monde comme histoire progressive et cumulative ne pouvait précisément se constituer *que* dans la société bourgeoise moderne : il fallait pour cela l'apparition d'une société qui parvienne à libérer d'une manière totalement inédite toute la puissance du travail social et par là à mettre sous son joug la puissance de la nature d'une manière totalement improbable jusque là. Seule une société se pensant libérée de la nature peut aussi se penser comme historique, et peut donc aussi en quelque sorte historiciser le passé en considérant les sociétés antérieures comme autant d'étapes ayant conduit jusqu'à elle-même. Marx montrerait ainsi que la conscience historique et la vision historique du monde sont elles-mêmes des produits historiques, de sorte qu'on ne trouverait pas chez lui ce qui se trouvera en revanche en abondance dans le marxisme traditionnel, à savoir une conscience historique qui est paradoxalement elle-même trans-historique, voire anhistorique.

Mais cette historicisation mise en œuvre dans et par la société bourgeoise moderne ne peut elle-même se comprendre qu'en référence aux modes de temporalisation propres à cette même société. Il faut donc comprendre ce qu'il advient spécifiquement du temps selon Marx dans la société capitaliste. Sur ce point fondamental, ses analyses sont assez dispersées, mais on peut néanmoins les synthétiser et les résumer[1] de la manière suivante. Sur le temps, et plus exactement sur le rapport du temps et de l'espace, Marx soutient apparemment deux thèses contradictoires. D'une part, il affirme que,

---

1. Pour une version plus développée de ces analyses, voir mon article « Comment la capital capture le temps », dans F. Fischbach (dir.), *Marx. Relire* Le Capital, Paris, PUF, 2009, p. 101-138.

sous le capitalisme, s'accomplit un « anéantissement de l'espace par le temps »[1]. D'autre part, il affirme également que, pour le capital, « le temps lui-même est considéré comme espace »[2]. La question est de savoir comment Marx peut affirmer à la fois que, sous le capitalisme, s'accomplit d'un côté un processus d'anéantissement de l'espace par le temps au terme duquel l'espace ne serait plus rien tandis que le temps serait tout, et d'un autre côté un processus de spatialisation du temps au terme duquel c'est la dimension même de la temporalité qui serait perdue et anéantie. Une solution assez simple du problème consisterait à dire que ce n'est pas Marx lui-même qui se contredit, mais qu'il nomme une contradiction qui habite ce dont il parle, que la contradiction n'est donc pas dans le discours de Marx, mais dans l'objet du discours de Marx, et donc qu'il s'agit là de l'une des contradictions inhérentes au capitalisme, ou plutôt de l'une des multiples formes que peut prendre cette contradiction en marche qu'est le capitalisme lui-même selon Marx. Voilà qui a certes l'avantage de dédouaner Marx de la contradiction : pour autant, si le sujet ou le support de la contradiction n'est ainsi plus le discours même de Marx, mais l'objet de ce discours, il n'en demeure pas moins que les termes mêmes qui sont en contradiction restent à éclaircir et qu'il faut encore comprendre comment une formation sociale comme le capitalisme peut être animée *à la fois* d'une tendance à nier l'espace par le temps *et* d'une tendance à spatialiser le temps, c'est-à-dire à nier le temps par l'espace.

Commençons par cet aspect : la négation du temps par l'espace. Pour le comprendre, il faut voir que l'opposition fondamentale sur laquelle repose la société capitaliste, à savoir l'opposition du travail et du capital, peut se comprendre aussi comme une opposition entre le temps et l'espace. Le capital est pour Marx de nature essentiellement spatiale et spatialisante : décrite dès la première ligne du *Capital* comme une « gigantesque collection de marchandises », la forme que prend la richesse sous le capitalisme, en tant qu'énorme amas de choses de valeur, ne peut être qu'une forme spatiale. De là il suit que la forme de domination sociale exercée par le capital est elle aussi une

---

1. Marx, *Manuscrits de 1857-58* (dorénavant cité *Grundrisse*), trad. fr. J.-P. Lefebvre (dir.), Paris, Éditions sociales, 1980, t. 2, p. 32.

2. Marx, *Grundrisse*, t. 1, p. 338.

forme essentiellement spatiale. Dans la mesure en effet où le règne de la forme-valeur de la richesse se manifeste comme une accumulation spatiale de plus en plus grande de travail objectivé en marchandises et en instruments de production, ce règne de la valeur apparaît aussi comme la domination qu'exerce le travail accumulé et objectivé, c'est-à-dire le travail mort, sur le travail vivant : c'est ainsi, écrit Marx, que « les conditions objectives du travail acquièrent, face au travail vivant, une autonomie de plus en plus gigantesque qui se manifeste par leur extension même, et que la richesse sociale se présente face au travail comme une puissance étrangère et dominatrice dans des proportions de plus en plus fortes »[1]. Mais cette domination exercée par le travail accumulé et mort sur le travail vivant, par la richesse comme valeur sur le travail producteur de la valeur, est aussi bien et en même temps une domination exercée par l'espace sur le temps, ou encore une soumission systématique et de plus en plus forte du temps à l'espace dont la tendance est d'aboutir au règne d'un espace dont tous les points sont immédiatement contemporains les uns des autres, c'est-à-dire au règne d'un pur maintenant spatialisé en un présent perpétuel.

La domination spatialisante du capital se montre en effet à la tyrannie exercée sous le capital par le *présent*, c'est-à-dire par le maintenant du temps spatialisé. Et l'on peut alors comprendre que la négation du temps par l'espace puisse se renverser en son contraire apparent, c'est-à-dire en une négation de l'espace par le temps, dans la mesure où le temps dont il s'agit est un temps lui-même entièrement réduit au présent, et donc un temps complètement spatialisé. La tyrannie de l'espace et la tyrannie du présent sont en fait une seule et même chose. Cette tyrannie du présent apparaît, comme l'a montré Moishe Postone de manière décisive[2], dans le caractère normatif qui revient au présent sous le capital. Ce caractère normatif du présent s'atteste dans les constants progrès de la productivité et dans le développement constant des forces productives dans le capitalisme, ce progrès et ce développement étant impliqués par la forme-valeur de la richesse. En effet, comme le dit Postone, « la valeur est une expression

1. Marx, *Grundrisse*, t. 2, p. 323.

2. M. Postone, *Temps, travail et domination sociale*, trad. fr. O. Galtier et L. Mercier, Paris, Mille et une nuits, 2009.

du temps en tant que présent »[1], et cela pour autant que la valeur est une mesure de la dépense *actuelle* de temps de travail social, et cela en fonction des conditions *actuelles* de la production, au niveau *actuel* de développement des forces productives et selon le degré *actuel* de productivité du travail social au stade *présent* de son développement. Qu'il se produise le moindre changement dans les moyens de production d'où découle une augmentation de la productivité du travail, et l'on voit aussitôt le présent jouer son rôle normatif, dans la mesure où le producteur est forcé et contraint de s'adapter à la norme qui lui est fixée par la quantité nouvelle de travail qui, dans le nouveau maintenant reconfiguré par le progrès de productivité, est devenue nécessaire socialement en moyenne. En effet, cette quantité de travail nécessaire en moyenne actuellement change avec l'introduction d'un nouveau moyen de production : ainsi, pour emprunter à Marx son exemple, l'apparition du métier à tisser à vapeur a eu pour effet « qu'il ne fallait plus que la moitié du travail qu'il fallait auparavant pour transformer une quantité de fil donnée en tissu ».[2] En d'autres termes, cela signifie que la productivité du travail se trouve d'un seul coup doublée, et que la quantité de travail nécessaire socialement en moyenne pour produire cette même quantité de tissu est maintenant divisée par deux : on se dit donc que la valeur de cette quantité de tissu n'est plus que de la moitié de ce qu'elle était avant puisqu'il faut une quantité de travail deux fois moindre pour la produire. Or ce n'est pas du tout ce que Marx conclut. Il écrit en effet ceci : « Un changement dans la force productive n'affecte pas en lui-même le travail exprimé dans la valeur [...]. C'est pourquoi dans les mêmes laps de temps, le même travail donne toujours la même grandeur de valeur, quelles que soient les variations de la force productive »[3].

Pour comprendre cela, posons que la grandeur de valeur du tissu produit en une heure *avant* le métier à tisser à vapeur était égale à x; le métier à tisser à vapeur permet ensuite de produire la même quantité de tissu en ½ heure. En une heure de temps, il semble nécessaire de dire que la grandeur de valeur du tissu produit est maintenant égale à $2x$. Marx nous dit que cela n'est vrai que *temporairement*, c'est-

1. M. Postone, *Temps, travail et domination sociale*, *op. cit.*, p. 436.
2. Marx, *Le Capital*, Livre 1, trad. fr. J.-P. Lefebvre (dir.), Paris, PUF, 1993, p. 44.
3. *Ibid.*, p. 52.

à-dire seulement pendant un bref moment historique, à savoir durant la période où certains produisent à l'aide du métier à tisser à vapeur tandis que d'autres pas ou pas encore. Durant cette période, ceux qui utilisent le nouveau métier à tisser produisent en effet une valeur égale à $2x$, c'est-à-dire double de celle que produisent dans le même temps ceux qui ne possèdent pas le nouvel outil. Mais que se passe-t-il ensuite ? Ceux qui ne disposent pas du nouvel outil sont contraints soit à l'adaptation, soit à la disparition, ce qui veut dire que la nouvelle grandeur de valeur susceptible d'être maintenant produite en une heure de temps s'impose à eux comme une norme absolument contraignante : soit ils s'y soumettent, soit ils disparaissent. Mais, une fois les retardataires soumis, adaptés ou supprimés, que se passe-t-il ? Il se passe que la grandeur de valeur du tissu produit en une heure est la nouvelle norme sociale, et que cette norme n'est plus égale à $2x$, mais qu'elle est de nouveau égale à x dans la mesure même où elle s'est maintenant généralisée et représente, comme avant, la quantité de travail nécessaire socialement en moyenne à la production d'une quantité donnée de tissu. Mais on voit que, si l'on veut pouvoir recréer les conditions qui permettent de produire une valeur égale au double ou plus de ce que d'autres produisent, ne serait-ce que temporairement, il faut chercher à constamment augmenter la productivité du travail, ce qui ne se peut faire que par le perfectionnement permanent des moyens de productions – un perfectionnement qui, en même temps et une fois qu'il est généralisé socialement, n'empêche pas que ce soit finalement toujours la même grandeur de valeur qui soit engendrée socialement en moyenne.

On obtient ainsi une image de la production et de la société capitalistes où sont indissolublement mêlés statisme et dynamisme : statisme de la valeur qui vaut toujours comme norme constamment au présent, toujours identique à elle-même, et dynamisme des forces productives, augmentation constante du niveau de productivité, mais de telle sorte que cela n'aboutit à rien d'autre qu'à rétablir la valeur dans son abstraite identité à elle-même. On a donc à la fois un flux temporel constant prenant la forme d'un progrès historique indéfini, et l'immobilité spatiale du présent perpétuel de la valeur : ces deux dimensions contraires parviennent à se combiner l'une avec l'autre dans la représentation d'un progrès historique qui se déroule *dans* le temps comme dans un cadre toujours identique à lui-même et toujours au présent. Le temps de la valeur est un temps statique, spatialisé, un temps toujours au présent; le temps de la production est celui d'un développement graduel et continu, d'une transformation permanente des moyens et des modes de production permettant un progrès constant de la productivité : mais l'opposition des deux n'est qu'apparente puisque le temps fluide et progressif de la production retombe constamment dans le temps figé et statique du perpétuel présent de la valeur. En ce sens, je m'accorde tout à fait avec Postone pour dire que «le capitalisme est une société marquée par une dualité temporelle : d'un côté, un flux constant, accéléré, d'histoire; de l'autre, une conversion constante de ce mouvement du temps en un présent perpétuel » [1].

Et voilà bien là ce qui permet de comprendre comment Marx peut dire à la fois, et sans contradiction, que «le temps lui-même est considéré comme espace » et que « l'espace est anéanti par le temps », à condition de voir que l'anéantissement de l'espace par le temps comme flux d'un irrépressible progrès tombe lui-même dans le cadre inchangé, constamment reconduit et reproduit à l'identique du temps spatialisé et du perpétuel présent. On comprend du coup aussi que ce soit uniquement dans une société de ce genre que puisse se généraliser une conscience historique : la dynamique historique continue du capitalisme s'exprime précisément dans une telle généralisation de la conscience historique et de la vision historique du monde. C'est uniquement dans cette formation sociale-là que les hommes peuvent accéder à la représentation selon laquelle ils font leur propre histoire. Mais, en même temps, et c'est là l'autre dimension de la temporalité capitaliste, les hommes y «font leur propre histoire», certes, mais, comme on sait, pas «dans des conditions choisies par eux » [2] : ce qui veut dire qu'ils la font dans un cadre qu'ils n'ont pas choisi, dans un cadre fixe et permanent – celui de la valeur – qui s'impose à eux normativement et sur lequel ils n'ont pas prise. Ce n'est pas là la façon dont Marx se représente lui-même l'histoire : c'est la façon dont il dit et montre que les hommes ne peuvent pas ne pas se représenter l'histoire et leur propre action historique aussi longtemps qu'ils vivent

1. M. Postone, *Temps, travail et domination sociale*, *op. cit.*, p. 442.
2. Marx, *Le 18 Brumaire de Louis Bonaparte*, Paris, Éditions sociales, 1956, p. 13.

dans la société capitaliste. Ils font leur histoire, mais dans le cadre prescrit, imposé et intangible du présent perpétuel de la valeur.

C'est pourquoi la société capitaliste est une société dans laquelle ne cesse de se creuser toujours davantage la disjonction entre d'une part un cadre statique, intangible, s'imposant constamment de façon normative aux individus sans que ceux-ci aient la moindre prise sur lui, et d'autre part une amélioration constante des moyens de productions, un progrès permanent des techniques de production et d'organisation, une accumulation constante de savoir, une augmentation permanente de productivité liée à l'investissement permanent dans la production de savoirs et de techniques eux-mêmes en constante amélioration – autant d'éléments qui confortent chez les individus la représentation d'une histoire comprise à la fois comme un progrès et comme un processus dont les hommes ont essentiellement la maîtrise. On a donc à la fois, d'un côté, une société fondamentalement statique, immobile, qu'une contrainte interne irrépressible pousse à reproduire constamment à l'identique le cadre permanent et intangible de la valeur comme un cadre qui s'impose aux individus, sur lequel ils n'ont aucune prise consciente et volontaire et qui échappe à leur contrôle, et, aussi bien, d'un autre côté, une société en perpétuelle mutation, dont chaque bouleversement est vu comme un progrès par rapport à la phase antérieure, et comme un progrès dont le moteur apparaît aux individus comme n'étant autre que leur propre activité sociale, et donc pas autre chose qu'eux-mêmes en tant qu'ils font leur propre histoire.

Parvenu à ce point, je pense que ce serait une erreur que de céder à la tentation de penser que l'une de ces deux dimensions serait bonne ou positive, tandis que l'autre serait négative ou néfaste : ce serait renouveler l'erreur du marxisme traditionnel pour qui la dimension du progrès constant et cumulatif, déjà présente dans le capitalisme, était celle sur laquelle il convenait de prendre appui et qu'il fallait prolonger pour conduire le capitalisme au delà de lui-même, notamment en faisant sauter les verrous et les entraves que le capitalisme met de lui-même au plein développement de cette tendance au progrès qui l'habite pourtant déjà. La tendance au progrès historique cumulatif et indéfini sur le plan de la production, des techniques et de la science n'est pas cette « bonne » tendance immanente au capitalisme que, se mettant ainsi en contradiction avec lui-même, le capitalisme contrarierait néanmoins constamment en reconduisant et reproduisant en permanence le cadre temporel abstrait, figé, immuable, éternellement présent et non maîtrisable de la valeur.

Aucune des ces deux formes de la temporalité historique sous le capitalisme n'est à sauver selon Marx, on ne peut pas jouer l'une contre l'autre, on ne peut pas – contrairement à ce que pensait Lukàcs par exemple – s'appuyer sur l'une (la temporalité du progrès) pour s'opposer à l'autre (l'éternel présent de la valeur) : ce sont pour Marx deux formes impropres, inauthentiques ou aliénées de la temporalité historique. Et ce qui l'atteste aux yeux de Marx, c'est que ces deux formes sont intrinsèquement liées l'une à l'autre : on ne peut pas poser l'une sans que l'autre se présente aussitôt. Ainsi, nous disions à l'instant avec Marx que c'est dans la société capitaliste que se forme une conscience historique et que se constitue une vision historique du monde : mais ce qui est tout aussi caractéristique de la société capitaliste, c'est sa tendance à s'excepter elle-même de la conscience historique qu'elle forge de toutes les sociétés autres qu'elle-même. C'est là quelque chose que Marx a formulé assez tôt, sans attendre les *Grundrisse* ou *Le Capital*, en l'occurrence dès *Misère de la philosophie*. Il attribue ainsi, dans ce texte, aux économistes classiques une vision des choses qu'il résume en ces termes : « il y a eu de l'histoire, mais il n'y en a plus »[1]. Ce qui veut dire que, selon les économistes classiques, il y a eu de l'histoire jusqu'à ce qu'on parvienne enfin aux rapports sociaux de types capitalistes qui sont les seuls « rapports dans lesquels se crée la richesse et se développent les forces productives conformément aux lois de la nature », de sorte que ces rapports sont comme ces lois : ils sont nécessaires, « indépendants de l'influence du temps » et donc éternels. Aussi la société bourgeoise peut-elle se concevoir comme étant le produit d'une longue histoire, mais d'une histoire qui s'arrête avec elle-même puisqu'avec elle sont atteints les rapports sociaux les plus conformes à la nature, ceux auxquels il n'y a plus rien à changer, ceux qui ne peuvent que se reproduire à l'identique dans un perpétuel présent. On a là une autre manifestation de ce mixte d'historicisme et d'immobilisme, de progrès historique irrépressible et d'imposition d'un éternel présent qui sont bien pour Marx

---

1. Marx, *Misère de la philosophie*, dans *Œuvres, Économie I*, Paris, Gallimard, 1963, p. 88.

les deux aspects inséparables l'un de l'autre comme tels caractéristiques de la façon dont la société capitaliste se temporalise. Cette temporalisation, on le voit, prend à la fois la forme d'un présent essentiellement coercitif, se manifestant comme une norme à laquelle il est impossible de se soustraire, et celle du flux temporel d'un progrès cumulatif, indéfini auquel il est impossible d'échapper. Ce sont clairement là, selon Marx, les deux façons dont le capitalisme produit la défiguration de l'historicité.

Parvenu à ce point, la question ne peut manquer de se poser de savoir s'il est possible de penser une forme autre de temporalisation sociale, et si Marx lui-même l'a fait, ou, à défaut, si on peut le faire à partir de lui. Une telle enquête nous conduirait certainement trop loin, mais peut-être est-il au moins envisageable ici de désigner le terrain à partir duquel il deviendrait possible de conquérir une autre forme de temporalisation historique et sociale. Aussi surprenant que cela puisse paraître à première vue, je crois qu'il peut être utile, afin de tenter de répondre à cette question, de recourir ici à certaines analyses de Heidegger. Ce qui justifie une telle mise en dialogue de Marx et de Heidegger, c'est d'abord le fait qu'ils portent sur ce qu'il advient de l'histoire à l'âge et dans le monde bourgeois très exactement le même diagnostic. Voici ce qu'écrit Heidegger sur ce point : « Il n'y eut jamais jusqu'à présent un âge où tout l'advenir historial s'étalât aussi ouvertement que dans le nôtre. Mais, d'un autre côté, aucun âge n'est aussi anhistorial que le nôtre, et dans aucun autre la paresse historiale n'est devenue aussi grande »[1]. Heidegger désigne par là les deux caractéristiques paradoxales du régime d'historicité propre à l'époque bourgeoise déjà mises au jour par Marx, à savoir d'une part l'étalage d'historicité sous la forme de la représentation dominante d'un progrès historique irrépressible et indéfini, et d'autre part, en même temps, la conviction que l'histoire est finie et le règne d'un présent anhistorique dans lequel rien ne peut plus être entrepris qui puisse encore faire histoire. Ces deux caractéristiques, à première vue paradoxales, sont en réalité indissociables l'une de l'autre : il faut précisément que l'histoire soit vue comme le lieu d'une accumulation sans fin et d'un progrès irrépressible ou automatique pour qu'on puisse en conclure

---

1. Heidegger, *La logique comme question ..., op. cit.*, p. 135.

qu'il n'y a plus rien à faire, qu'il n'y a plus rien qui puisse encore être historiquement entrepris, que tout est présent, déjà donné, achevé et accompli. «"En fin de compte, tout a déjà existé" – une proposition qui sert à entériner le manque de force d'une époque; elle [...] consolide un état que j'appellerais volontiers l'état de la paresse historiale»[1]. Sur la base de ce constat, les questions que pose Heidegger sont les mêmes que celles posées par Marx : y a-t-il une autre manière d'être historique, d'exister historiquement? Peut-on envisager un autre régime d'historicité, alternatif au mode d'historicité actuellement régnant sous sa double forme de la contrainte du progrès et du présent coercitif et permanent? Et, si oui, sur quelle base et comment y accéder?

Comme Marx, Heidegger lutte contre ce qu'il considère comme les formes d'une défiguration de l'historicité, et il désigne précisément le terrain, le sol à partir duquel il devient possible de mener cette lutte. Toujours dans le cours de 1934 intitulé *La logique comme question en quête de la pleine essence du langage*, Heidegger note ceci : «Parce qu'on a attribué une capacité de travail à la machine, l'homme en tant que travailleur a pu ensuite à l'inverse être rabaissé au niveau de la machine» – jusque là rien qu'on ne trouve à l'identique dans les *Manuscrits de 1844* de Marx et même déjà dans les écrits de Iéna de Hegel, mais la suite est bien plus originale : «conception, ajoute en effet Heidegger, qui est au plus intime d'elle-même inséparable d'une position par rapport à l'histoire et au temps qui les prend dans le sens de l'inessentiel qui défigure l'essence de l'être historial»[2]. Heidegger indique ici que la défiguration de l'essence de l'être historial doit être comprise comme la conséquence d'une première défiguration qui est d'abord la défiguration du travail. Une telle défiguration du travail se produit à partir du moment où on ne se contente pas de mettre les machines au travail ou de faire travailler des machines, mais où on se met à considérer que la proposition «les machines travaillent» peut avoir du sens : à partir de ce moment là, dès lors donc qu'on pense que les machines et les hommes ont en commun la capacité de travail, et que la force de travail des hommes peut être confondue

1. Heidegger, *La logique comme question ...*, *op. cit.*, p. 135.
2. *Ibid.*, p. 159.

avec une capacité machinique de travail, à partir de ce moment là, donc, c'est l'essence même du travail humain qui ne peut qu'être manquée, voire perdue : la meilleure preuve de cette perte, c'est justement qu'on ne sait plus qu'à proprement parler *seul l'homme travaille*, et que les autres étants, notamment les animaux (une mule ou un cheval) et les machines (un métier à tisser à vapeur), sont en réalité ontologiquement «*arbeitslos*», sans travail. Soit, mais comment Heidegger peut-il dire que cette occultation ou perte du sens du travail comme travail *humain* engendre comme conséquence une certaine position par rapport au temps et à l'histoire qui les prend tous deux dans un sens inessentiel et engendre une défiguration de l'essence même de l'historicité ? Où est et quel est le lien entre une défiguration de l'essence du travail humain et une défiguration de l'essence de l'historicité ?

Je crois que, pour le comprendre, il faut garder à l'esprit que les Allemands entendent ou, en tout cas, *peuvent* entendre dans le mot *Arbeit* quelque chose de très différent de ce que nous entendons immédiatement dans notre terme de «travail». C'est cette différence fondamentale qui est indiquée et rappelée par Ernst Jünger, précisément dans une lettre à Heidegger : «*Travail* remonte au latin *tripalium*, un instrument de torture ; *Arbeit* provient du gothique *arpeo*, qui signifiait héritage »[1]. Cela signifie que le terme de *Arbeit* contient en lui-même, en raison de sa provenance à partir d'un mot signifiant «héritage», la référence au temps et à l'histoire, référence qui est en revanche tout à fait absente de notre terme «travail». Or c'est justement cette signification là de la «*Arbeit*», avec sa référence au temps et à l'histoire, que Heidegger cherche à reconquérir contre la défiguration qu'elle a subie et qu'elle subit en prenant la forme d'un «travail» qui peut être attribué aussi bien aux hommes qu'aux machines. Pour lutter contre la défiguration de l'historicité mise en œuvre par notre époque, Heidegger cherche à prendre pied sur un sol, un terrain à partir desquels cette lutte peut être menée : ce sol, qui me paraît fondamentalement commun à Heidegger et à Marx, est celui du «travail» compris comme *Arbeit*, c'est-à-dire compris en un sens qui n'a définitivement plus rien à voir avec la défiguration que l'âge bourgeois a fait

---

1. E. Jünger-M. Heidegger, *Correspondance 1949-1975*, trad. fr. J. Hervier, Paris, Christian Bourgois, 2010, p. 114.

subir au travail en faisant de lui la substance de la valeur sous la forme du travail abstrait, quantifiable et machinique.

Sur ce sol, en effet, peuvent se conquérir une temporalité et une historicité radicalement hétérogènes à la temporalité inauthentique qui préside à la compréhension de l'histoire à la fois comme règne contraignant d'un éternel présent, et comme progrès automatique s'alimentant indéfiniment lui-même. Le temps du « travail » comme *Arbeit*, ou la temporalité ouverte par le travail comme *Arbeit* est en effet tout autre que cette pure forme perpétuellement au présent et constamment contraignante dans laquelle tombe un progrès indéfini et automatique. Le « travail » comme *Arbeit* n'est pas ce travail quantifiable par unités abstraites de temps, il n'est pas le travail identique dans tous les travaux singuliers et qualitativement distincts, il n'est donc pas ce que Marx appelle le « travail abstrait » sans lequel quelque chose comme la valeur ne pourrait exister, ce même travail abstrait qui est aussi à la source de la défiguration de la temporalité historique sous la double forme du présent immobile, du cadre perpétuellement reproduit à l'identique de la valeur, et du progrès continuel et indéfini par accroissement permanent du savoir et des moyens de produire. Le travail dont parle Heidegger semble ainsi devoir tomber du côté de ce qui chez Marx s'appelle « travail concret » et « travail vivant ». Pourtant, on semble être extrêmement loin de Marx quand on lit la définition du travail que Heidegger donne ici, dont voici les termes : « Réaliser notre vocation, la mettre en œuvre et l'amener à l'œuvre à chaque fois dans la sphère définie de ce qu'il y a à faire – cela s'appelle travailler »[1]. On semble être ici d'autant plus loin de Marx que Heidegger croit nécessaire d'ajouter ceci : « Le travail n'est pas une occupation quelconque dont nous nous acquittons par calcul, à cause d'une situation de besoin, pour passer le temps ou par ennui [...] ; le travail, c'est ici [...] l'empreinte et l'armature que donnent l'accomplissement de notre mission et la réalisation de ce que nous avons en charge, à chaque fois dans l'instant historial »[2].

Certainement Heidegger pense-t-il que Marx fait partie de ceux qui ont réduit le travail à une simple « occupation » à laquelle on se

---

1. Heidegger, *La logique comme question ...*, *op. cit.*, p. 153.
2. *Ibid.*, p. 153-154.

livre pour faire face à une situation de besoin, et que par là Marx doit
donc être compté au nombre de ceux qui ont raté l'essence du travail.
Je pense qu'il a tort sur ce point : avec Marx, en effet, on peut dire que
la seule manière de comprendre le travail comme réalisation d'une
vocation, comme mise en œuvre d'une vocation et comme le fait de
donner objectivement forme d'œuvre à cette vocation, c'est justement
de commencer par reprendre pied sur le sol du travail concret qui, sous
la forme d'une infinie variété de travaux qualitativement distincts,
produit non pas de la valeur, mais effectivement ce que Heidegger
appelle des «œuvres», et que Marx nomme pour sa part de la
«richesse réelle» qui satisfait des besoins humains [1].

Ceci dit, la question demeure de savoir en quoi le fait de prendre
pied sur le sol ferme du travail concret producteur d'œuvres
(Heidegger) ou de richesse réelle (Marx), et non de valeur, peut
permettre l'accès à une temporalité qui elle-même ouvre une forme
authentique et essentielle d'historicité. Pour le comprendre, il faut
partir de l'idée propre à Heidegger selon laquelle ce qu'il appelle «le
monde du travail» [2] appartient essentiellement à la dimension du
présent. Mais, attention, le présent en question n'est justement pas le
présent permanent du travail abstrait et de la reconduction perpétuelle
du cadre normatif de la valeur. Le présent du « monde du travail » est le
présent de l'entrée en présence de tout étant, le présent de la manifesteté de tout étant, et c'est au cœur de cette manifesteté de l'étant
que, par le travail, est transporté le *Dasein* humain : «c'est dans le
travail et par lui que l'étant nous devient d'abord manifeste dans ses
régions déterminées, et l'homme, en tant que travaillant, est transporté
dans la manifesteté de l'étant et de son ordonnance » [3]. Où l'on
comprend pourquoi, dans *Être et Temps*, l'accès à l'existential de
l'être-au-monde se fait à partir de la description phénoménologique
du rapport pratique que le *Dasein* quotidien entretient avec les choses

---

1. Sur la distinction fondamentale chez Marx entre la «valeur» (*Wert*) et la
«richesse» (*Reichtum*), voir M. Postone, *Temps, travail et domination sociale, op. cit.*,
notamment p. 343-347. Sur le même point et du même auteur, voir aussi «Théorie
critique et réflexivité historique», dans F. Fischbach (dir.), *Marx. Relire* Le Capital,
op. cit., p. 149-154.

2. Heidegger, *Être et Temps*, trad. fr. F. Vezin, Paris, Gallimard, 1986, § 69, p. 414.

3. Heidegger, *La logique comme question ..., op. cit.*, p. 182.

toujours d'abord considérées par lui comme des outils pour l'accomplissement d'une certaine tâche : c'est « dans l'à-dessein-de-quelquechose » (structure même de l'étant en tant qu'outil pour un travail) que « se découvre l'être-au-monde existant en tant que tel »[1], et c'est donc bien à partir du monde quotidien comme « monde du travail » qu'on accède à la dimension même du monde ou de l'être-au-monde, au sein de laquelle les étants viennent à l'encontre du *Dasein* et entrent pour lui dans la manifesteté[2]. Le présent du travail est donc tout sauf le présent de l'être subsistant faisant face à l'homme comme sujet, c'est le présent de l'entrée en présence, le présent du transport du sujet hors de lui-même dans le monde, « au-dehors et au-delà de soi ». Tel est donc ce qu'effectue le travail : le transport du sujet hors de soi au milieu du monde, « l'exposition au dehors [qui] nous transporte à l'ordonnance de l'être qui est libéré en aboutissant à l'œuvre »[3]. Ce qui signifie aussi bien que c'est par le travail que devient possible un accès à la temporalité authentique, elle-même condition de l'ouverture d'une historicité authentique : l'exposition au dehors et le transport hors de soi qui, comme dit Heidegger, font « exploser l'être-sujet », et qui sont effectués par le travail, sont aussi les plus sûrs indices de la puissance même du temps, à savoir sa puissance de « désincarcération de l'essence du *Dasein* humain »[4] par quoi le *Dasein* est d'abord porté au-delà de lui-même dans la manifesteté de ce qui entre en présence, avant d'être étendu aussi à l'être-été et à l'avenir.

Or c'est là précisément, me semble-t-il, que peut avoir lieu la rencontre de Heidegger et de Marx. « Que le *Dasein* soit transporté dans le présent du travail, écrit Heidegger, et qu'il s'étire dans l'avenir et dans l'être-été, c'est quelque chose qu'on ne peut pas entendre en restant dans l'optique de l'être là-devant de sujets individuels, qui sont dotés d'un intérieur, autour duquel il y a aussi quelque chose à l'extérieur »[5]. C'est donc que, pour Heidegger comme pour Marx, le travail

---

1. Heidegger, *Être et Temps*, *op. cit.*, § 31, p. 188.
2. Voir J. Vioulac, *L'époque de la technique. Marx, Heidegger et l'accomplissement de la métaphysique*, Paris, PUF, 2009, particulièrement le chapitre 1, « Technique et monde ».
3. Heidegger, *La logique comme question ...*, *op. cit.*, p. 184.
4. *Ibid.*, p. 185.
5. *Ibid.*, p. 184.

peut être le lieu d'un advenir de l'histoire, à condition de penser, avec Heidegger, que « l'advenir de l'histoire est en soi : exposé-au-dehors – transporté – s'étirant »[1]. Ce que Heidegger cherche à penser, c'est « l'éclatement que fait subir la temporellité à l'égoïté et à la subjectivité » : et un tel « éclatement » a d'abord lieu par le travail et dans le monde du travail en tant qu'ils rendent manifeste au *Dasein* « l'exposition-au-dehors de son être » précisément comme constitutive de cet être même. Ce qui est ainsi établi par Heidegger, c'est le lien entre le travail compris de manière essentielle, l'éclatement du sujet, la destruction du «*je* séparé et retranché », le déploiement de la puissance du temps, « l'éclatement » que cette puissance fait subir à la subjectivité, et l'ouverture d'une historicité radicalement distincte de celle qui règne actuellement, interprétée non plus à partir du présent de ces étants là-devant que sont les sujets et leurs objets, mais à partir de l'extension signifiée par l'être-été, l'avenir et le présent comme ouverture. Où il apparaît que tout cela n'est guère compréhensible indépendamment de ce que Marx avait déjà établi, à savoir : le lien entre le travail compris comme travail abstrait, comme dépense d'une puissance abstraite et quantifiable de travail, comme substance de la valeur, et la conception de l'homme comme d'un sujet « séparé et retranché », distinct d'un monde uniquement compris comme «objet » – d'où découlent, d'une part, la conception du temps aussi bien comme forme vide que comme mesure du mouvement (c'est-à-dire de la dépense de la force subjective de travail), et, d'autre part, la conception de l'histoire à la fois comme progrès cumulatif automatique et comme règne d'un éternel présent.

Franck Fischbach

---

1. Heidegger, *La logique comme question* ..., *op. cit.*, p. 188.

LE TOURNANT ÉPISTÉMOLOGIQUE
DE LA PHILOSOPHIE DE L'HISTOIRE
DE RANKE À HEIDEGGER

PRÉLUDES

Dans le courant du XIXᵉ siècle, la philosophie de l'histoire a connu en Allemagne une inflexion remarquable que je proposerai ici de nommer, à la suite de Herbert Schnädelbach, un « tournant gnoséologique » ou « épistémologique »[1]. Ce tournant est à l'origine de ce que l'on a aussi appelé, en référence à la méthode critique kantienne, la « philosophie critique de l'histoire »[2]. Il consiste en ceci que l'interrogation philosophique se détourne de l'histoire elle-même pour se diriger sur les sciences historiques. Par sciences historiques, on entend une vaste constellation de disciplines qui, contrairement aux « sciences de la nature » (*Naturwissenschaften*), prennent pour

1. H. Schnädelbach, *Philosophie in Deutschland 1831-1933* [*La Philosophie en Allemagne entre 1831 et 1933*], Frankfurt/Main, Suhrkamp, 1983, p. 69 (*erkenntnistheoretische Wendung*).

2. Voir H. Rickert, *Die Probleme der Geschichtsphilosophie*, Heidelberg, Carl Winter, 1924, trad. fr. B. Hébert, *Les Problèmes de la philosophie de l'histoire : une introduction*, Toulouse, Presses Universitaires du Mirail, 1998. Rickert distingue trois phases dans le développement de la philosophie de l'histoire : une phase dogmatique, une phase sceptique et une phase critique. À ma connaissance, l'exposé en langue française le plus complet sur la philosophie critique de l'histoire reste celui fourni par R. Aron, *Essai sur la théorie de l'histoire dans l'Allemagne contemporaine. La philosophie critique de l'histoire*, Paris, Vrin, 1938, 1950², rééd. inchangée *La Philosophie critique de l'histoire. Essai sur une théorie allemande de l'histoire*, Paris, Vrin, 1964³ (Paris, Seuil, 1970⁴). Voir aussi C. Devulder, *L'Histoire en Allemagne au XIXᵉ siècle : vers une épistémologie de l'histoire*, Paris, Klincksieck, 1993.

thème la réalité historique et sociale au sens le plus large. Concrètement, ce que l'on attend alors avant tout d'une philosophie de
l'histoire, ce n'est pas qu'elle parle de la réalité historique, mais c'est
qu'elle parle des sciences qui parlent de la réalité historique. En un
mot, on attend de la philosophie de l'histoire qu'elle fournisse une
théorie de la connaissance historique, qu'elle soit une science de
second degré ou une méta-science, une science de la science.

Ce tournant épistémologique constitue un épisode tout à fait
spécifique – et relativement bien délimité – dans le développement de
la philosophie de l'histoire. *Grosso modo*, il est borné, en amont, par
l'ouvrage de Wilhelm Dilthey, *Introduction aux sciences de l'esprit*
(1883), qui est habituellement considéré comme l'acte de naissance de
la philosophie critique de l'histoire, et en aval, par *Être et temps* de
Martin Heidegger (1927), qui prétend – à tort ou à raison – secon-
dariser radicalement l'approche épistémologique. La philosophie
critique de l'histoire s'étend donc essentiellement (mais bien sûr pas
exclusivement) sur la période comprise entre 1883 et 1927, même
si, on va le voir, il est nécessaire de remonter à l'approche anti-
spéculative de Ranke pour en saisir pleinement les enjeux.

Durant cette période, la philosophie de l'histoire prend donc
prioritairement la forme d'une théorie de la connaissance historique.
À ce titre, elle doit répondre aux deux questions suivantes :
1) qu'est-ce qui permet de réunir les sciences historiques en un groupe
relativement homogène et de les opposer aux sciences de la nature ? En
un mot : quelle est la *spécificité* des sciences historiques ? 2) De quel
droit peuvent-elles prétendre au statut de sciences ? Autrement dit : sur
quoi repose la *validité* de leurs énoncés ?

Ces deux questions sont à l'origine d'imposantes controverses.
Dans un volume collectif publié en 1907 et destiné à dresser un état des
lieux de la philosophie de l'époque, Rudolf Eucken (1846-1926)
résume bien l'allure générale de ces controverses. Le trait le plus
caractéristique de la philosophie de l'histoire actuelle, écrit-il, est la
« querelle à propos de la méthode » (*Kampf um die Methode*) – querelle
au sein de laquelle il est possible de dégager « deux orientations

principales»[1]. La première consiste à analyser la recherche historique, autant que possible, sur le modèle des sciences de la nature, en subordonnant la réalité historique à des lois comparables, par exemple, à celles de la physique. Il en résulte une approche *naturaliste*, au sens où ses partisans entendent réduire la méthode des sciences historiques à celle des sciences de la nature et défendent, en clair, un *monisme méthodologique* (soit l'idée qu'il y a une seule méthode scientifique véritable, à savoir celle des sciences de la nature, qui consiste à traiter toute réalité singulière comme un cas particulier tombant sous des lois générales). Les partisans de la seconde orientation, en revanche, soutiennent l'irréductibilité de la recherche historique à la méthode des sciences de la nature. Refusant l'idée de lois de l'histoire, ils mettent ainsi l'accent, ajoute Eucken, sur l'«individualité [*Individualität*] de tous les phénomènes historiques» et sur l'«unicité [*Einmaligkeit*] de l'histoire en tant que tout»[2].

Cette querelle a généré, au tournant du siècle, une littérature surabondante. S'il ne fallait mentionner que quelques noms, on pourrait dire que l'approche naturaliste est défendue, avec certaines variantes, par Auguste Comte et John Stuart Mill. En Allemagne, elle est habituellement associée au nom de l'historien Karl Lamprecht (1856-1915), dont la tentative visant à fonder l'«histoire de la culture» sur une théorie psychologique des types a fait l'objet de vives controverses[3]. Quant au camp anti-naturaliste, qui m'intéressera plus directement ici et auquel se sont ralliés – à de rares exceptions près[4] –

1. R. Eucken, «Philosophie der Geschichte» [«Philosophie de l'histoire»], dans P. Hinneberg, *Die Kultur der Gegenwart* [*La Culture de l'époque actuelle*], Teil I, Abteilung VI, *Systematische Philosophie*, Berlin-Leipzig, Teubner, 1907, p. 262.

2. *Ibid.*, p. 262-263. Eucken, quant à lui, cherche à dépasser l'antagonisme au moyen d'une certaine philosophie de la vie. Je laisserai de côté sa propre contribution, somme toute assez marginale, à ce débat.

3. Voir notamment la critique formulée par E. Cassirer, *Das Erkenntnisproblem in der Philosophie und Wissenschaft der neueren Zeit*, Bd. IV, Darmstadt, Wissenschaftliche Buchgesellschaft, 1971, p. 285-297, rééd. dans *Gesammelte Werke* (dorénavant cité *GW*), Bd. V, Hamburg, Meiner, 2000, p. 326-340; trad. fr. J. Carro et J. Gaubert, *Le Problème de la connaissance dans la philosophie et la science des temps modernes*, t. IV (dans *Œuvres* XVIII), Paris, Le Cerf, 1995, p. 357-372.

4. *Cf.* par exemple O. Ehrlich, *Wie ist Geschichte als Wissenschaft möglich?* [*Comment l'histoire est-elle possible en tant que science?*], Berlin, Basch & Co., 1913, qui se livre à un examen critique systématique des conceptions dualistes pour conclure

la plupart des philosophes de langue allemande au début du xxᵉ siècle, ses représentants les plus en vue sont probablement Wilhelm Dilthey, Wilhelm Windelband, Heinrich Rickert et Edmund Husserl.

Cela étant dit, même si l'on s'en tient à une énumération aussi sommaire, il apparaît rapidement que le camp anti-naturaliste est profondément divisé quant à la stratégie à adopter pour contrer le monisme méthodologique. Cette dissension se manifeste déjà, extérieurement, à travers le choix de baptiser les sciences historiques des « sciences de l'esprit » (*Geisteswissenschaften*), comme le font Dilthey et Husserl, ou des « sciences de la culture » (*Kulturwissenschaften*), selon l'expression de Windelband et Rickert. Comme je vais tâcher de le montrer, les deux expressions dénotent en quelque sorte deux stratégies anti-naturalistes concurrentes qui ont en commun d'admettre, pour ainsi dire, un « résidu » qui échappe à toute naturalisation. Seule diffère l'essence de ce résidu, selon qu'il est conçu dans une perspective psychologique (l'esprit) ou dans une perspective axiologique (les valeurs constitutives de la culture). Mais avant d'en arriver là, il est peut-être bon de rappeler la présupposition commune à presque tous les acteurs de cette querelle, à savoir le rejet sans appel d'une conception spéculative de l'histoire à la Hegel.

L'APPROCHE ANTI-SPÉCULATIVE
DE RANKE ET DE DROYSEN

Pour bien saisir le contexte dans lequel s'inscrit le tournant épistémologique de la philosophie de l'histoire, il convient de repartir de l'approche anti-spéculative qui s'est développée dans le sillage de ce que l'on appelle l'École historique. Cette approche consiste à rompre avec la philosophie de l'histoire et à remplacer les constructions *a priori* par une authentique *recherche* scientifique, basée sur la

---

que « la seule méthode possible pour la science de l'histoire est la méthode de toutes les sciences quelles qu'elles soient, la méthode qui s'appuie sur la découverte de lois causales (*die kausal-gesetzliche*) » (p. 94).

critique et l'interprétation des sources, c'est-à-dire sur l'utilisation de matériaux empiriques (*a posteriori*[1]).

L'un des plus fervents défenseurs de l'approche anti-spéculative est Franz Leopold von Ranke (1795-1886). Pour toutes les générations suivantes, Ranke est celui qui incarne par excellence l'ambition de saisir les faits tels que se sont déroulés. Selon sa formule célèbre, l'historien doit « seulement montrer comment cela a réellement été » (*nur zeigen, wie es eigentlich gewesen ist*[2]). Sans doute, pour atteindre ce but, le regard de l'historien ne doit pas seulement embrasser les individus qui font l'histoire, mais aussi les « idées directrices » (*leitenden Ideen*) qui la traversent, c'est-à-dire les « tendances dominantes dans chaque siècle »[3]. Dans cette mesure, la conception rankéenne reste empreinte d'un certain idéalisme et demeure dans la sphère d'influence de Hegel. Toutefois, ce qui est très caractéristique, c'est que les tendances dominantes évoquées par Ranke ne peuvent pas être saisies dans un concept, mais peuvent être, selon lui, « seulement décrites » (*nur beschrieben*[4]). Censée rester ainsi à bonne distance de toute conceptualisation et de toute métaphysique, la méthode historique prônée par Ranke ne cherche qu'à décrire les faits du passé tels qu'ils ont eu lieu *en réalité*. Ranke apparaît ainsi comme le représentant exemplaire de ce que l'on peut nommer, avec Georg Simmel, le *réalisme historique*. L'historien, dans cette optique, a pour mission de procéder aussi objectivement que possible, en laissant de côté sa subjectivité pour se fondre entièrement dans son objet d'étude.

---

1. La vision hégélienne de l'histoire comme mouvement de l'« esprit objectif » n'est bien sûr pas la seule à devoir être considérée comme une *construction philosophique* de l'histoire. À titre d'exemples, on pourrait aussi mentionner, du côté de philosophes pourtant foncièrement positivistes ou empiristes, la célèbre théorie des trois états forgée par Auguste Comte ou même, plus tardivement, la théorie des quatre phases de la philosophie défendue par F. Brentano.

2. L. v. Ranke, *Zur Geschichte der germanischen und romanischen Völker von 1494 bis 1535* (1824), rééd. dans *Sämtliche Werke*, Bd. 53/54, Leipzig, Duncker & Humblot, 1874, p. VII. Le succès de l'ouvrage a valu à Ranke d'obtenir une chaire d'histoire à l'Université de Berlin en 1833.

3. L. v. Ranke, *Über die Epochen der neueren Geschichte* (1854), édition historico-critique, Th. Schieder et H. Berding (eds.), München-Wien, Oldenbourg, 1971, p. 66.

4. *Ibid.*

Son ambition est de « s'effacer » pour « seulement laisser parler les choses » (*nur die Dingen reden ... zu lassen*[1]).

La théorie historiographique qui se dégage de ces formules a fait l'objet de sérieuses réserves. Même si, comme le remarque Ernst Cassirer, il faut éviter d'accorder trop de poids aux déclarations plutôt éparses de Ranke, l'idéal d'un effacement de la subjectivité de l'historien au profit d'un accès direct à l'objet est, du point de vue de la théorie de la connaissance, « extrêmement problématique » (*höchst fragwürdig*[2]). De fait, si l'on songe à l'accueil qui a été fait au réalisme historique[3], la conception rankéenne semble pécher par une naïveté épistémologique désarmante. C'est précisément une telle naïveté épistémologique que Johann Gustav Droysen (1808-1884), qui fut le collègue de Ranke à Berlin et l'un de ses plus farouches opposants, a entrepris de dissiper.

La position développée par Droysen dans son cours d'« Encyclopédie et méthodologie de l'histoire » (1857-1882), ainsi que dans la version abrégée de ce cours, intitulée *Précis de théorie de l'histoire*[4], présente certes certains points communs avec celle de Ranke. D'une part, Droysen entend lui aussi prendre ses distances envers toutes les constructions philosophiques de l'histoire. « Il doit être tout à fait clair », écrit-il, que la « voie spéculative » est « absolument interdite » à l'historien[5]. Celui-ci doit procéder empiriquement, en s'appuyant sur ce qui est donné dans l'expérience, en l'occurrence sur les traces du passé qui subsistent encore actuellement et auxquelles

1. L. v. Ranke, *Englische Geschichte vornehmlich im siebzehnten Jahrhundert*, 7 vol., Leipzig, Duncker & Humblot, 1859-1869, rééd. dans *Sämtliche Werke*, Bd. 15, Leipzig, Duncker & Humblot, 1884, p. 103.

2. E. Cassirer, *Das Erkenntnisproblem...*, *op. cit.*, Bd. IV, p. 238-239 (*GW* V, p. 270), trad. cit., p. 294.

3. Voir notamment la critique virulente que lui adresse Simmel, *Die Probleme der Geschichtsphilosophie. Eine erkenntnistheoretische Studie*, München-Leipzig, Duncker & Humblot, 1892, 1905[2], 1907[3], 1922[4], 1923[5]; trad. fr. R. Boudon, *Les Problèmes de la philosophie de l'histoire. Une étude d'épistémologie*, Paris, PUF, 1984.

4. J.G. Droysen, *Historik. Rekonstruktion der ersten vollständigen Fassung der Vorlesungen (1857). Grundriß der Historik in der ersten handschriftlichen (1857-1858) und in der letzten gedruckten Fassung (1882)*, Stuttgart-Bad Cannstatt, Frommann-Holzboog, 1977. Le *Grundriß* a été traduit en français (avec une brève présentation) par A. Escudier : J.G. Droysen, *Précis de théorie de l'histoire*, Paris, Le Cerf, 2002.

5. J.G. Droysen, *Précis de théorie de l'histoire*, *op. cit.*, Préface, p. 35.

nous avons accès dans la perception. D'autre part, Droysen ne renonce pas non plus pour autant à une vision idéaliste ou téléologique (voire théologique) de l'histoire universelle. Toutefois, ces points communs mis à part, on peut dire qu'il développe une conception de la recherche historique qui s'oppose frontalement à celle de Ranke. Selon lui, derrière la pseudo-neutralité de l'historiographie rankéenne se dissimulerait en réalité un processus légitime d'élaboration ou de mise en forme des données empiriques. Ce processus d'élaboration est inévitable dans la mesure où il fait partie de l'essence même de la méthode historique, qui est de « comprendre en cherchant » (*forschend zu verstehen*[1]). Cette définition, qui a fait couler beaucoup d'encre, s'appuie sur l'idée que l'objet même de la recherche historique n'est pas une série de faits qu'il suffirait de décrire. C'est plutôt un ensemble d'« actes volitifs » (*Willensakte*) passés qu'il s'agit de comprendre à partir de vestiges observables qui en sont la « traduction » ou la manifestation extérieure (§ 28). Dans cette optique, Droysen soutient que les faits historiques sont « muets » et ne nous « disent » rien sans l'historien qui fait véritablement office de narrateur (§ 91).

On voit ainsi se mettre en place, à travers l'opposition Ranke-Droysen, une tension très nette entre le rejet d'une construction spéculative de l'histoire au profit d'un réalisme historique (« laisser parler les faits ») et la nécessité d'interpréter les données empiriques présentes (« les faits sont muets ») pour tenter de comprendre le passé. La question, en somme, se résume à ceci : comment défendre l'approche anti-spéculative sans verser en même temps dans un réalisme historique difficilement tenable ? Étant admis que l'historien doit a) partir des données empiriques dont il dispose dans le présent et b) les soumettre à une élaboration ou à une mise en forme spécifique,

---

1. J.G. Droysen, *Précis de théorie de l'histoire*, *op. cit.*, § 8, p. 44. Selon Gadamer, la formule « comprendre en cherchant » signifie que la compréhension est une « tâche infinie », *cf.* H.-G. Gadamer, *Wahrheit und Methode*, dans *Gesammelte Werke*, Hermeneutik I, Tübingen, J.C.B. Mohr, 1990, p. 219-220; trad. fr. P. Fruchon, J. Grondin et G. Merlio, *Vérité et méthode. Les grandes lignes d'une herméneutique philosophique*, Paris, Seuil, 1996, p. 235. Droysen oppose la méthode de compréhension des sciences historiques à la méthode explicative de la physique et à la méthode spéculative de la logique (cf. *Précis*, § 14). Pour une discussion récente consacrée au développement de l'opposition entre compréhension et explication, voir les articles rassemblés dans U. Feest (ed.), *Historical Perspectives on Erklären and Verstehen*, Dordrecht, Springer, 2010.

le problème pourrait encore être formulé comme suit : l'élaboration des matériaux empiriques par les sciences historiques est-elle comparable à celle qui a lieu dans les sciences de la nature ? Et sinon, en quoi consiste-t-elle au juste ? Ce sont précisément ces questions qui sont à l'origine du projet fondationnel de Dilthey.

L'APPROCHE ANTI-NATURALISTE DE DILTHEY

Ancien élève de Ranke, en qui il voyait une « manifestation de la faculté historique elle-même »[1], Dilthey adhère lui aussi à l'approche anti-spéculative : il cherche également à donner aux sciences historiques « un fondement et une articulation indépendants de la métaphysique, susceptibles d'être trouvés dans l'expérience »[2]. Du reste, ce projet fondationnel a pris chez lui une forme tout à fait particulière qui tient essentiellement 1) à sa volonté de remédier à ce qu'il considère comme une lacune de l'École historique, à savoir l'absence d'une véritable théorie de la connaissance qui s'appuie sur les « faits de la conscience »[3], et 2) à son opposition massive et radicale au point de vue naturaliste, dont Auguste Comte (1798-1857) et John Stuart Mill (1806-1873) sont à ses yeux d'éminents représentants.

À la question de savoir si l'élaboration des données empiriques par les sciences historiques est comparable à celle qui a lieu dans les sciences de la nature, Comte et Mill répondent effectivement par l'affirmative. Il soutiennent tous deux que les sciences empiriques ont une seule et même méthode : celle des sciences de la nature, qui consiste à s'élever par induction des phénomènes particuliers à des

---

1. W. Dilthey, « Rede zum 70. Geburtstag » (1903), dans *Gesammelte Schriften* (dorénavant cité *GS*), Bd. V, *Die geistige Welt*, G. Misch (ed.), Göttingen, Vandenhoeck & Ruprecht, 2008[9], p. 9 ; trad. fr. S. Mesure, « Discours du soixante-dixième anniversaire », dans W. Dilthey, *Critique de la raison historique. Introduction aux sciences de l'esprit* (dorénavant cité *CRH*), dans *Œuvres* I, Paris, Le Cerf, 1992, p. 35.

2. W. Dilthey, « Antrittsrede in der Akademie der Wissenschaften » (1887), *GS* V, p. 11 ; trad. fr. S. Mesure, « Discours inaugural à l'Académie des sciences », *CRH*, p. 20.

3. W. Dilthey, *Einleitung in die Geisteswissenschaften. Versuch einer Grundlegung für das Studium der Gesellschaft und der Geschichte* (1883), *GS* I, p. XVI ; trad. fr. S. Mesure, « Introduction aux sciences de l'esprit. Pour fonder l'étude de la société et de l'histoire », *CRH*, p. 146-147.

lois générales pour ensuite pouvoir prédire déductivement, à partir des lois obtenues, le comportement de phénomènes ultérieurs. Dans ses *Cours de philosophie positive* (1830-1842), Comte défend ainsi l'idée que le développement historique de l'humanité, tout comme d'ailleurs la vie psychique individuelle, se trouvent intégralement soumis aux lois découvertes dans les sciences naturelles. L'une des conséquences les plus remarquables de cette vision naturaliste est l'idée que « les mouvements de la société, et ceux mêmes de l'esprit humain, peuvent être réellement prévus, à un certain degré, pour chaque époque déterminée »[1].

En dépit de certaines divergences, Mill défend un point de vue assez similaire. Comme Comte, il considère que les recherches histo-riques sont loin d'avoir atteint le degré de scientificité des sciences de la nature, et comme lui, il pense que la voie est toute tracée pour remé-dier à cette situation : « C'est en généralisant les méthodes suivies avec succès dans le premier ordre de recherches [*i.e.* dans les sciences de la nature] et en les adaptant au second [les sciences morales ou sciences historiques] que l'on peut espérer faire disparaître cette tache à l'honneur de la science »[2]. Tous les efforts de Mill, dans le sixième livre de son *Système de logique*, visent à rendre acceptable l'idée qu'il est possible de déduire ou de prédire le comportement d'un individu à condition que l'on dispose d'informations suffisamment complètes et précises sur l'ensemble des causes – « générales » (circonstances externes, milieu social, etc.) et « particulières » (caractère, disposi-tion d'esprit, etc.) – qui le déterminent à agir de telle ou telle manière. Peu importe que cela soit réalisable ou non dans les faits. Ce que Mill soutient, c'est qu'il s'agit là d'une *possibilité de principe* : par principe, l'esprit et les actions humaines ne se soustraient pas à l'empire de la causalité. Bref, d'après cette thèse de la « causation universelle », tout est explicable en termes de relations causales, y compris le cours de l'histoire : « Il est possible, en effet, même après

1. A. Comte, *Physique sociale. Cours de philosophie positive. Leçons 46 à 60*, J.-P. Enthoven (éd.), Paris, Hermann, 1975, 48ᵉ Leçon, p. 151.

2. J.S. Mill, *System of Logic, Ratiocinative and Inductive* (1843), Books IV-VI, dans *Collected Works*, vol. 8, Toronto, University of Toronto Press, 1974, p. 834 *sq.* ; trad. fr. L. Peisse, *Système de logique déductive et inductive*, Paris, Ladrange, 1866, p. 416 (traduction légèrement modifiée).

que l'histoire a suggéré la loi dérivative, de démontrer *a priori* que tel était le seul ordre de succession ou de coexistence dans lequel les effets pouvaient avoir été produits, conformément aux lois de la nature humaine »[1].

Cette approche naturaliste a joué un rôle considérable dans la genèse de la position diltheyenne. « Toute notre présentation », écrit Dilthey dans un texte fameux de 1875, « sera une explication avec ce point de vue »[2]. Selon lui, en effet, la réponse naturaliste au problème de l'élaboration des données historiques est irrecevable. La conception de Comte, en particulier, s'appuie sur deux affirmations suspectes : 1) l'affirmation d'après laquelle nos états mentaux ne sont que des effets de nos états physiologiques et sont réductibles à eux ; 2) l'affirmation d'après laquelle l'introspection est impossible et ne nous ménage aucun accès à nos phénomènes mentaux. Or, ces deux affirmations – que j'appellerai ici l'affirmation réductionniste et l'affirmation anti-introspectionniste – ne sont rien d'autre, écrit Dilthey, que des *hypothèses* gratuites qu'aucun argument ne vient étayer et qui semblent même, tout simplement, « indémontrables »[3]. Contre le réductionnisme, Dilthey fait valoir la thèse de l'irréductibilité du psychique au physique. Il se réclame explicitement, sur ce point, de deux penseurs qui ont compté parmi les plus influents de la seconde moitié du XIXe siècle : Rudolf Hermann Lotze (1817-1881) et Emil Du Bois-Reymond (1818-1896).

Dans le premier volume de son ouvrage très populaire, *Microcosmos* (1856), Lotze reconnaît certes que la vie psychique est conditionnée par le système nerveux. Mais cela ne prouve nullement, ajoute-t-il, que les modifications du système nerveux dues aux stimulations physiques externes soient la « cause unique et suffisante » de la vie de l'âme. Le psychique est plutôt séparé du physique par un

---

1. J.S. Mill, *System of Logic*, *op. cit.*, p. 916 (je traduis). La thèse de Mill, encore une fois, est très exactement la suivante : « La série collective des phénomènes sociaux – en d'autres termes, le cours de l'histoire – est soumise à des lois générales que la philosophie peut découvrir » (p. 931 ; trad. cit. modifiée, p. 533).

2. W. Dilthey, « Über das Studium der Geschichte der Wissenschaften vom Menschen, der Gesellschaft und dem Staat » (1875), *GS* V, p. 57 ; trad. fr. S. Mesure, « Sur l'étude de l'histoire des sciences humaines, sociales et politiques », *CRH*, p. 70.

3. *Ibid.*, *GS* V, p. 55 ; trad. cit., *CRH*, p. 68.

«fossé» (*Kluft*) en raison du fait que les phénomènes physiques, comme le mouvement, la densité, etc., et les états psychiques, comme les sensations, les sentiments, les aspirations, etc., sont rigoureusement «incomparables» (*unvergleichbar*). Rien ne permet de passer des uns aux autres. La conséquence est patente : les sciences qui traitent, d'une façon ou d'une autre, de la dimension spirituelle de l'homme, réclament un fondement spécifique, distinct des celui des sciences de la nature [1].

La même idée est encore défendue avec force par Emil Du Bois-Reymond, l'un des pionniers de la neurophysiologie, dans sa célèbre conférence de Leipzig, «Sur les limites de la connaissance de la nature» (1872[2]). L'une des thèses centrales de Du Bois-Reymond est que la pensée au sens de Descartes – en ce compris les sensations primitives et ce que l'on nomme aujourd'hui les *qualia* (par exemple, l'effet que cela me fait de voir du rouge) – échappe au pouvoir explicatif des sciences de la nature et en constitue ainsi une *limite* infranchissable. L'argument invoqué, à nouveau, est la totale hétérogénéité du psychique et du physique. Aucune combinaison d'éléments physiques ne saurait, par une mystérieuse alchimie, se transformer en état psychique. Du physique ne découle rien d'autre que du physique : «L'effet mécanique est absolument égal à la cause mécanique qui s'épuise à le produire»[3]. De là résulte l'impossibilité de réduire les états mentaux à des états physiques. Or cette impossibilité, insiste Du Bois-Reymond, ne tient pas à l'état actuel des sciences empiriques. Même dans l'hypothèse où nous disposerions de ce qu'il appelle une «connaissance astronomique» de l'homme, c'est-à-dire une connaissance absolument complète qui nous permettrait de calculer l'état passé et futur de la mécanique humaine avec autant de certitude que

---

1. R.H. Lotze, *Mikrokosmos. Ideen zur Naturgeschichte und Geschichte der Menschheit. Versuch einer Anthropologie* [*Microcosmos. Idées sur l'histoire de la nature et l'histoire de l'humanité. Essai d'anthropologie*], Leipzig, Hirzel, 1856, p. 161, rééd. R. Schmidt (ed.), Leipzig, Meiner, 1923[6], p. 165.

2. E. Du Bois-Raymond, *Über die Grenzen des Naturerkennens*, Leipzig, Veit & Comp., 1872[1-2], 1873[3], 1876[4], 1882[5], 1884[6], 1886[7], 1891[8] (plus de multiples rééditions posthumes); trad. fr. (anonyme), «Les Bornes de la philosophie naturelle», *La Revue scientifique de la France et de l'étranger*, Revue des cours scientifiques, 2e série, t. XIV, 1874, p. 337-345.

3. *Ibid.*, p. 42, trad. cit., p. 343 (traduction modifiée).

l'astronomie le fait pour les corps célestes, les phénomènes spirituels resteraient malgré tout « en dehors de la loi de causalité », et « cela suffit pour les rendre incompréhensibles »[1]. À la question de savoir comment la conscience apparaît à partir des processus physiologiques ou physico-chimiques, Du Bois-Reymond répond par sa célèbre formule : *ignoramus* (nous l'ignorons) et *ignorabimus* (nous l'ignorerons à jamais[2]). Bref, exprimée dans les termes de la philosophie de l'esprit contemporaine, la thèse de Lotze et de Du Bois-Reymond est tout simplement que *l'esprit ne se laisse pas naturaliser*.

Quelques réserves mises à part, Dilthey – qui a succédé à Lotze sur la chaire de philosophie de Berlin – se rallie expressément à cette position, dans laquelle il voit un argument puissant pour contrer le réductionnisme de Comte. C'est précisément parce qu'il n'admet pas l'irréductibilité du psychique au physique que Comte « mutile » la réalité et échoue à saisir la spécificité des sciences historiques[3]. Or, bien que Mill ne partage pas totalement l'hypothèse réductionniste de Comte, la confiance qu'il place dans la psychologie explicative (qui étudie les causes des états mentaux d'un point de vue nomologique) l'amène lui aussi à concevoir la méthode historique sur le modèle de la méthode des sciences de la nature. En ce sens, l'argument selon lequel la connaissance de la nature est enfermée dans certaines limites, qui l'empêchent notamment de rendre compte de l'esprit, semble égale-

1. E. Du Bois-Raymond, *Über die Grenzen des Naturerkennens*, *op. cit.*, p. 42, trad. cit., p. 343.

2. *Ibid.*, p. 51, trad. cit., p. 345. Cette position a donné lieu à une vaste controverse connue dans la littérature sous le nom d'*Ignorabimus-Streit* (« Querelle de l'*ignorabimus* »). Pour une présentation récente de cette querelle, voir K. Bayertz, M. Gerhard et W. Jaeschke (eds.), *Weltanschauung, Philosophie und Naturwissenschaft im 19. Jahrhundert*, Bd. 3, *Der Ignorabiumus-Streit*, Hamburg, Meiner, 2007.

3. W. Dilthey, *Einleitung in die Geisteswissenschaften. Versuch einer Grundlegung für das Studium der Gesellschaft und der Geschichte* (1883), *GS* I, p. XVII, trad. fr. S. Mesure, « Introduction aux sciences de l'esprit. Pour fonder l'étude de la société et de l'histoire », *CRH*, p. 147. *Cf.* aussi, par exemple, « Vorwort » (1911), *GS* V, p. 3, trad. fr. S. Mesure, « Avant-propos », *CRH*, p. 37 : Comte « tenta de concevoir l'esprit comme un produit de la nature – et il le mutila ». Remarquons que l'adhésion à la thèse de l'irréductibilité ne signifie pas automatiquement la reconnaissance d'un dualisme psycho-physique à la Descartes : l'esprit, pour Dilthey, ne constitue nullement une partie autonome de la réalité humaine ; la nature sert partout de support, le spirituel pur est une abstraction. *Cf.* par exemple *Einleitung...*, *GS* I, p. 14, trad. cit., *CRH*, p. 168.

ment devoir s'appliquer à Mill. Dans l'*Introduction* de 1883, Dilthey se sert ainsi de l'argument des limites pour justifier la nécessité d'une fondation spécifique des sciences historiques ou, comme il dit alors, des « sciences de l'esprit »[1]. C'est précisément la reconnaissance de cette nécessité qui l'a amené à formuler le projet d'une fondation anti-naturaliste des sciences de l'esprit qu'il baptise, en référence à Kant, « critique de la raison historique » :

> La connaissance de l'effectivité socio-historique s'accomplit dans les sciences particulières de l'esprit. Mais celles-ci requièrent une conscience du rapport qu'entretiennent leurs vérités à l'égard de l'effectivité, dont elles sont des fragments [*Teilinhalte*], de même qu'à l'égard des autres vérités qui, comme elles, sont abstraites de cette effectivité, et seule une telle conscience peut procurer à leurs concepts une complète clarté et à leurs propositions une entière évidence. De ces prémisses découle la tâche de concevoir une *fondation épistémo-logique des sciences de l'esprit* [*erkenntnistheoretische Grundlegung der Geisteswissenschaften*] [...]. La solution de cette tâche pourrait être désignée comme une critique de la raison historique [*Kritik der histo-rischen Vernunft*], en d'autres termes : comme une critique du pouvoir [*des Vermögens*] que possède l'homme de se connaître lui-même, ainsi que la société et l'histoire qu'il a créées[2].

Le deuxième volume de l'*Introduction aux sciences de l'esprit*, qui devait contenir la mise en œuvre positive de ce programme, n'ayant jamais été publié, nous en sommes réduits à reconstruire la théorie de Dilthey à partir des matériaux épars disponibles dans ses *Œuvres complètes*. Néanmoins, si on laisse de côté les difficultés inhérentes à cette reconstruction, il est clair que la fondation des sciences historiques envisagée par Dilthey en 1883 devait s'appuyer sur les ressources d'une certaine psychologie introspectionniste. Alors que certains, comme Comte, ne reconnaissaient tout simple-ment à la psychologie aucune valeur fondatrice, ou que d'autres, comme Lamprecht, plaçaient plutôt leurs espoirs dans la psychologie

---

1. W. Dilthey, *Einleitung...*, *GS* I, p. 10 *sq.*, trad. cit., *CRH*, p. 161 *sq.* Comme on sait, l'expression « sciences de l'esprit » (*Geisteswissenschaften*) provient de la traduction allemande, par J. Schiel, du *Système de logique* de Mill, où elle sert à rendre l'expression *moral sciences*.

2. *Ibid.*, *GS* I, p. 116, trad. cit., *CRH*, p. 278 (traduction modifiée).

expérimentale naissante illustrée en Allemagne par les travaux de Fechner et de Wundt, Dilthey considère pour sa part que le seule base solide de l'historiographie est l'étude des « faits de la conscience », auxquels nous accédons dans l'« expérience interne » lorsque nous les « vivons » en première personne[1]. L'idée de Dilthey est simple : la méthode historique repose essentiellement sur l'aptitude fondamentale de l'historien à revivre le passé et, par ce biais, à donner un sens aux matériaux empiriques dont il dispose. Fonder les sciences de l'esprit, cela signifiera donc examiner les conditions de possibilité de cette aptitude à revivre et à comprendre les faits historiques.

L'APPROCHE ANTI-PSYCHOLOGISTE
DE WINDELBAND ET DE RICKERT

Comme le suggère Gadamer[2], Dilthey a sans doute moins contribué à résorber qu'à porter à son comble la tension qui se faisait jour, chez Ranke et Droysen, entre le réalisme historique (« laisser parler les faits ») et la nécessaire élaboration des matériaux empiriques (« les faits sont muets »). Si l'on admet en effet que le travail de l'historien consiste à revivre intérieurement le passé pour lui donner sens, qu'est-ce qui garantit la validité de ses énoncés ? Comment concilier l'ancrage psychologique-subjectif des sciences historiques et l'exigence scientifique de validité objective et universelle ? Ce problème est à l'origine d'une nouvelle approche qui a connu un vif succès au tournant du siècle et que j'appellerai ici l'approche anti-psychologiste, logique ou axiologique. Les bases de cette approche ont été jetées par Wilhelm Windelband (1848-1915) et Heinrich Rickert (1863-1936), que l'on considère habituellement comme les deux *leaders* de l'école néo-kantienne de Bade ou de Heidelberg.

Alors que la stratégie de Dilthey pour contre le naturalisme consistait principalement à faire valoir la thèse de l'irréductibilité du psychique, les néo-kantiens, quant à eux, considèrent que cette thèse

---

1. *Cf.* par exemple W. Dilthey, *Einleitung...*, GS I, p. XVII, trad. cit., *CRH*, p. 148 : « C'est exclusivement dans l'expérience interne, dans les faits de conscience, que j'ai trouvé le sol ferme où ancrer ma réflexion ».

2. H.-G. Gadamer, *Wahrheit und Methode, op. cit.*, p. 222, trad. cit., p. 238.

ne permet pas encore de saisir et de garantir la spécificité des sciences historiques. Il va presque de soi aujourd'hui, écrit Rickert au début de son étude monumentale sur *Les Limites de la formation des concepts dans les sciences de la nature* (1902), qu'il est impossible de réduire le psychique au physique en raison de leur « totale incomparabilité » (*totale Unvergleichbarkeit*); mais si le réductionnisme a été rendu caduc par la reconnaissance d'une « réalité non corporelle », il s'en faut de loin que cela suffise à contrer le dogme naturaliste, c'est-à-dire la position qui consiste à ratifier la « domination exclusive » des sciences naturelles et à considérer la recherche de lois comme le seul but scientifique valable[1]. La seule manière de briser ce dogme consiste à reconnaître que la capture de ce qui est parfaitement singulier représente également un but scientifique valable. Cette nouvelle stratégie anti-naturaliste a été mise en œuvre, pour la première fois, dans le célèbre « Discours de Rectorat » prononcé par Wilhelm Windelband à Strasbourg en 1894. Revenant sur le problème d'une « classification » des sciences empiriques, Windelband élève une importante objection contre la division entre sciences de la nature et sciences de l'esprit :

> Pour la division [*Einteilung*] de ces disciplines tournées vers la connaissance du réel, la séparation entre sciences de la nature et sciences de l'esprit est courante actuellement ; je ne considère pas que sous cette forme elle soit heureuse. Nature et esprit, voilà une opposition objective qui s'est imposée vers la fin de la pensée antique et à l'aube de la pensée médiévale, et qui a été conservée, dans toute sa raideur, dans la métaphysique moderne, de Descartes à Spinoza jusqu'à Schelling et Hegel. Si j'interprète correctement la disposition d'esprit de la philosophie la plus moderne et les effets de la critique en théorie de la connaissance, une telle séparation, qui perdure dans la manière générale de penser et de s'exprimer, ne saurait plus, maintenant, être considérée

---

1. H. Rickert, *Die Grenzen der naturwissenschaftlichen Begriffsbildung* (doré-navant cité *GnB*), Tübingen, J.C.B. Mohr, 1902 = 1929[5], p. 4 (l'expression « incompara-bilité totale » est manifestement une allusion à Lotze, cf. *supra*, p. 165). La philosophie de l'histoire de Rickert ayant fait l'objet d'un numéro récent des *Études philosophiques* (n° 92, 2010/1), je me limiterai ici à quelques indications générales. Pour une analyse détaillée de la controverse entre Dilthey et les néo-kantiens, cf. S. Mesure, *Dilthey et la fondation des sciences historiques*, Paris, PUF, 1990, p. 141-167 ; J.-G. Gens, *La Pensée herméneutique de Dilthey : entre néokantisme et phénoménologie*, Villeneuve d'Ascq, Presses Universitaires du Septentrion, 2002, p. 36 *sq.*

comme sûre et allant de soi au point de servir, telle quelle, de base à une classification. À cela s'ajoute que cette opposition des objets [*Gegensatz der Objekte*] ne recouvre pas celle des modes de connaissance. [...] La non-coïncidence [*Inkongruenz*] du principe de division objectif [*sachlich*] et du principe de division formel [*formal*] apparaît dans le fait qu'entre la science de la nature et la science de l'esprit, on ne peut ranger une discipline empirique de l'importance de la psychologie : son objet fait d'elle une science de l'esprit seulement, et dans un certain sens la base de toutes les autres sciences de l'esprit ; mais toute sa façon de procéder, son attitude méthodique, est, du début à la fin, celle des sciences de la nature [1].

Deux arguments sont ici invoqués contre la distinction entre sciences de la nature et sciences de l'esprit. Premièrement, la distinction nature-esprit est, aux yeux de Windelband, une distinction métaphysique obsolète. Deuxièmement, elle ne coïncide pas automatiquement avec une distinction des méthodes [2]. La grande nouveauté introduite par Windelband est justement la distinction entre deux principes de division : un principe de division « matériel » ou « objectif » (*sachlich*), dont résulte la distinction entre sciences de la nature et sciences de l'esprit, et un principe de division « formel » (*formal*), qui débouche sur une autre division, à savoir la division entre « sciences nomothétiques » et « sciences idiographiques ». Par sciences nomothétiques, Windelband entend l'ensemble des sciences (psychologie explicative incluse) qui ont pour but de découvrir des lois (*nomoi*). Les sciences idiographiques, en revanches, sont celles dont le but est de capturer le singulier (*idion*) en tant que tel, dans son unicité histo-

---

1. W. Windelband, « Geschichte und Naturwissenschaft » (1894), dans *Präludien. Aufsätze und Reden zur Philosophie und ihrer Geschichte*, Bd. II, Tübingen, J.C.B. Mohr, 1924[9], p. 142-143 ; trad. fr. (modifiée) S. Mancini, « Histoire et science de la nature », dans *Les Études philosophiques* 2000/1, p. 4-5 (où *Inkongruenz* est traduit à tort par « caractère incongru », ce qui rend le passage proprement incompréhensible).

2. Je ne discuterai pas ici ces deux arguments. Il y aurait beaucoup à dire, en particulier, sur le recours qui est fait au cas de la psychologie. Voir notamment la critique de C. Stumpf, « Zur Einteilung der Wissenschaften », dans *Abhandlungen der Königlich-Preußischen Akademie der Wissenschaften*, Berlin, Verlag der Königliche Akademie der Wissenschaften, 1906, p. 20 *sq.* ; trad. fr. D. Fisette, « De la Classification des sciences », dans C. Stumpf, *Renaissance de la philosophie. Quatre articles*, Paris, Vrin, 2006, p. 185 *sq.*

rique[1]. Cette distinction fournit un principe de division « formel », basé exclusivement sur la *méthode* scientifique, c'est-à-dire sur la mise en forme des matériaux empiriques, indépendamment de la spécificité de ces matériaux sur le plan ontologique. Concrètement, l'idée est que le *même* objet peut être étudié selon différentes méthodes, comme le montre l'exemple de la linguistique, qui peut étudier une langue donnée en la ramenant à un ensemble de lois syntaxiques ou en la traitant comme un objet culturel unique dans le cours de l'histoire[2].

Rickert a développé cette approche de façon spectaculaire. D'abord, il a proposé de rebaptiser la distinction établie par Windelband entre sciences nomothétiques et idiographiques. Parce qu'il ne s'agit pas de deux groupes de sciences nettement délimités, mais plutôt de deux directions méthodiques opposées (généralisation/ individualisation), il est préférable, estime Rickert, de parler de « sciences généralisantes » et de « sciences individualisantes ». L'un des disciples de Rickert, Bruno Bauch (1877-1942), a bien résumé l'idée générale de cette conception en disant que les sciences de la nature partent du particulier et tendent vers le général alors que la méthode historique consiste à partir du particulier pour viser le parti-culier[3]. Ensuite, Rickert a aussi donné une nouvelle formulation du problème relatif à l'unité et à la validité des énoncés historiques : étant admis que 1) toute science empirique implique la mise en forme conceptuelle des matériaux donnés dans l'expérience et que 2) les sciences historiques cherchent à capturer les évènements de l'histoire dans leur singularité, l'enjeu est de montrer à quelles conditions il est possible de former des *concepts singuliers*, c'est-à-dire des concepts dont l'extension contient un et un seul objet (dans cette perspective, le nom propre « Napoléon » devrait précisément être traité comme un concept singulier, tout comme « Révolution française »).

Bien sûr, comme l'avait déjà remarqué Windelband, tout évènement particulier ou tout individu unique ne peut pas être qualifié d'évènement historique ou de personnage historique pour le seul motif qu'il est inséré dans la chaîne continue des évènements du monde.

---

1. W. Windelband, « Geschichte und Naturwissenschaft », art. cit., p. 145.

2. *Ibid.*, p. 146, trad. cit., p. 7.

3. *Cf.* B. Bauch, *Wahrheit, Wert und Wirklichkeit* [*Vérité, valeur et effectivité*], Leipzig, Meiner, 1923, p. 395-396.

L'historien doit plutôt effectuer un choix à travers la masse des informations dont il dispose, afin d'isoler les informations pertinentes. La solution proposée par Windelband et Rickert consiste à défendre l'idée que les objets historiques au sens le plus strict sont ceux qui incarnent des « valeurs » (*Werte*). Ainsi, si Napoléon ou Kant peuvent être qualifiés de personnages historiques, et ne sont pas seulement des exemplaires de l'espèce humaine, c'est précisément en tant qu'ils peuvent être considérés comme incarnant certaines valeurs politiques ou philosophiques. L'ensemble des valeurs formant le soubassement de ce que l'on appelle la « culture », les sciences historiques pourront donc également être dénommées « sciences de la culture » (*Kulturwissenschaften*). Contrairement à l'expression « sciences individualisantes », qui caractérise la méthode consistant à former des concepts singuliers, l'expression « sciences de la culture » capture le matériau propre aux sciences historiques, qui est toujours un matériau « culturel », doté de valeur.

L'une des répercussions les plus remarquables de cette approche est certainement la « dé-psychologisation » des concepts d'esprit et de compréhension. Dans la préface à la seconde édition des *Limites* (1913), Rickert estime que le projet d'une fondation psychologique des sciences historiques s'est essoufflé et que Dilthey lui-même s'est rapproché de sa position : ce que les partisans de l'opposition nature-esprit ont en vue avec le terme « esprit » (*Geist*), écrit-il, n'a plus grand chose en commun avec la psychologie[1]. Par certains côtés, la position adoptée par Dilthey en 1910 suggère en effet clairement un divorce entre psychologie et histoire. Ce qui intéresse l'historien, écrit Dilthey, c'est de saisir l'« esprit » qui anime une époque et a donné forme aux réalités historiques. Celles-ci sont autant d'extériorisations qui permettent de saisir cette « dimension interne » qui seule intéresse l'historien. Or, c'est une erreur de considérer que la psychologie nous donne accès à cette dimension interne. Pour comprendre un système juridique (par exemple, l'« esprit » du droit romain) ou pour comprendre l'œuvre d'un homme de lettres (l'« esprit » de Goethe), ce qui est décisif n'est pas la « compréhension psychologique » des juges ou de l'écrivain, mais la dimension « spirituelle » qui s'exprime

---

1. H. Rickert, *GnB*, 1929[5], p. XII.

à travers les conditions matérielles du système juridique et la composition du récit poétique [1].

QUELQUES OBJECTIONS ADRESSÉES
À LA THÉORIE DE RICKERT

Si l'approche logico-axiologique de Rickert a exercé une influence considérable, elle a également fait l'objet de très nombreuses critiques. Rickert s'est efforcé de répondre à la plupart de ces critiques dans les éditions ultérieures de ses textes. Je retiendrai ici deux objections qui me semblent particulièrement représentatives des débats soulevés par la théorie néo-kantienne des sciences de la culture.

Première objection : le principe de division formel ne peut pas remplacer purement et simplement le principe de division matériel car il ne permet pas de produire une véritable classification des sciences. La plupart des sciences, en effet, ne sont ni purement généralisantes ni purement individualisantes, et même les plus chauds partisans de la philosophie des valeurs (comme Emil Lask ou Richard Kroner) ont insisté sur la nécessité de conserver une distinction matérielle pour mener à bien la tâche d'une classification des sciences. Rickert s'est toutefois vivement défendu d'avoir voulu *remplacer* le dualisme nature-esprit par l'opposition généralisation-individualisation : les deux distinctions, écrit-il, doivent plutôt être employées simultanément [2]. Il a du reste clairement pris ses distances à l'égard du

1. W. Dilthey, *Der Aufbau der geschichtlichen Welt in den Geisteswissenschaften* (1910), *GS* VII, p. 85 ; trad. fr. S. Mesure, *L'Édification du monde historique dans les sciences de l'esprit*, dans *Œuvres* III, Paris, Le Cerf, 1988, p. 36. On voit réapparaître là, semble-t-il, une conception de l'histoire comme incarnation de l'« esprit objectif » au sens de Hegel. Si, comme le disait Droysen, les faits historiques sont la « traduction » d'actes volitifs passés, Dilthey soutient de son côté que la tâche de l'historien est de « retraduire » (*zurückübersetzen*) la réalité humaine et historique « dans la vie spirituelle dont elle procède ». Cf. *ibid.*, *GS* VII, p. 119-120, trad. cit., p. 73.

2. Sur l'idée que l'opposition généralisation-individualisation ne peut pas prendre la place de l'opposition nature-esprit, voir par exemple H. Rickert, *GnB*, 1929⁵, p. 27. *Cf.* aussi H. Rickert, *Kulturwissenschaft und Naturwissenschaft* (dorénavant cité *KuN*), Tübingen, J.C.B. Mohr, 1926⁶⁻⁷, p. 15 ; trad. fr. A.-H. Nicolas, *Science de la culture et science de la nature*, Paris, Gallimard, 1997, p. 38. Sur l'idée que les deux principes de

projet comtien d'une classification « naturelle » des recherches particulières. L'ambition d'une analyse logique des sciences, écrit Rickert, n'est nullement de classifier l'ensemble des sciences particulières qui peuvent être effectivement recensées à une époque donnée. Au contraire, ce projet classificatoire n'est rien d'autre, à ses yeux, qu'« une entreprise vraiment problématique d'une importance philosophique minime », qui relève d'une « systématique extra-philosophique et arbitraire sur le plan logique »[1].

Deuxième objection : si l'élaboration des matériaux empiriques par l'historien consiste essentiellement en une évaluation, alors on voit mal ce qui garantit la validité objective des énoncés historiques. Une évaluation, en effet, est un processus subjectif, qui dépend des agents évaluants. Cette objection, à nouveau, a été explicitement écartée par Rickert. Celui-ci distingue la « relation à une valeur » (*Wertbeziehung*), qui est en principe constatable objectivement, d'une simple « évaluation » (*Wertung*) subjective[2]. Il faut dès lors insister sur le fait que « l'histoire *n'*est *pas* une science *évaluante* [*wertende*], mais bien une science qui *rapporte* [*les faits*] *à des valeurs* [*wertbeziehende*] »[3].

Enfin, je dirai un mot, pour finir, de la critique formulée par Heidegger. À mon sens, cette critique est d'une tout autre nature que celles évoquées ci-dessus, dans la mesure où elle consiste à contester – pour le meilleur ou pour le pire – la légitimité même du tournant épistémologique. L'attitude de Heidegger à l'égard de Dilthey est, à cet égard, profondément ambivalente. D'un côté, il soutient que Dilthey n'a pas atteint un niveau d'interrogation suffisamment radical et que son projet fondationnel demeure dans l'horizon d'une théorie

division doivent coexister, *cf.* notamment *GnB*, 1929[5], p. 29, où Rickert évoque l'idée d'une « quadripartition » (*Vierteilung*) résultant d'un « croisement » (*Kreuzung*) des distinctions formelles et matérielles. Voir aussi *KuN*, 1926[6-7], p. 10 (trad. cit., p. 33), où Rickert souligne que les principes de division formel et matériel coexistent mais ne coïncident pas.

1. *Cf.* H. Rickert, *GnB*, 1929[5], p. XV et 611-612.

2. B. Bauch a tenté de dissiper définitivement les malentendus en distinguant : 1) la relation à une valeur (*die Wertbeziehung*), 2) le fait d'avoir une valeur (*das Wert-Haben*), 3) le fait de rapporter quelque chose à une valeur (*das Wert-Beziehen*) et 4) le fait d'évaluer quelque chose (*Werten*). *Cf.* B. Bauch, *Wahrheit, Wert und Wirklichkeit, op. cit.*, p. 403.

3. H. Rickert, *GnB*, 1929[5], p. 322.

de la connaissance réclamant une fondation ontologique. D'un autre côté, la cible véritable de Heidegger, comme on sait, est la position de Windelband et, surtout, de son ancien maître, Rickert. Ce sont eux, écrit Heidegger en 1925, qui ont «repris, affadi et trivialisé les avancées de l'école de Marbourg et de Dilthey»; il se sont engagés sur la voie épistémologique jusqu'à avoir développé une «méthodologie vide» qui ne s'occupe plus que d'étudier le mode d'*exposition* scientifique[1]. Heidegger entreprend ainsi de mettre un terme à l'approche épistémologique ouverte par Dilthey, mais c'est pour renouer avec ce qu'il y a, à ses yeux, de fécond chez Dilthey : la théorie herméneutique (non axiologique) de la compréhension. «L'élément décisif dans la problématique de Dilthey», considère Heidegger, «n'est pas la théorie des sciences historiques, mais le désir de voir l'effectivité de l'histoire et de rendre lisible, à partir de là, la modalité et la possibilité de l'interprétation»[2]. La même idée est encore exprimée au début d'*Être et temps* (1927), où l'approche conceptuelle de Rickert est implicitement rejetée: «Ce qui est premier philosophiquement, ce n'est pas une théorie de la formation des concepts de l'histoire [*Historie*] ni une théorie de la connaissance historique […], mais l'interprétation [*Interpretation*] de l'étant proprement historique quant à son historicité»[3]. C'est dans le sillage d'une telle conception que se situent, par exemple, Hans-Georg Gadamer en Allemagne et Raymond Aron en France. Chacun à leur manière, ces auteurs ont tenté de mettre un terme à la philosophie critique de l'histoire en imprimant à l'interrogation philosophique ce que l'on pourrait appeler, par analogie, un tournant herméneutique et anthropologique.

Arnaud DEWALQUE

---

1. M. Heidegger, *Prolegomena zur Geschichte des Zeitbegriffs* (1925), dans *Gesamtausgabe*, Bd. 20, Frankfurt/Main, Klostermann, 1979, p. 20; trad. fr. A. Boutot, *Prolégomènes à l'histoire du concept de temps*, Paris, Gallimard, 2006, p. 39.

2. *Ibid.*, p. 19, trad. cit., p. 39.

3. M. Heidegger, *Sein und Zeit*, Tübingen, Niemeyer, 1993[17], § 3, p. 10 (je traduis).

LE MESSIANISME JUIF
ET LES PENSÉES DE L'HISTOIRE

Le messianisme constitue certainement le foyer incandescent de l'espérance religieuse portée par le judaïsme. Il consiste à tenter d'articuler, autour de la centralité de Jérusalem, les promesses prophétiques contenues dans la Torah à l'existence historique concrète et conjoncturelle des différentes communautés juives, des judaïsmes à travers l'espace et le temps. On peut donc comprendre pourquoi son analyse, chez Scholem notamment[1], passe d'une part par l'attention portée aux incessantes tensions entre attente, utopie et apocatastase et d'autre part par l'étude de la prolifération empirique des faux messies et des fausses venues. Ce double trait de l'espérance et de la déception emportée par ses pseudo-réalisations explique qu'on a pu considérer, dans l'histoire contemporaine des idées, que le messianisme juif se tenait à la source d'une *Heilsgeschichte* profane, c'est-à-dire d'une histoire orientée selon la promesse d'un salut et d'une rédemption inscrits dans les aventures des siècles[2]. Dans cette perspective, le messianisme juif détermine originairement les processus de sécularisation, de transposition et d'immanentisation de l'*eschaton* juif, puis chrétien, dans les philosophies de l'histoire, avec leur concept de progrès et leur horizon indépassable, la réalisation de l'homme dans son humanité réconciliée avec elle-même. Dans ces représentations, le messianisme juif désigne donc un schème structural majeur.

---

1. G. Scholem, *Le messianisme juif. Essais sur la spiritualité du judaïsme*, Paris, Calmann-Lévy, 1974. Pour une critique, plutôt faible, de la position de fond de Scholem, *cf.* J. Taubes, *Le temps presse*, Paris, Seuil, 2009, p. 71-80.

2. K. Löwith, *Histoire et salut*, Paris, Gallimard, 2002.

Il faut commencer par en comprendre la signification heuristique, l'efficacité qu'il semble assurer aux argumentations qui le convoquent et leur profonde ambivalence. Globalement, le messianisme signifie une téléologie, c'est-à-dire une structure historique orientée par une universalité abstraite selon un sens déjà prédisposé au mouvement qu'il traverse. L'avenir s'y présente comme l'autoréalisation de ce sens dans l'unification ultime et précipitée des fins. Cette téléologie messianique est à coup sûr objective, voire mécanique, et il convient de la distinguer de la téléologie subjective hégélienne puisque celle-ci pense l'effectuation de cette même structure sensée comme recherche de la liberté par l'Esprit. Mais il ne serait pas inconsidéré de remarquer en passant que les deux téléologies, objective et subjective, coïncident sur quelques points qu'on peut relever dans les *Leçons sur la philosophie de l'histoire*, comme le développement organique, la théodicée ou la providence. Mais ceci va de soi pour qui ne méconnaît pas l'importance primordiale de la philosophie hégélienne de l'histoire dans l'invention de la sécularisation. La téléologie objective du messianisme sécularisé s'est incorporée, à un certain moment, dans des formes idéologiques et politiques historiquement datées et déterminées. Le progressisme, les Lumières, l'humanisme révolutionnaire ou encore les « grands récits » d'émancipation collective ont pu ainsi incarner les figures éminentes du messianisme sécularisé. Pourtant, d'autres significations, plus récentes, tendent à se substituer ou à se superposer à cette massive et ancienne version sécularisée. Messianisme semble s'apparenter à présent, tout au moins dans ses usages les plus vulgarisés, à ce qu'on appelait, au XVIIIe siècle, fanatisme ou intolérance. Seraient explicables par un « messianisme », en vrac et dans un inventaire non-exhaustif : les kamikazes qui se font sauter dans les attentats-suicides, l'appel à la fraternité un peu appuyé de telle responsable politique, la politique des néo-conservateurs américains, les contestations les plus radicales de l'ordre, le communisme et les divers totalitarismes portés par les utopismes des lendemains qui auraient dû chanter. Ces phénomènes très hétérogènes signaleraient tous la présence d'un « messianisme », c'est-à-dire, ici, d'une mentalité inaccessible aux éclairements de la raison ou, de façon un peu plus élaborée, d'une idéologie qui consisterait à faire advenir par une violence exacerbée un royaume des fins, une finalité bonne déterminée depuis l'investissement historique et politique d'une religion, d'une foi, d'une croyance (le communisme lui-même en ressortissant), une politique du Bien, laquelle ne serait que le masque d'un désastre toujours déjà annoncé. Le paradoxe de ces usages et contenus idéologiques contradictoires permet de comprendre deux points très intriqués. Le messianisme s'investit dans des formes qui procèdent d'un transfert des attentes propres à l'espérance religieuse singulière vers le champ politique, avec ses modes d'exercices, ses pratiques, ses contraintes. Mais à ce titre, justement, il désigne le lieu d'un rapport plutôt obscur entre religion, histoire et politique qu'il convient à chaque fois de dénouer selon la circonstance particulière et la conjoncture spécifique. Il faudrait en tout état de cause commencer par distinguer entre le messianisme téléologique et une autre convocation du messianisme juif comme index temporel. L'enjeu de cette distinction réside dans *la question de l'histoire*, de ses représentations contrastées et de sa pensée, au sens où Nietzsche oppose, dans la *Seconde Intempestive*, l'histoire comme « puissance aveugle du réel » qui « déracine le futur » [1] à l'histoire comme « salut dans le processus » [2].

À l'origine se tiendrait donc le messianisme juif, matrice de la quête de ce « salut dans le processus », de cette croyance à l'histoire qui va commander la sécularisation. Cette hypothèse générale détient une incontestable part de vérité. Elle doit être cependant problématisée en raison de la complexe ambivalence du messianisme que nous avons relevée.

Il faut commencer par rappeler qu'il existe d'autres messianismes que le juif : le sébastianisme portugais, les messianismes africains, l'attente du retour du Mahdi chiite. Dans la variété et la multiplicité des phénomènes qu'ils enveloppent, ces messianismes désignent une structure invariablement scandée par trois temps rigoureusement enchaînés : présence pleine/absence soudaine/retour inéluctable. Le messianisme juif paraît, lui, étranger à cette cyclicité structurale et, plus profondément, à la représentation d'un *retour*. Il est plus attentif

---

1. Nietzsche, *Considérations inactuelles I et II*, trad. fr. P. Rusch, Paris, Gallimard, 1990, p. 149 et 136.
2. *Ibid.*, p. 101.

au contraire à l'idée d'une *venue* brusque et inopinée, sans provenance assignée.

Pour aller très vite, on dégagera trois traits singuliers du messianisme juif qui mettent à mal l'hypothèse de sa sécularisation transitive et linéaire : l'inattendu, l'instantanéité, l'urgence de l'agir.

1) Un rapport à l'immémorial (*unvordenklich*) : la venue du Messie est une effectivité immédiatement arrivante, un soudain réel – lequel ne peut être précédé par aucune potentialité. Elle est en quelque sorte l'évènement des évènements, un réel sans nulle possibilité qui le préviendrait. Le Messie viendra, lit-on dans le Talmud, de façon aussi inattendue qu'un objet perdu qu'on retrouve inopinément ou qu'un scorpion qu'on découvre dans sa chaussure (*Sanhédrin*, 97a).

2) D'où un certain type de rapport à l'instant : le Messie peut venir à tout instant, il peut passer par la petite porte de chaque seconde. Même le respect de la Loi se tient dans cette instantanéité originaire. Respecter la Loi, en vérité, c'est entretenir avec elle un rapport à son instantanéité vivante. À chaque instant, il faut faire comme si la Torah venait d'être donnée. Chaque instant, donc, survient comme s'il pouvait contenir le tout du temps à l'état d'enveloppement.

3) Ce comme-si est déterminant pour l'action humaine – laquelle sera envisagée d'un point de vue éthico-pratique et temporel plutôt qu'historique ou politico-historique. Car ce qui se passe et survient, ce qui s'engendre et se perpétue au fil des générations, *l'histoire*, donc, au sens où l'entend la tradition juive (*toledot*), ne peut jamais épuiser ses possibilités. Elle ne peut à elle seule correspondre à ses actualisations et s'y réduire, elle ne saurait être parfaitement adéquate à son concept. Il y a dans l'histoire quelque chose d'agissant, une sorte de principe actif invisible, mais qui est *plus que* l'histoire.

En un sens élargi mais intensifié, le messianisme juif se dispose dans une attention aiguë accordée à ce « plus que l'histoire » qui transit imperceptiblement l'histoire elle-même. On peut une nouvelle fois se rapporter à la *Seconde Intempestive*. Nietzsche y explique que l'histoire sert toujours une « puissance non-historique », soit pour lui « la vie » – mais l'art ou la religion font aussi bien partie de ces « forces » supra-historiques[1]. La position de Nietzsche doit retenir l'attention.

1. Nietzsche, *Considérations inactuelles I et II*, *op. cit.*, p. 103 ; *cf.* également p. 166.

Elle constitue en effet un puissant antidote au messianisme téléologique et se tient en même temps dans une certaine proximité avec le messianique comme « sensibilité historique » si l'on peut dire ainsi. Nietzsche ne nie pas l'histoire ou l'historicité, leur efficace et leur poids, au contraire elles détiennent à ses yeux une force contre-métaphysique non négligeable. Mais il s'efforce de les penser au-delà d'elles-mêmes, comme « service » qui les subordonne à autre chose qu'elles-mêmes (« la vie »), de manière radicalement anti-historiciste. Le messianique entrerait ainsi en une sorte d'affinité « sélective » (car il n'y va pas pour lui de « la vie », bien sûr) avec Nietzsche. Selon les trois traits qu'on a relevés (l'inattendu, l'instantanéité, l'urgence), il désarticule par lui-même la linéarité, la progressivité et l'homogénéité du temps. Plus précisément : il interdit toute possibilité de mettre en relation deux « instants » comme deux « points du temps », deux présents indifférents. Les représentations formalisées du temps font de celui-ci une synthèse qui oblige à considérer que ce qui arrive au présent, dans un « point du temps » donné, aurait pu également arriver dans un autre présent de même qualité de présence, en un « point du temps » antérieur et semblable. Telle est d'ailleurs la signification, profondément marquée par Kant dans un petit passage de *La fin de toutes choses*, de la différence d'essence entre *Zeitpunkt* et *Augenblick*, entre « point du temps » comme unité de mesure commune à la ligne formée par l'ensemble des points et « instant » comme « commencement de l'éternité » et origine de l'avenir [1].

La sensibilité fine et diffuse au « plus que l'histoire » *dans* l'histoire attestée par le messianisme juif emporte ce qu'on pourrait appeler une double impatience du temps : impossible de différer l'*agir* immédiatement requis sous considération de la nécessité historique, de ses lois ou de l'objectivité de son mouvement ; impossible de subordonner la *réponse* instantanée à une théorie générale des structures de l'historicité. L'ensemble de ces caractères a été plus ou moins effacé dans les pensées de la sécularisation du messianisme juif comme matrice des philosophies de l'histoire et ressource ontologique des « grands récits » d'émancipation humaine. On a cru pouvoir discerner,

---

1. Kant, *La fin de toutes choses*, Paris, GF-Flammarion, 1993, p. 108 (Ak VIII, 334-335).

par exemple, entre le messianisme juif, ses catégories et ses espérances, et les grands mouvements révolutionnaires du XXᵉ siècle, une relation saisie sur le mode de la transposition de la croyance religieuse en politique active. Ceci a pu donner lieu, à un certain moment, à des représentations et à des modélisations hâtives et superficielles mais extrêmement significatives. Le communisme, a-t-on pu expliquer, n'aurait fait que séculariser le messianisme juif, par toute une série de substitutions et de déplacements (Israël/prolétariat, élection/avant-garde, prophétisme/plébéisme, etc.). Ces hypothèses vident pourtant le messianisme juif aussi bien d'ailleurs que la révolution communiste de leurs consistances propres, elles en expulsent les singularités et risquent fort de méconnaître leur foncière hétérogénéité. Car ce qui frappe au contraire lorsqu'on entre vraiment dans les textes de la tradition juive, paraît très éloigné du « salut par le processus ». Le messianisme, dans son génie propre, détient intimement une fibre *apocalyptique*[1]. Il signifie par conséquent l'impossibilité de toute objectivité et légalité des processus historiques. On peut même soutenir qu'il révèle à sa façon, et depuis les reconfigurations qu'il autorise, la faiblesse des progressismes historiques et politiques et des dispositifs conceptuels qui les sous-tendent.

Que peut-on lire et retrouver du messianisme, distingué de ses variantes sécularisées, dans ses grandes réélaborations du XXᵉ siècle, chez Rosenzweig, Bloch, Benjamin, Levinas, Derrida ? En dépit des fortes différences qui caractérisent et parfois opposent ces pensées, leur nervure messianique se découvre dans la détermination d'une structure précise de la temporalité humaine. Dans le messianisme juif lui-même d'ailleurs, « messianisme sans messie » (Scholem) autorisant peut-être une « messianicité sans messianisme » (Derrida), le Messie désigne *plus un temps*, au sens le plus fort, *qu'un homme*. La philosophie religieuse d'Hermann Cohen et le « socialisme éthique » promu par son auteur permettraient également d'illustrer ce point non négligeable. À partir de Kant et du lien entre prophétisme et messianisme, Cohen montre que les prophètes annoncent une ère à venir, une

---

1. « Que le Messie vienne mais que je ne le voie pas ! » peut-on lire dans le traité *Sanhédrin*. L'image du scorpion suggère également une sourde menace associée à la venue.

communauté raisonnable où tous et chacun seront traités comme des fins en soi ; pour lui, le Messie ainsi annoncé, contre passé et présent, n'est pas un roi ou une personne particulière, mais bel et bien un ordre temporel, l'humanité elle-même en tant qu'advenir ; c'est donc l'humanité, selon Cohen, qui doit œuvrer pour cette venue moyennant une idée de Dieu qui ne serait que le fondement objectif de la possibilité de la moralité.

Revenons aux penseurs « messianiques » du XXe siècle. Pour eux, le temps humain le plus propre est tout à la fois enduré selon une patience, c'est-à-dire comme une attente qui dure et qui s'éprouve, mais il est également scandé par une impatience de tous les instants. Cette structure de la temporalité humaine que le messianique fait apparaître est universelle. Levinas l'a nommée « attente sans attendu »[1]. Elle se noue autour d'une expérience de la temporalité, de l'attente et de l'exposition à l'évènement. Elle défait d'elle-même le temps uniforme, causal et homogène dans quoi se meuvent les grandes ontologies de l'histoire et laisse ainsi l'instant rayonner d'un éclat inattendu. Tout instant, en effet, peut être unique. Mais peut aussi bien ne pas l'être. Rosenzweig a proposé de distinguer entre « instants-passerelle » – qui assurent la continuité monotone et successive du temps – et « instants-tremplin »[2] – qui propulsent hors de cette ligne quotidienne de la durée. Distinction purement analytique et que rien ne permet de *pratiquer* effectivement car l'instant-tremplin ressemble comme une goutte d'eau à l'instant-passerelle. Un certain type d'agir, qu'on peut qualifier de messianique, loge dans cette distinction à la fois nécessaire et indéterminable. L'instant signifie la séparation d'un passé et d'un avenir mais positivement, propulsivement. Il se présente comme un *ici-maintenant* qui serait en même temps un *pas-encore*. Inconstructible et ouvert, ouvert parce qu'inconstructible.

On pourrait rapprocher deux déterminations messianiques particulièrement fortes, l'« inconstructible de l'instant vécu » d'Ernst Bloch et l'« indéconstructible de la justice » de Jacques Derrida. Car d'un point de vue messianique, il y a un lien évident entre instantanéité

1. Levinas, *Dieu, la Mort et le Temps*, Paris, Grasset, 1993, p. 132.

2. Franz Rosenzweig, *Gesammelte Schriften*, Dordrecht, Martinus Nijhoff, I, 1, p. 345 (lettre du 5 février 1917).

et justice. L'attente sans visée d'attendu, l'attente de l'inattendable, impose une double contrainte parce qu'elle n'est pas vraiment l'attente, plate et prévoyante, de ce qui arrivera probablement. D'où une première conséquence : le Messie ne se laisse pas transposer politiquement, on ne peut guère le reconvertir dans les catégories ontologiques d'une philosophie de l'histoire. Il est hors-programme, hors-prédétermination, c'est-à-dire hors-politique. Plus exactement, il se tient hors du champ politique tel que le détermine la philosophie politique. Le règne qu'il instaure n'est pas un royaume parmi les royaumes des nations, une histoire, c'est un règne de *justice sans frontières*. Or l'histoire des philosophies de l'histoire, cette «puissance aveugle du réel», «étouffe le sens brûlant de la justice», comme dit, encore lui, Nietzsche[1]. Ainsi le messianisme est toujours confronté à une double borne et un double péril, l'attente passive et l'activisme forcené. C'est là que se montrent les implications politiques qu'il transporte. Il faut être prêt, à chaque instant, à répondre, à agir d'une action éthico-pratique qui excèdera la politique mais devra cependant retrouver, inventer, une reliaison à la politique. Il faut faire de la politique, «malgré tout», c'est-à-dire en sachant ses limites étroites (Rosenzweig[2]). On ne peut guère laisser «la politique à elle-même», sous peine de l'abandonner à sa «tyrannie» propre (Levinas[3]). Dans la *Seconde Intempestive*, Nietzsche rend hommage à ceux qui ont lutté *contre l'histoire*, qui ont «agi de façon non-historique» dit-il encore, afin de maintenir vives les brûlantes exigences de la justice. Ne pas laisser la politique à elle-même tout en la réinventant «malgré tout» consistera bien souvent à s'opposer à ceux que Nietzsche appelle les «esprits historiens» étouffeurs de justice[4].

Comprendre les enjeux majeurs du messianisme et de ses effets sur les pensées de l'histoire requiert d'abord de bien distinguer entre *le messianisme sécularisé* dans une téléologie objective et *le messianique temporalisé* dans une extra-historicité détenant des effets fortement historiques. Cette différence se remarque dans toute une série de

---

1. Nietzsche, *Considérations inactuelles I et II, op. cit.*, p. 160.
2. Rosenzweig, *Gesammelte Schriften, op. cit.*, I, 2, p. 969 (lettre du 9 juin 1924).
3. Levinas, *Totalité et Infini*, Nijhoff, La Haye, 1961, p. 276, rééd. poche, p. 334-335.
4. Nietzsche, *Considérations inactuelles I et II, op. cit.*, p. 101, 149.

contrastes qu'on ne peut ici qu'indiquer [1] : le temps homogène, cumu-latif, linéaire *différent* du temps interrompu, imprévisible, ouvert; la politique articulée sur des lieux propres et des sujets naturels en leur surimposant une rationalité extrinsèque *différente* d'une politique limitée, désautonomisée, «faible»; l'histoire, surtout : il y a une *histo-riophilie* du messianisme progressiste qui égrène les «moments» du processus historique selon leur flèche ascendante, très différente de l'*historiophobie* messianique, laquelle combine un refus de l'histoire pensée comme «une seule et unique catastrophe» (Benjamin) et l'attente d'une propulsion extra-historique qui viendrait bouleverser l'histoire dans sa temporalité effective jusqu'à en défaire la substance ontologique.

Ainsi, la rupture plus ou moins explicite avec les grandes ontologies de l'histoire et les philosophies du progrès héritières d'un certain messianisme s'est-elle effectuée par le recours à ce qu'ouvrait la tradition du messianisme juif autrement reçu et interprété. Ceci a permis l'élaboration contemporaine de concepts susceptibles d'aider à penser l'historicité de l'histoire, dans ses aléas et ses imprévus, dans les fractures de sa totalité : l'interruption, l'imprévisibilité, l'évène-ment, l'arrivée, l'attente sans visée d'attendu, la non-irréversibilité, le temps non-linéaire, non-homogène, non-cumulatif, l'instant, la plura-lité stratifiée des temps, la différance. Il faudrait ajouter que, dans ces appropriations et contre-appropriations, la prégnance de la *Weltges-chichte* hégélienne est massive, même lorsqu'elle n'est pas explicite. Par exemple, ce que Rosenzweig cible comme l'extra-historicité métaphysique du judaïsme saisi comme reste hétérogène peut à coup sûr être considéré comme une tentative d'élaboration «messianique» d'un modèle théorique concurrent du modèle hégélien. Celui-ci n'assurerait le triomphe du concept que par la cessation du temps. De là proviendrait une certaine confusion présente au cœur des philo-sophies de l'histoire en général entre l'histoire effective, la suite des évènements effectifs, et les structures de l'historicité, les condi-tions transcendantales de son effectuation, entre tel ou tel segment d'histoire effective et le mode de surgissement de l'évènement qui

---

1. *Cf.* G. Bensussan, *Le temps messianique. Temps historique et temps vécu*, Paris, Vrin, 2001.

en accomplit l'effectivité, entre *Geschichten* et *Geschehen*[1]. Les structures de l'historicité ne sauraient donc être assignées à la logique de l'Esprit ou à un Devenir paradoxalement intemporel.

Le messianisme juif et les controverses qu'il a ouvertes ont produit une sorte de ligne de démarcation autour de la question de l'histoire : *d'un côté les philosophies de l'histoire comme philosophies du devenir, d'un autre côté les philosophies du temps comme philosophies de l'évènement.* Le premier ensemble fournit les dispositifs conceptuels des ontologies de l'histoire ou des sociologies historicisantes. Le second peut être rapporté aux pensées des temps discontinus ouverts à l'effraction d'un évènement qu'on ne peut guère anticiper mais qui pourtant ne cesse jamais de sourdre à travers les travaux et les jours.

Gérard BENSUSSAN

---

1. Nietzsche, *Considérations inactuelles I et II, op. cit.*, p. 123 : « La pure objectivité [est] l'eunuque qui garde le grand harem de l'histoire universelle [...] et surveille l'histoire afin qu'il n'en sorte que des histoires [*Geschichten*] mais pas d'évènements [*Geschehen*] ».

HISTORICISATION, PÉRIODISATION, ACTUALITÉ
MICHEL FOUCAULT ET L'HISTOIRE

Il existe trois manières d'aborder le problème du rapport de Michel Foucault à l'histoire.

La première consiste paradoxalement à replacer Foucault dans sa propre histoire, et à comprendre comment, après 1945, toute une génération de jeunes philosophes a joué contre l'hégélianisme dominant – et plus généralement contre la phénoménologie telle qu'elle avait été lue et reprise en France – un certain nombre de références, au premier titre desquelles on comptait un usage spécifique de Nietzsche. Dans l'affrontement qui en a découlé, le statut et la modélisation de l'histoire ont représenté un enjeu de tout premier ordre. Foucault fait partie, comme d'autres, de cette « génération » qui refusa tout à la fois le privilège absolu des « philosophies du sujet » et celui des « philosophies de l'histoire » entendues généralement comme linéaires, continues et dialectiques. La revendication explicite par Foucault, à la fin des années 1970, de cette « appartenance générationnelle » comme clef de son propre parcours philosophique doit donc pousser à faire « l'histoire d'une certaine manière de se représenter l'histoire » en France à partir de l'après-guerre; ce qui ne signifie pas gommer les distinctions évidentes qui peuvent exister entre les pensées des différents représentants de cette génération (Foucault n'est pas Deleuze, qui n'est pas Derrida), ni a nier qu'il y ait eu aussi des figures étrangères à cette « réaction » (Althusser et ses élèves), mais faire à la lettre une très petite et très locale « histoire des systèmes de pensée » – en somme : chercher à appliquer à Foucault sa propre méthode d'enquête.

La seconde consiste en revanche à repérer ce qui, au-delà de la référence – interne à la pensée philosophique – à Nietzsche, a travaillé de manière singulière la construction que Foucault s'est faite de

l'histoire. Il y a de ce point de vue deux énormes « massifs » de contamination, qui ont sans doute déplacé et réinvesti la recherche de
Foucault *en tant que recherche philosophique* à partir de travaux qui
pouvaient parfois se donner à la lisière de la philosophie, ou au croisement entre la philosophie et les sciences humaines : l'un correspond
aux travaux de Georges Canguilhem, c'est-à-dire à cette formidable
production de pensée installée au carrefour problématique entre la
philosophie des sciences et l'histoire des sciences ; l'autre à une
certaine historiographie, liée en particulier à l'École des *Annales*,
et dont les années 1960 et 1970, dans la production foucaldienne,
donneront à voir essentiellement deux visages : une histoire économique et sérielle tout d'abord, puis une micro-histoire, ou une histoire
évènementielle, fondamentalement liée à l'attention minutieuse
portée à l'archive, de l'autre.

La troisième manière d'aborder le problème consiste enfin à tenter
de comprendre l'étonnant rapport à l'histoire de la philosophie qui
émerge chez Foucault tardivement, à la toute fin des années 1970, en
particulier dans les cours qu'il tient au Collège de France. Il existe en
particulier deux très étonnants « ensembles » qui peuvent sans doute
nous aider à réfléchir au rapport que Foucault construit à l'histoire de
la pensée philosophique, quand il prétend tout à la fois en faire l'objet
d'une enquête historique et la décliner au présent : l'un est constitué,
entre 1978 et 1984, par trois textes consacrés à Kant et à la question
des Lumières ; l'autre, dans les cours au Collège de France de 1982-
1983 et 1984, prend en examen la notion de *parrêsia* en essayant d'y
distinguer la spécificité d'une *parrêsia* philosophique par rapport à la
parrêsia politique, et s'attarde longuement tout d'abord sur la figure
de Socrate, puis sur la pensée cynique. Dans les deux cas, les références – Kant dans le premier cas ; Socrate et les Cyniques dans le
second – sont très rapidement traversées par un type de questionnement qui pose en réalité le problème de l'*actualité* de la pratique philosophique et de son ancrage dans le présent. Du même coup, la
réflexion sur ce que Foucault nommera alors une « ontologie critique
de nous-mêmes » ou encore une « ontologie critique du présent » ne
peut pas ne pas concerner au premier chef sa propre position, en tant
que philosophe, situé dans un certain lieu du monde et dans un certain
instant de l'histoire de la pensée, et dans un type d'exercice spécifique
(celui du type de parole publique qu'implique la tenue d'un cours). Il

faut donc lire ces textes tout à la fois comme des tentatives d'analyse d'un certain moment[1] de la pensée occidentale, c'est-à-dire comme l'archéologie d'une manière de se représenter le monde – et les hommes dans le monde –, à un moment donné, et comme la problématisation par rebond tout à la fois de notre propre posture de pensée et de notre propre ancrage dans l'histoire – ce que Foucault appelait une *généalogie*. Archéologie et généalogie, histoire et présent : comment tisser ensemble ces différents fils ?

Dans un très passionnant entretien réalisé en 1978[2], Foucault a longuement tenté de rendre compte des conditions de possibilité historiques de sa propre pensée. Dans cette auto-analyse étonnamment détaillée, la rupture avec la phénoménologie, et plus particulièrement avec l'hégélianisme français, est perçue comme fondatrice. Elle est immédiatement rapportée tout à la fois au refus de correspondre à un certain modèle d'histoire de la philosophie, et au constat de l'incapacité patente de ce qui est alors perçu comme la philosophie universitaire dominante à correspondre avec le drame de son propre temps. « Nietzsche, Blanchot et Bataille sont les auteurs qui m'ont permis de me libérer de ceux qui ont dominé ma formation universitaire, au début des années 1950 : Hegel et la phénoménologie. Faire de la philosophie, alors, comme du reste aujourd'hui, cela signifiait principalement faire de l'histoire de la philosophie [...]. C'était un hégélianisme fortement pénétré de phénoménologie et d'existentialisme, centré sur le thème de la conscience malheureuse. Et c'était, au fond, ce que l'université française pouvait offrir de mieux comme forme de compréhension, la plus vaste possible, du monde contemporain, à peine sorti de la tragédie de la Seconde Guerre mondiale et des grands bouleversements qui l'avaient précédée : la révolution russe, le nazisme, etc. »[3] écrit alors Foucault. Ne pas devenir un historien de la

1. Nous empruntons à F. Worms cette notion efficace en l'étendant à la totalité de l'histoire de la pensée : voir à cet égard *La philosophie en France au XXᵉ siècle. Moments*, Paris, Gallimard, 2009, en particulier p. 566-571.

2. M. Foucault, « Conversazione con Michel Foucault », entretien avec D. Trombadori, Paris, fin 1978, *Il Contributo*, 4ᵉ année, n° 1, janvier-mars 1980, p. 23-84, trad. fr. « Entretien avec Michel Foucault », dans M. Foucault, *Dits et Écrits*, Paris, Gallimard, 1994, vol. 4, texte n° 281, p. 41-95.

3. *Ibid.*, p. 48.

philosophie et pourtant être à la hauteur de sa propre époque : c'est au croisement de ces deux impératifs qu'émerge le souci de briser la représentation d'une histoire linéaire, continue, téléologiquement orientée, rationnelle, qui est à la fois celle sur laquelle se fondait l'idée du mouvement de la pensée philosophique et celle, plus générale, de l'histoire des hommes. La nécessité d'insérer dans ce *continuum* la discontinuité violente de la guerre est fondatrice : elle implique donc la recherche d'une autre représentation de l'histoire qui soit susceptible de rendre compte de la faille qui traverse désormais le présent, et qui, par rebond, redéfinit également la manière dont on se rapporte à l'histoire de la philosophie. Le nom de Nietzsche revient alors en permanence, mais cet usage n'est à l'époque pas simple, et son paradoxe n'échappe pas à Foucault : « La découverte de Nietzsche s'est produite hors de l'université. En raison de l'emploi qu'en avaient fait les nazis, Nietzsche était complètement exclu de l'enseignement. En revanche était très en vogue une lecture continuiste de la pensée philosophique, une attitude à l'égard de la philosophie de l'histoire qui associait, en quelque sorte, hégélianisme et existentialisme. Et, à dire vrai, la culture marxiste partageait aussi cette philosophie de l'histoire »[1]. Nietzsche est donc pour Foucault le moyen de réintroduire de la discontinuité dans l'histoire – une discontinuité sans laquelle l'histoire récente ne peut être pensée.

Quinze ans après cette « découverte » essentielle de Nietzsche comme instrument de rupture, Foucault s'occupera avec Gilles Deleuze de l'édition du tome V des *Œuvres philosophiques complètes* de Nietzsche[2], et écrira dans les mêmes années deux textes extrêmement importants pour sa propre recherche : « Nietzsche, Freud, Marx »[3] et « Nietzsche, la généalogie, l'histoire »[4]. Or de manière

1. M. Foucault, « Entretien avec Michel Foucault », dans *Dits et Écrits, op. cit.*, p. 50.

2. Voir à ce propos M. Foucault, « Introduction générale » (avec G. Deleuze) aux *Œuvres philosophiques complètes* de F. Nietzsche, Paris, Gallimard, 1967, t. V, *Le Gai Savoir. Fragments posthumes (1881-1882)*, p. I-IV, repris dans *Dits et Écrits, op. cit.*, vol. 1, texte n° 45, p. 561-564.

3. M. Foucault, « Nietzsche, Freud, Marx » (Colloque de Royaumont, 1964), *Cahiers de Royaumont*, t. VI, Paris, Minuit, 1967, p. 183-200, repris dans *Dits et Écrits, op. cit.*, vol. 1, texte n° 46, p. 564-579.

4. M. Foucault, « Nietzsche, la généalogie, l'histoire », *Hommage à Jean Hyppolite*, Paris, PUF, 1971, p. 145-172, dans *Dits et Écrits, op. cit.*, vol. 2, texte n° 84, p. 136-156.

parfaitement cohérente avec son parcours, Foucault, à la différence de Deleuze, n'est pas à proprement parler nietzschéen : à travers une lecture absolument partielle et sélective (qui est fondamentalement celle des *Considérations intempestives*), il cherche simplement à briser le carcan d'une certaine représentation de l'histoire en général, et de l'histoire de la philosophie en particulier. Il s'agit en effet de reprendre la critique du point de vue supra-historique qu'adopte l'histoire quand elle se veut l'unité close dans laquelle enfermer le foisonnement infini du temps – cette unité si rassurante qui nous permet de nous reconnaître partout, puisque la conscience est en tous lieux et tous temps identique à elle-même. Pour Foucault, le discontinu nietzschéen, c'est le registre où s'affirme la singularité des évènements contre la monumentalité de l'Histoire, l'éparpillement contre le règne des significations idéales et des téléologies indéfinies, la discontinuité contre le privilège du continu : c'est le récit des accidents, des déviations et des bifurcations, des retournements, des hasards et des erreurs, qui « maintient ce qui s'est passé dans la dispersion qui lui est propre »[1]. L'usage de Nietzsche sert par conséquent à déconstruire une histoire ayant pour fonction de « recueillir, dans une totalité bien refermée sur soi, la diversité enfin réduite du temps »[2] et ayant en réalité toujours cherché à annuler les multiples figures du disparate et de l'écart, du saut et du changement – en un mot : du devenir entendu comme linéarité rompue. Revenir à l'aléa singulier de l'évènement, c'est au contraire, comme Nietzsche nous le rappelle dans *Aurore*[3], jouer « le cornet du hasard » contre la mystification de l'unité dont est porteuse l'« histoire antiquaire », et c'est ce cornet qui fascine Foucault.

Foucault « découpe » donc sa propre lecture à partir d'un geste à la fois partiel (du point de vue de l'œuvre de Nietzsche) et fondamental (pour sa propre réflexion), qui est la critique d'un certain type de représentation de l'histoire. Et c'est à partir de ce geste qu'il va lui être possible de convoquer de la même manière deux autres « massifs » d'influence sans lesquels il est impossible de rendre compte du travail

---

1. M. Foucault, « Nietzsche, la généalogie, l'histoire », dans *Dits et Écrits, op. cit.*, p. 141.
2. *Ibid.*, p. 146.
3. Nietzsche, *Aurore*, § 130.

foucaldien des années 1960, de l'*Histoire de la folie*[1] à *L'Archéologie du savoir*[2].

La première influence, décisive à bien des égards, est celle de Georges Canguilhem. Au-delà du lien personnel qui existait entre les deux hommes, c'est bien d'une dette intellectuelle qu'il s'agit. Deux textes, à dix ans de distance, permettent d'en prendre la mesure : le premier, écrit en 1968, répond à un certain nombre de questions posées par le Cercle d'épistémologie[3], alors que le second est une introduction que Foucault rédigea en 1978 pour l'édition américaine du *Normal et le pathologique*[4].

Là encore, c'est le thème de la discontinuité historique qui affleure. « Sous les grandes continuités de la pensée, sous les manifestations massives et homogènes de l'esprit, sous le devenir têtu d'une science s'acharnant à exister et à s'achever dès son commencement, on cherche maintenant à détecter l'incidence des interruptions. G. Bachelard a repéré de seuils épistémologiques qui rompent le cumul indéfini des connaissances ; M. Guéroult a décrit des systèmes clos, des architectures conceptuelles fermées qui scandent l'espace du discours philosophique ; G. Canguilhem a analysé les mutations, les déplacements, les transformations dans le champ de la validité et les règles d'usage des concepts »[5]. Et encore, dix ans plus tard : « [G. Canguilhem] a repris d'abord le thème de la "discontinuité". Vieux thème qui s'est dessiné très tôt, au point d'être contemporain, ou presque, de la naissance d'une histoire des sciences. [...] Reprenant ce même thème élaboré par Koyré et Bachelard, Georges Canguilhem insiste sur le fait que le repérage des discontinuités n'est pour lui ni un

---

1. M. Foucault, *Folie et déraison. Histoire de la folie à l'âge classique*, Paris, Plon, 1961 ; réed. modifiée (nouvelle préface et deux appendices), *Histoire de la folie à l'âge classique*, Paris, Gallimard, 1972.

2. M. Foucault, *L'Archéologie du savoir*, Paris, Gallimard, 1969.

3. M. Foucault, « Sur l'archéologie des sciences. Réponse au Cercle d'épistémologie », *Cahiers pour l'analyse*, n° 9, *Généalogie des sciences*, été 1968, p. 9-40, repris dans *Dits et Écrits*, *op. cit.*, vol. 1, texte n° 59, p. 698-731.

4. M. Foucault, « Introduction by Michel Foucault » », dans G. Canguilhem, *On the Normal and the Pathological*, Boston, Reidel, 1978, p. IX-XX, trad. fr. dans *Dits et Écrits*, *op. cit.*, vol. 3, texte n° 219, p. 429-442.

5. M. Foucault, « Sur l'archéologie des sciences », dans *Dits et Écrits*, *op. cit.*, p. 697-698.

postulat ni un résultat : mais plutôt une "manière de faire", une procédure qui fait corps avec l'histoire des sciences parce qu'elle est appelée par l'objet même dont celle-ci doit traiter »[1]. Ni un postulat, ni un résultat, mais une «manière de faire» : on a donc affaire à un véritable choix de méthode.

Or, chez Foucault, c'est une partie serrée qui se joue à l'occasion de ces références à la philosophie des sciences. Comme il l'expliquera longuement dans le texte de 1978, il en va de la construction d'une opposition entre les «philosophies du sujet» et les «philosophies du concept», entre «Sartre et Merleau-Ponty» d'une part, «Cavaillès, Bachelard et Canguilhem» de l'autre. Une opposition qui permet à Foucault de relire l'histoire de la pensée française comme «deux trames qui sont restées profondément hétérogènes »[2], et qui renforce très évidemment son propre travail de sape d'une figure du sujet généralement entendue comme auto-référentielle, solipsiste, anhistorique et psychologisée – ce sujet dont Foucault dit souvent que, de Descartes à Sartre, il a traversé la philosophie tout en la rendant stérile –; mais une opposition qui, du côté des «philosophies du concept», permet aussi, et avant toute chose, de poser le problème du rapport entre l'histoire des sciences et l'épistémologie, c'est-à-dire à la fois du rapport au temps et du rapport à l'historicité des formes du «dire-vrai». En effet, «L'histoire des sciences, dit Canguilhem, citant Suzanne Bachelard, ne peut construire son objet que dans un "espace-temps" idéal. Et cet espace-temps, il ne lui est donné ni par le temps "réaliste" accumulé par l'érudition historienne ni par l'espace d'idéalité que découpe autoritairement la science d'aujourd'hui, mais par le point de vue de l'épistémologie. Celle-ci n'est pas la théorie générale de toute science ou de tout énoncé scientifique possible ; elle est la recherche de la normativité interne aux différentes activités scientifiques, telles qu'elles ont effectivement été mises en œuvre. Il s'agit donc d'une réflexion théorique indispensable qui permet à l'histoire des sciences de se constituer sur un autre mode que l'histoire en général ; et inversement, l'histoire des sciences ouvre le domaine d'analyse indispensable pour que l'épistémologie soit autre chose

---

1. M. Foucault, «Introduction» à G. Canguilhem, dans *Dits et Écrits, op. cit.*, p. 434-435.

2. *Ibid.*, p. 430.

que la simple reproduction des schémas internes d'une science à un moment donné. Dans la méthode mise en œuvre par G. Canguilhem, l'élaboration des analyses "discontinuistes" et l'élucidation du rapport histoire des sciences/épistémologie vont de pair »[1].

Ce que Foucault reprend à la «méthode» de Canguilhem, c'est-à-dire à «une philosophie de l'erreur, du concept et du vivant»[2] correspond à en réalité à un double enjeu. D'une part, il est nécessaire de distinguer le temps de l'histoire des sciences à la fois du temps abstrait des sciences elles-mêmes et de l'histoire érudite des historiens, parce que l'un comme l'autre – de manière différente, certes – affirment en réalité la nécessité d'un *continuum* absolu et ne peuvent pas considérer l'histoire autrement que comme un processus linéaire et sans rupture. Qu'il s'agisse d'un espace temporel «idéalisé» et totalement dégagé des conditions matérielles de son déroulement (celui de la science), ou au contraire d'un temps «réaliste» réduit à l'accumulation infinie et continue de ses différents moments, le discours ne change en réalité pas, puisqu'on suppose dans un cas comme dans l'autre une linéarité sans faille – et l'impossibilité pour le regard historien d'en prendre les distances, de faire en quelque sorte l'histoire de cette histoire linéaire, l'épistémologie de la forme continue du temps lui-même. Au rebours de cela, le point de vue de l'épistémologie va donc représenter pour l'histoire des sciences la possibilité d'une approche du temps qui permette de remettre en cause ce présupposé continuiste. Mais dans l'autre sens, le risque encouru par l'épistémologie est celui d'une reproduction des schémas scientifiques décrits au sein de la description elle-même, c'est-à-dire celui de l'impossibilité à historiciser le discours scientifique et les grilles épistémiques mobilisées par sa propre analyse. C'est en cela que l'histoire des sciences permet à l'épistémologie d'être autre chose qu'un méta-discours.

La proximité de ce double enjeu des analyses «discontinuistes» de Canguilhem avec les travaux de Foucault dans les années 1960 est évidente. *Les Mots et les choses* sont-ils autre chose que la tentative de faire l'histoire de la manière dont le discours scientifique a constitué à

---

1. M. Foucault, « Introduction » à G. Canguilhem, dans *Dits et Écrits*, *op. cit.*, p. 437.
2. *Ibid.*, p. 442.

un moment donné ses propres champs, ses propres objets, ses propres méthodes, la forme même de son savoir – et bien entendu la forme de son histoire? Mais aussi: *Les Mots et les choses* sont-ils autre chose que la tentative de réintroduire les schémas internes aux sciences à l'intérieur d'une histoire plus générale qui serait celle des différentes formes – successives – du «dire-vrai»? C'est au nom de cette double historicisation qu'une critique des «philosophies du sujet» – l'autre versant de la posture critique foucaldienne – est en réalité possible. Parce que si, comme le rappelle justement Foucault, la philosophie cartésienne a représenté cette grande rupture de la modernité qui a posé pour la première fois le problème des rapports entre la vérité et le sujet, la philosophie des sciences oblige à reformuler totalement la question. Non seulement parce que le sujet cartésien n'a pas d'histoire au sens strict – il en fonde bien plutôt la possibilité –, ce qui bien entendu est au cœur des critiques contemporaines qui lui sont adressées –; mais parce qu'il faut désormais définir les conditions de possibilité d'une histoire de la vérité qui ne prenne pas la forme d'une métaphysique de la vérité, et qui soit au contraire l'archéologie de la manière dont le vrai et le faux, la vérité et l'erreur, rentrent en rapport et se définissent mutuellement à partir de normes et de limites qui sont en permanence redéfinies, réarticulées, réajustées, et qui ne sont précisément pensables qu'à partir de l'historicisation de leur *épistémè* d'appartenance.

L'autre grand massif de contamination, c'est, à la même époque – et cette fois-ci du dehors de la philosophie –, une certaine historiographie française qui se pose en particulier les problèmes de la causalité et de la linéarité historiques, du découpage qu'implique le choix d'une périodisation, et du rapport à la matérialité des traces prises en examen. Cela nous permet de comprendre à la fois la manière dont Foucault a construit ses propres concepts d'archéologie et d'archive, les relations qu'il a tissées avec des historiens – et les collaborations auxquelles celles-ci ont parfois donné lieu –, mais aussi les modélisations de l'histoire – généralement philosophiques – qu'il a repoussées grâce à ces emprunts à l'historiographie.

En 1967, Foucault accorde à Raymond Bellour un entretien qui demeure à cet égard essentiel, et qui est intitulé «Sur les façons d'écrire l'histoire»[1]. En réalité, Foucault avait déjà accepté de répondre une première fois aux questions de R. Bellour, au moment de la publication des *Mots et les choses*[2]. Dans ce premier entretien, l'absence presque totale du thème de l'histoire était extrêmement étonnante. Le problème semblait en effet bien davantage celui de comprendre le rapport entre les analyses de l'*Histoire de la folie* et celles des *Mots et les choses*, ou d'expliquer à travers le recours à la notion d'archéologie la manière dont avait été possible la constitution d'une sorte de domaine homogène d'enquête. Ce domaine homogène, qui est celui de l'*épistémè* d'une époque et qui traverse toutes les frontières disciplinaires afin de constituer l'épaisseur même de l'espace où se répartissent les différents savoirs, était pourtant indissociable d'un découpage historique qui en définissait les limites; mais Foucault semblait ne pas vouloir aborder le problème de la périodisation. On se souvient bien entendu de la fin des *Mots et les choses* et de l'hypothèse de l'effacement «comme à la limite de la mer un visage sur le sable»[3] de la configuration épistémique, apparue à la fin du XVIIIe siècle, dont Foucault cherchait à faire l'archéologie; mais, en 1966, rien, ou presque, n'était dit de l'amont de cette configuration, du moment de son émergence. En somme, si les thèmes du passage et de la transformation, du basculement et de la discontinuité dans l'histoire, étaient envisagés «en avant» et projetés comme une hypothétique possibilité d'avenir, ils semblaient évités dès lors qu'il s'agissait de penser, «en arrière», leur valeur d'inauguration.

Et si Foucault précisait malgré tout à la fin de l'entretien qu'il avait essayé «de faire, dans un style évidemment un peu particulier, l'histoire non pas tant de la pensée en général que de tout ce qui «contient de la pensée» dans une culture, de tout ce en quoi il y a de la pensée»[4], il présentait en réalité sa recherche comme l'archéologie

1. M. Foucault, « Sur les façons d'écrire l'histoire » (entretien avec R. Bellour), *Les Lettres Françaises*, n° 1187, 15-21 juin 1967, repris dans *Dits et Écrits, op. cit.*, vol. I, texte n° 48, p. 585-600.

2. M. Foucault, « Les Mots et les choses » (entretien avec R. Bellour), *Les Lettres Françaises*, n° 1125, 31 mars-6 avril 1966, repris dans *Dits et Écrits, op. cit.*, vol. 1, texte n° 34, p. 498-504.

3. *Ibid.*, p. 498.

4. *Ibid.*, p. 503-504.

d'une homogénéité, d'une distribution et d'une répartition dans un espace unifié : « L'*Histoire de la folie* était en gros l'histoire du partage, l'histoire surtout d'une certaine coupure que toute société se trouve obligée d'instaurer. J'ai voulu par contre faire dans ce livre l'histoire de l'ordre, dire la manière dont une société réfléchit la ressemblance des choses entre elles et la manière dont les différences entre les choses peuvent se maîtriser, s'organiser en réseaux, se dessiner selon des schémas rationnels. L'*Histoire de la folie* est l'histoire de la différence, *Les Mots et les choses*, l'histoire de la ressemblance, du même, de l'identité ». En somme, là où l'*Histoire de la Folie* revendiquait la périodisation (c'est-à-dire le découpage, la différenciation *à l'intérieur de l'histoire*) qui sous-tendait ses analyses, *Les Mots et les choses* faisait au contraire de cette périodisation un véritable point aveugle en amont de ses propres analyses.

Faut-il croire que ce sont davantage les jeux d'organisation, de hiérarchisation, et de répartition sur fond d'homogénéité (l'*épistémè*) qui ont, à l'époque, intéressé Foucault ? Pourtant le problème est évident : soit la périodisation choisie assure par avance l'homogénéité épistémique du moment choisi, soit c'est au contraire le repérage d'un certain nombre d'isomorphismes qui fonde la possibilité de la périodisation. Dans les deux cas, Foucault est sommé de répondre à la question qu'il semble vouloir éviter, celle de la légitimité du découpage historique dont l'*épistémè* est – selon les options de lecture – le fondement ou le produit. Et l'on se souvient alors de la critique très dure de Sartre, au moment de la publication des *Mots et les choses* : « Certes, sa perspective reste historique. Il distingue des époques, un avant et un après. Mais il remplace le cinéma par la lanterne magique, le mouvement par une succession d'immobilités »[1].

Venons en à présent au second entretien avec Bellour, un an après la publication des *Mots et les choses*. Le ton y est absolument différent, et le problème du rapport de Foucault à l'histoire et aux historiens y est au contraire immédiatement posé, en particulier parce que, comme le rappelle Bellour dès sa première question, l'accueil réservé au livre a

---

1. J.-P. Sartre, « Jean-Paul Sartre répond », *L'Arc*, n° 30, 1966, repris dans Ph. Artières, J.-F. Bert, Ph. Chevalier, P. Michon, M. Potte-Bonneville, J. Revel et J.-Cl. Zancarini (éds.), *Les Mots et les choses de Michel Foucault. Regards critiques, 1966-1968*, Caen, IMEC-Presses Universitaires de Caen, 2009, p. 75-89, citation p. 76.

été à la fois « enthousiaste et réticent ». Les réponses de Foucault sont extrêmement précises, et elles s'articulent à partir d'une argumentation qui repose entièrement sur les positions suivantes : d'une part, les « historiens de métier » ont reconnu le livre comme un livre d'histoire ; de l'autre, une très profonde mutation du savoir historique est à l'œuvre depuis vingt ans, et une nouvelle génération d'historiens (Foucault cite alors les noms de Fernand Braudel, François Furet, Denis Richet, Emmanuel Le Roy Ladurie, de même que l'école historique de Cambridge et l'école soviétique) entreprend aujourd'hui « une aventure nouvelle » ; or l'histoire a longtemps été le dernier refuge de l'ordre dialectique, le lieu sacré où se jouaient les rapports entre les individus et la totalité ; elle a souvent été réduite à l'universelle relation de causalité ; par conséquent, contre cette histoire totalisante et intouchable, il s'agit à présent de formuler « le très difficile problème de la périodisation », et en même temps, une véritable « logique de la mutation » : faire de l'histoire en philosophe, c'est donc s'intéresser avant tout aux transformations – nous revenons au vieux problème de la discontinuité.

C'est dans ce contexte qu'il faut comprendre l'*archéologie* foucaldienne. Le terme apparaît trois fois dans des titres d'ouvrages de Foucault – *Naissance de la clinique. Une archéologie du regard médical* (1963), *Les Mots et les choses. Une archéologie des sciences humaines* (1966) et *L'Archéologie du savoir* (1969) – et caractérise jusqu'au début des années 1970 sa méthode de recherche. L'archéologie n'est pas une « histoire » au sens strict dans la mesure où, s'il s'agit bien de reconstituer un champ historique, Foucault fait en réalité jouer différentes dimensions (philosophique, économique, scientifique, politique, etc.) afin d'obtenir les conditions d'émergence des discours de savoir en général à une époque donnée : au lieu d'étudier l'histoire des idées dans son évolution, elle se concentre par conséquent sur des découpages historiques précis – en particulier l'âge classique et le début du XIXe siècle –, dont on a vu combien il était difficile d'établir la légitimité *a priori*.

Or si l'on trouve dans l'« archéologie » l'idée de l'*archè*, c'est-à-dire le problème ô combien épineux du commencement, du principe, de l'émergence des objets de connaissance, on trouve aussi l'idée de l'*archive*, l'enregistrement de ces objets. Foucault précise alors : « J'appellerai *archive* non pas la totalité des textes qui ont été conservés par une civilisation, ni l'ensemble des traces qu'on a pu sauver de son désastre, mais le jeu des règles qui déterminent dans une culture l'apparition et la disparition des énoncés, leur rémanence et leur effacement, leur existence paradoxale d'*évènements* et de *choses*. Analyser les faits de discours dans l'élément général de l'archive, c'est les considérer non point comme *documents* (d'une signification cachée, ou d'une règle de construction), mais comme *monuments*; c'est – en dehors de toute métaphore géologique, sans aucune assignation d'origine, sans le moindre geste vers le commencement d'une *archè* – faire ce que l'on pourrait appeler, selon les droits ludiques de l'étymologie, quelque chose comme une *archéologie* »[1]. De l'*Histoire de la folie* à *L'Archéologie du savoir*, l'archive représente donc l'ensemble des discours effectivement prononcés à une époque donnée et qui continuent à exister à travers l'histoire. Faire l'archéologie de cette masse documentaire, c'est chercher à en comprendre les règles, les pratiques, les conditions et le fonctionnement; cela implique avant tout un travail de récollection de l'*archive générale* de l'époque choisie, c'est-à-dire de toutes les traces discursives susceptibles de permettre la reconstitution de l'ensemble des règles qui, à un moment donné, définissent à la fois les limites et les formes du discours, de la conservation, de la mémoire, de la réactivation et de l'appropriation. Foucault traite de fait l'archive en constituant des séries dont il analyse la distribution et l'organisation à une époque donnée: le voisinage avec l'analyse structurale du discours, qui, à la même époque, intéresse énormément Foucault, est patent. L'archéologie foucaldienne, dans les années 1960, est à mi-chemin entre l'histoire sérielle et la grammaire générale: elle se fait, certes, *sur fond d'histoire*, à partir d'une périodisation historique qui en fonde la consistance, mais ressemble davantage à une cartographie ou à un diagramme qu'à une enquête minutieuse sur un temps révolu.

Et pourtant, il semble bien qu'à partir du début des années 1970, l'archive change de statut. À la faveur d'un travail direct avec les historiens (pour *Pierre Rivière*[2], en 1973; pour *L'impossible*

1. M. Foucault, « Sur l'archéologie des sciences », dans *Dits et Écrits, op. cit.*, p. 708.

2. M. Foucault (*et alii*), *Moi, Pierre Rivière, ayant égorgé ma sœur, ma mère et mon frère. Un cas de parricide au XIXᵉ siècle*, Paris, Gallimard-Julliard, 1973.

prison[1], sous la direction de Michelle Perrot, en 1978 ; ou avec Arlette
Farge, pour *Le Désordre des familles*[2], en 1982), Foucault se met à
revendiquer tout à la fois la dimension subjective de son travail et la
prise en compte d'une épaisseur presque existentielle des traces
auxquelles il s'attache – comme si l'archive livrait en réalité des vies
révolues. Comme il le note ainsi à propos d'un travail sur ce qu'il
appellera les « hommes infâmes » – ces anonymes à la fois détruits et
brutalement mis en lumière par leur rencontre avec le pouvoir, et dont
l'enregistrement administratif dans les registres de la police nous
fournit quelques lambeaux d'existence –, « Ce n'est point un livre
d'histoire. Le choix qu'on y trouvera n'a pas eu de règle plus importante que mon goût, mon plaisir, une émotion »[3]. La lecture souvent
très littéraire de ces fragments archivistiques, qu'il appelle parfois
« d'étranges poèmes », est alors aux antipodes de l'approche sérielle et
cartographique de la décennie précédente. L'archive vaut désormais
davantage comme une trace de vie révolue que comme un simple
enregistrement discursif – sans doute parce que, au même moment,
Foucault réintroduit par ailleurs la notion de subjectivité dans sa
réflexion. Le paradoxe d'une utilisation non-historienne (littéraire,
poétique, philosophique) des sources historiques lui est du même coup
ouvertement reprochée, et elle ne fera que l'être davantage au fur et
à mesure que l'intérêt de Foucault se déplacera vers une analytique
du pouvoir indissociable d'une histoire des subjectivités dans leur
affrontement avec ce même pouvoir[4]. Pourtant, une histoire des

1. *L'impossible prison. Recherches sur le système pénitentiaire au XIXe siècle*,
M. Perrot (dir.), Paris, Seuil, 1980.

2. M. Foucault et A. Farge, *Le Désordre des familles. Lettres de cachet des archives
de la Bastille*, Paris, Gallimard-Julliard, 1982.

3. M. Foucault, « La vie des hommes infâmes », *Les Cahiers du chemin*, n° 29, 1977,
repris dans *Dits et Écrits, op. cit.*, vol. 3, texte n° 198, p. 237. Sur l'inachèvement du projet
des « hommes infâmes » et la possibilité de le réactualiser aujourd'hui, je me permets de
renvoyer à l'ouvrage du Collectif Maurice Florence (Ph. Artières, M. Potte-Bonneville,
P. Michon, J.-F. Bert, J. Revel), *Archives de l'infamie. Michel Foucault, une collection
imaginaire*, Paris, Les Prairies Ordinaires, 2009 (catalogue de l'exposition du même
nom, Bibliothèque Municipale de Lyon-Part Dieu, 2009).

4. Dans le beau texte sur les « infâmes », Foucault note : « Des vies qui sont comme si
elles n'avaient pas existé, des vies qui ne survivent que du heurt avec un pouvoir qui n'a
voulu que les anéantir ou du moins les effacer, des vies qui ne nous reviennent que par
l'effet de multiples hasards, voilà les infamies dont j'ai voulu rassembler ici quelques

subjectivités, une histoire des existences anonymes et du quotidien, une histoire des évènements sont, à la même époque, au cœur du renouvellement de l'historiographie. Histoire évènementielle, nouvelle histoire, micro-histoire : autant de voisinages auxquels Foucault a sans doute à la fois puisé et contribué [1], comme s'il s'agissait d'enregistrer les tensions, les mutations et les déplacements méthodologiques du travail des historiens, mais que cet enregistrement se faisait malgré tout de l'intérieur d'une réflexion philosophique.

C'est à partir de la fin des années 1970 que les conséquences philosophiques de ce déplacement émergent dans toute leur clarté. Foucault n'abandonne ni l'archéologie, ni le rapport à l'archive, mais il réinvestit ce qui était à l'origine un simple emprunt nietzschéen – le concept de généalogie – pour lui donner une puissance nouvelle. Le nerf de ce déplacement consiste en un retournement stratégique de la notion de discontinuité.

Au départ, la généalogie est essentiellement pour Foucault ce qui permet de faire jouer dans l'histoire un principe de dissipation (de la prétendue unité de notre identité, de notre origine), de dispersion et de singularisation (des évènements), et de différenciation (des différents segments historiques mis en évidence par un travail de périodisation). Au-delà de la dissémination identitaire et de la critique de l'*Ursprung*, le creusage des discontinuités dans l'histoire prend toutefois chez Foucault des accents qui sont davantage ceux de l'historiographie que de la philosophie : quelles que soient les critiques qui ont été formulées sur la consistance réelle des périodisations effectuées par Foucault dans ses travaux, il n'en reste pas moins que le découpage

restes » (M. Foucault, « La vie des hommes infâmes », dans *Dits et Écrits, op. cit.*, p. 243). Et encore : « J'ai voulu qu'il s'agisse toujours d'existences réelles ; qu'on puisse leur donner un lieu et une date ; que derrière ces noms qui ne disent plus rien, derrière ces mots rapides et qui peuvent bien la plupart du temps avoir été faux, mensongers, injustes, outranciers, il y ait eu des hommes qui ont vécu et qui sont morts, des souffrances, des méchancetés, des jalousies, des vociférations » (*ibid.*, p. 239).

1. Pour considérer ces échanges à leur juste mesure, on se référera également au texte de J. Revel, « Le moment historiographique », dans L. Giard (éd.), *Michel Foucault : lire l'œuvre*, Grenoble, Jérôme Millon, 1992, p. 83-96, qui présente de manière extrêmement complète la manière dont les historiens proches de Foucault – dont Revel lui-même – ont à leur tour perçu son travail.

d'*épistémès* distinctes, ou de « moments » différents sert de support essentiel à l'analyse. La discontinuité n'est pas seulement un concept : c'est une pratique historiographique qui permet d'introduire de la différence dans le *continuum* du temps en faisant valoir quelque chose qui est à mi-chemin entre le repérage de moyennes « durées » à la manière de Braudel et le découpage de champs d'enquête. Et, de fait, cette différence joue essentiellement « en arrière », entre ce qui n'est plus (et dont il faut faire l'archéologie) et ce que nous sommes. C'est en ce sens que si l'archéologie travaille sur des matériaux historique, elle fait en même temps signe vers notre présent, par rebond ; parce que si la généalogie est en réalité la perception de ce que nous sommes, elle se donne toujours sur fond de différence, et que cette différence introduit une faille dans l'histoire sur laquelle nous croyons être assis. Nous sommes plongés dans l'histoire, traversés par ses déterminations, mais nous ne pouvons le savoir que par différenciation d'avec ce que nous avons cessé d'être, de dire ou de penser.

Quand, en 1978, lors d'une conférence à la Société Française de Philosophie[1], Foucault commente pour la première fois de manière approfondie le petit texte de Kant « Was ist Aufklärung ? » afin d'essayer de déterminer en quoi consiste ce qu'il nomme « l'attitude critique », il fait encore jouer la structure discontinuité/périodisation/ différenciation comme il le faisait dans la décennie précédente. Pour lui, l'« attitude critique » caractérise en effet le début de l'époque moderne et s'oppose aux exigences de la gouvernementalité pastorale qui la précédait, qui prétendait au contraire diriger la conduite des individus par la vérité. C'est la périodisation qui permet la différenciation entre les « moments » (ici : la modernité contre la pastorale chrétienne) – mais la différenciation, à son tour, exige que nous nous interrogions sur notre propre appartenance à tel ou tel « moment » de la pensée : faisons-nous encore partie de la modernité inaugurée par l'émergence de l'attitude critique, ou en sommes-nous séparés par une « différence » qu'il s'agit de reconnaître et de nommer ?

---

1. « Qu'est-ce que la critique ? (Critique et *Aufklärung*) », conférence tenue à la Société Française de Philosophie le 27 mai 1978, texte inédit consultable au près du fonds Foucault déposé à l'IMEC. Il existe une édition italienne du texte, *Illuminismo e critica*, Rome, Donzelli, 1997.

Pourtant, cinq ans plus tard, Foucault revient à deux reprises sur le texte kantien : la première fois lors du cours au Collège de France du 5 janvier 1983 [1] ; la seconde, un an plus tard, dans un texte publié aux États-Unis [2]. Dans les deux cas, l'approche de Foucault a fondamentalement changé. Tout se passe en effet comme si la périodisation passait au second plan, parce que le cœur de l'analyse foucaldienne est désormais devenu la question du présent en tant que tel – parce que, comme le souligne Foucault, « avec ce texte sur l'*Aufklärung* on voit la philosophie – et je ne pense pas trop forcer les choses en disant que c'est la première fois – problématiser sa propre actualité discursive : actualité qu'elle interroge comme évènement, comme un évènement dont elle a à dire le sens, la valeur, la singularité philosophique et dans laquelle elle a à trouver à la fois sa propre raison d'être et le fondement de ce quelle dit » [3]. L'attention pour le présent n'est plus seulement un effet induit (par différenciation) de l'enquête historique. Elle devient en elle-même la matière de la réflexion philosophique. Cela signifie-t-il alors que Foucault, revenant étrangement à la philosophie, abandonne l'histoire ? Ou que, dans les dernières années, il se concentre uniquement sur certains épisodes de l'histoire de la philosophie au détriment de ce voisinage avec les historiens qui avait pourtant si fortement modelé son propre travail ?

En réalité, rien n'est moins vrai. Mais le « creusage de la différence » dans l'histoire va désormais intervenir autrement : il s'agira en effet de le faire passer non seulement entre ce qui a été et ce qui est, mais entre ce qu'est notre présent et ce que pourrait être demain. La discontinuité, ce n'est pas tant ce qu'il s'agit de reconnaître une fois advenu mais ce que nous pouvons contribuer à construire de l'intérieur de notre propre présent. Ce renversement

---

1. M. Foucault, « Cours du 5 janvier 1983 », dans *Le Gouvernement de soi et des autres. Cours au Collège de France, 1982-1983*, Paris, Hautes Études-Gallimard-Seuil, 2008, p. 3-39. Un extrait de ce texte avait été publié un mois avant la mort de Foucault sous le titre « Qu'est-ce que les Lumières ? », *Magazine littéraire*, n° 207, mai 1984, repris dans *Dits et Écrits, op. cit.*, vol. 4, texte n° 351, p. 679-688.

2. M. Foucault, « What is Enlightenment ? », dans P. Rabinow (éd.), *The Foucault Reader*, New York, Pantheon Books, 1984, p. 32-50, repris dans *Dits et Écrits, op. cit.*, vol. 4, texte n° 339, p. 562-578.

3. M. Foucault, « Qu'est-ce que les Lumières ? » (cours du 5 janvier 1983), dans *Dits et Écrits, op. cit.*, p. 680.

donne alors lieu chez Foucault à deux types d'analyse : d'une part, la reprise du thème de la révolution comme puissance d'instauration de la discontinuité au cœur de notre actualité (dans la mesure où « comme évènement dont le contenu même est important, son existence atteste une virtualité permanente et qui ne peut être oubliée »[1]) ; de l'autre, l'insistance sur la nécessité de pratiquer, de l'intérieur même des déterminations historiques qui nous font être ce que nous sommes, « le champ actuel des expériences possibles »[2], c'est-à-dire de « transformer la critique exercée dans la forme de la limitation nécessaire en une critique pratique dans la forme du franchissement possible »[3]. Cette « épreuve historico-pratique des limites que nous pouvons franchir »[4] est immédiatement analysée par Foucault comme une *attitude*, comme un *êthos* qui caractérise la philosophie entendue moins comme corps doctrinal que comme pratique. Il ne peut donc y avoir de pratique philosophique sans inscription dans une époque spécifique ; mais il ne peut pas y avoir non plus de philosophie si l'on ne se risque pas à tenter la critique de ce que nous sommes « à la fois [comme] analyse historique des limites qui nous sont posées et épreuve de leur franchissement possible »[5]. Et Foucault de conclure : « cette critique sera généalogique en ce sens qu'elle ne déduira pas de la forme de ce que nous sommes ce qu'il nous est impossible de connaître ; mais elle dégagera de la contingence qui nous a fait être ce que nous sommes la possibilité de ne plus être, faire ou penser ce que nous sommes, faisons ou pensons »[6]. C'est en cela que consiste, de l'intérieur même de l'histoire, le travail indéfini de la liberté des hommes.

La manière dont Foucault se rapporte à l'histoire de la philosophie porte la trace de cette réorientation. On se souvient de la minutie avec laquelle, depuis ses premiers travaux, il s'attachait toujours à historiciser ses objets d'enquête, c'est-à-dire à les replacer dans l'économie générale d'un système de pensée lié à une périodisation précise. Dans

---

1. M. Foucault, « Qu'est-ce que les Lumières ? », dans *Dits et Écrits, op. cit.*, p. 686. Foucault s'appuie alors sur une lecture serrée du *Conflit des facultés* de Kant.

2. *Ibid.*, p. 687.

3. M. Foucault, « What is Enlightenment », dans *Dits et Écrits, op. cit.*, p. 574.

4. *Ibid.*, p. 575.

5. *Ibid.*, p. 577.

6. *Ibid.*, p. 574.

les deux textes que nous venons de citer, il semble pourtant revendiquer une démarche inverse : non seulement les deux heures du cours du 5 janvier 1983 sur à l'*Aufklärung* préparent en réalité une année entière consacrée à la pensée antique (et particulièrement à la notion de *parrêsia*), en vertu d'un saut chronologique assez vertigineux et pour le moins surprenant, mais le traitement de la question des Lumières lui-même semble radicalement autre. «Après tout, il me semble bien que l'*Aufklärung*, à la fois comme évènement singulier inaugurant la modernité européenne et comme processus permanent qui se manifeste dans l'histoire de la raison [...] n'est pas simplement pour nous *un épisode dans l'histoire des idées*. [...] Ce ne sont pas les restes de l'*Aufklärung* qu'il s'agit de préserver : c'est la question même de son évènement et de son sens (la question de l'historicité de l'universel) qu'il faut maintenir présente et garder à l'esprit comme *ce qui doit être pensé*»[1], écrit-il alors. Et, quelques mois plus tard, il précise : «Je sais qu'on parle souvent de la modernité comme d'une époque, ou en tout cas comme d'un ensemble de traits caractéristiques d'une époque; on la situe sur un calendrier où elle serait précédée d'une prémodernité, plus ou moins naïve ou archaïque, et suivie d'une inquiétante et énigmatique "postmodernité". [...] En me référant au texte de Kant, je me demande si on ne peut pas envisager la modernité comme une attitude plutôt que comme une période de l'histoire»[2]. On le voit : le discours de Foucault tend désormais à substituer la périodisation historique par la problématisation de l'actualité – même si le mode de relation à l'actualité que nous instaurons est lui-même historiquement déterminé.

Les cours au Collège de France des deux dernières années se font l'écho de cette tension. De la même manière que le commentaire de Kant ouvrait l'année 1983, pourtant consacrée à l'étude du dire-vrai à travers des textes de Polybe, d'Euripide et de Platon, Foucault choisit à nouveau, en 1984, de faire sauter l'histoire par-dessus elle-même. Lors de la cinquième leçon, alors que toute l'analyse avait jusque là été consacrée à la distinction entre la *parrêsia* politique et la *parrêsia* philosophique, et qu'il venait à peine d'introduire l'exemple des

1. M. Foucault, «Cours du 5 janvier», dans *Dits et Écrits, op. cit.*, p. 686-687 (nous soulignons).

2. M. Foucault, «What is Enlightenment», dans *Dits et Écrits, op. cit.*, p. 568.

cyniques, il se livre en effet à une digression : « il serait intéressant, *en se plaçant plus près de nous*, d'analyser un autre support de ce qu'a été le mode de vie cynique, le cynisme comme forme de vie dans le scandale de la vérité. On le retrouverait non plus dans les institutions et les pratiques religieuses, mais dans les pratiques politiques » [1]. Et de se livrer alors à ce qu'il appelle une « histoire du mode cynique » qui prend la forme d'une généalogie des formes de la vie militante – du dépouillement des franciscains à la socialité secrète, à l'appartenance à un parti aux avant-gardes artistiques du XIXe et du XXe siècles. Le « décrochage » historique est évident ; au cours suivant, le 7 mars, Foucault revient plus classiquement à l'analyse des cyniques. Mais loin d'être une incohérence, ce que Foucault appelle « une promenade, un excursus, une errance » provoque l'irruption de la question du « scandale de la vérité » – élément cynique par excellence – dans d'autres histoires : celle du Moyen Âge chrétien, celle de la modernité, et sans doute celle notre propre présent. L'erreur serait de considérer cette irruption comme un anachronisme : si la manière dont les cyniques conçoivent le scandale de la vérité est historiquement déterminée – et, en tant que telle, non susceptible d'être exportée hors de son propre temps –, la question de savoir de quelle manière l'exigence de dire-vrai peut éclater dans l'espace public et affecter l'ordre du monde tel qu'il est acquis à un moment donné est en elle-même beaucoup plus générale. Si la réponse cynique au problème ne peut pas être la nôtre aujourd'hui, le problème qu'ils se posent mérite d'être posé y compris dans notre propre actualité. Or celui-ci est à la fois simple et épouvantablement complexe : comment, à travers la pratique constante du « décapage » et du démasquage, de la mise à nu et de la critique, pouvons-nous non seulement nous déprendre de ce que nous sommes mais inaugurer d'autres mondes ? Comment intro-duire de la discontinuité au cœur de notre propre présent ? Comment penser « aujourd'hui comme différence dans l'histoire » [2] et demain comme différence d'avec aujourd'hui ?

---

1. M. Foucault, *Le Courage de la vérité. Le gouvernement de soi et des autres II. Cours au Collège de France. 1984*, Paris, Hautes Études-Gallimard-Seuil, 2009, leçon du 29 février 2004, 2e heure, p. 169 (nous soulignons).

2. M. Foucault, « What is Enlightenment », dans *Dits et Écrits, op. cit.*, p. 568.

À cette question, Foucault ne cesse de répondre que si l'on ne peut faire l'économie de l'histoire, il s'agit paradoxalement de penser la liberté à l'intérieur même de ses déterminations : parce qu'il n'existe pas de « dehors » de l'histoire, parce que nous en sommes les produits –, mais que nous pouvons et nous devons, du dedans de ce qui nous fait être, chercher à inventer des horizons et des modes de vie différents. Voilà donc en quoi consistent le scandale de la pensée et son risque : désirer, ici et maintenant, *dans l'histoire*, une vie différente – c'est-à-dire aussi, immédiatement, une *autre histoire*. Et Foucault de conclure, dans les dernières lignes du manuscrit du tout dernier cours de 1984 – qu'il n'eut pas le temps de prononcer mais dont nous conservons la trace écrite –, quelques semaines avant sa mort : « il n'y a pas d'instauration de la vérité sans une position essentielle de l'altérité ; la vérité, ce n'est jamais le même ; il ne peut y avoir de vérité que dans la forme de l'autre monde et de la vie autre » [1]. La métaphysique nous avait habitués à projeter la « vie autre » dans une transcendance que tout opposait à l'histoire. Foucault fait au contraire de l'histoire l'épaisseur à l'intérieur de laquelle faire jouer la recherche de la différence et l'inquiétude du présent : tâche philosophique, éthique et politique s'il en est.

Judith REVEL

---

1. M. Foucault, *Le Courage de la vérité, op. cit.* p. 311.

L'HISTOIRE COMME SCIENCE HERMÉNEUTIQUE
LA CONTRIBUTION ÉPISTÉMOLOGIQUE
DE PAUL RICŒUR

Rares sont les philosophes contemporains qui ont contribué autant que Paul Ricœur à renouveler en profondeur la réflexion sur l'histoire. Toutefois, cet apport ne se traduit pas dans les termes d'une métaphysique historique. Ricœur n'a pas pour autant renoncé à toute interrogation sur le « sens de l'histoire », comme l'attestent certains articles re-publiés dans *Histoire et vérité*[1]. Mais sa philosophie témoigne assurément d'une crise de la fonction « méta » en histoire, du moins lorsque celle-ci se manifeste dans la prétention du sujet, fût-il philosophe, à totaliser la signification du processus historique à l'aune d'un principe directeur. Ce n'est pas dire que toute méta-histoire est par nature totalisante. Elle ne l'est pas quand elle se convertit par exemple dans une méta-histoire de l'*infini* à la manière lévinassienne. Sans doute les horreurs du siècle dernier, dont Ricœur et Lévinas ont été les témoins, sont-elles pour quelque chose dans la volonté des deux philosophes de renoncer à la totalisation du sens historique, *a fortiori* lorsqu'un régime politique fait de l'histoire une idéocratie meurtrière qui rend, selon l'expression d'Hannah Arendt, « l'homme superflu ». Certes, Ricœur n'est pas Popper et toute philosophie dite historiciste n'est pas la nécessaire expression d'une matrice idéologique qui enfante le monstre totalitaire.

La crise de la fonction « méta » dans la philosophie ricœurienne de l'histoire a cependant des raisons profondes qui tiennent à une

---

1. Voir par exemple « Le christianisme et le sens de l'histoire », *Histoire et vérité*, Paris, Seuil, 1955, p. 81-99.

explication plus frontale avec la pensée hégélienne. Faire de Hegel un ennemi des « sociétés ouvertes », pour faute d'historicisme, est assurément étranger à une philosophie morale et politique attachée par raison et par conviction au sens des institutions, à la médiation incontournable de la *Sittlichkeit*. Tentation hégélienne il y a donc toujours de ce point de vue chez Ricœur, mais tentation sans cesse contrariée par la conscience aiguë de la finitude de la compréhension, des médiations imparfaites et de la plurivocité du sens historique. *Renoncer à Hegel*[1], ou plutôt renoncer à la prétention totalisante de l'hégélianisme ne revient donc pas chez Ricœur à abandonner la question du sens. Comment dès lors re-penser le problème du sens et de l'interprétation historique en dehors d'une méta-histoire ? Comment reprendre la question du sens en histoire, une fois abandonnée ou mise entre parenthèses la tentation de totaliser la signification du procès historique ?

Le rejeton de cette *épochè* s'exprime dans les termes d'une épistémologie historique. À une méta-histoire qui s'interroge sur le principe directif de la totalité du sens historique, Ricœur fait place à une épistémologie historique qui s'intéresse aux conditions de possibilités d'une science de l'être passé. Ce changement d'*épistémè* débouche sur un autre rapport du philosophe à l'endroit de la pratique historienne : la « science » des historiens n'est plus considérée, depuis la hauteur de la posture philosophique, comme la pseudo-science des faits contingents, incapable qu'elle serait de s'élever au règne du nécessaire et de l'universel. Avec Ricœur, le philosophe doit apprendre à descendre dans l'atelier de l'historien et à comprendre la fabrique concrète de l'écriture de l'histoire, là où se construisent les significations multiples de la réalité passée.

Du transcendant au transcendantal historique, d'une méta-histoire à une épistémologie historique, nous changeons assurément de ressources problématiques. D'abord esquissée dans un article reparu dans *Histoire et vérité*, puis approfondie dans le monumental *Temps et récit*, enfin achevée dans *La mémoire, l'Histoire, l'Oubli*, la réflexion épistémologique ricœurienne tient dans un même continuum : assurer

---

1. Cette expression figure comme titre de chapitre dans *Temps et récit*, t. 3, Paris, Seuil, 1985, p. 389.

une légitimité scientifique à la discipline historique. Cette réflexion s'inscrit originairement dans le contexte de la tradition allemande du *Verstehen* et singulièrement dans l'héritage laissé par l'œuvre de W. Dilthey[1]. En cherchant à rendre autonomes les «sciences de l'esprit» (*Geistwissenschaften*) (dont l'histoire est la science matricielle) au regard des «sciences de la nature» (*Naturwissenschaften*), le philosophe allemand, en butte au positivisme régnant, a laissé en même temps comme testament une dichotomie entre *Verstehen* et *Erklären*: soit on *explique* les phénomènes de la nature au moyen de l'expérimentation et des lois mathématiques, soit on *comprend* les œuvres de l'esprit objectivées dans le monde-de-la-vie (monuments, institutions, actions, art, …) au moyen d'une psychologie de l'empathie (*Nachfülung*).

Cette dichotomie est le point de départ de la réflexion de Ricœur sur l'histoire et sur l'ensemble des sciences humaines et sociales. Et c'est un point de départ herméneutique dès lors que la méthode irréductible des sciences de l'esprit se fonde sur la compréhension, l'interprétation étant requise dans la mesure où il n'y a pas de compréhension immédiate du sens des «œuvres de l'esprit». Il revient donc à une herméneutique épistémologique de la compréhension historique le soin de prendre en charge «la question du sens», une fois la «métahistoire» mise entre parenthèses. C'est la méthode historienne de construction et d'interprétation de la réalité historique qui devient le nouveau chantier problématique du philosophe. L'ambition de Ricœur tient dans la volonté d'intégrer l'histoire dans une théorie générale de l'interprétation et de lui assurer corrélativement une autonomie épistémologique. Il s'agit de poursuivre, dans la lignée de Schleiermacher et de Dilthey, le mouvement de «dé-régionalisation» de l'herméneutique (science issue originairement des disciplines exégétiques): la réalité passée se présente ainsi comme un texte à déchiffrer.

Que l'histoire relève d'une science herméneutique, et non d'une «science positive» comme les sciences de la nature, ne dit rien sur le type d'herméneutique auquel elle est censée s'apparenter. L'herméneutique de la compréhension historique peut-elle se fonder, comme

---

1. Voir en particulier, W. Dilthey, *L'Edification du monde historique dans les sciences de l'esprit*, Paris, Le Cerf, 1988.

le propose Dilthey, sur la *Nachfühlung*? Le risque encouru par cette psychologie de la compréhension n'est-il pas de mettre à mal l'exigence d'objectivité inhérente à toute démarche scientifique? Ne faut-il pas envisager un statut autre que psychologique à l'herméneutique historique? Enfin, n'est-il pas nécessaire d'inscrire l'explication au cœur même du dispositif herméneutique en vue de garantir pleinement le caractère scientifique de l'histoire? Telles sont les interrogations qui aimantent l'épistémologie ricœurienne de l'histoire. Force est pourtant de constater que les réponses apportées par le philosophe sont susceptibles de variations au cours de l'évolution son œuvre. D'où la nécessité d'adopter ici une approche généalogique.

LE TRANSCENDANTAL ET L'EMPATHIE

Les premières formulations épistémologiques de Ricœur se rencontrent dans un article paru en 1952 et re-publié dans *Histoire et vérité*[1]. S'il est question de distinguer *expliquer* et *comprendre* dans cette première contribution, c'est pour mieux réfuter le caractère dichotomique du rapport entre ces deux notions. Le point de départ diltheyien se présente d'emblée comme un point de départ problématique. Au rapport dichotomique entre *expliquer* et *comprendre*, Ricœur préfère un rapport dialectique : « La compréhension n'est pas l'opposé de l'explication, elle en est tout au plus le complément et la contrepartie »[2]. Cette dialectique ne revient pas à céder aux pressions du positivisme qui aspire à édifier la discipline historique sur le seul modèle des sciences de la nature. Mais dès lors que l'explication est incorporée dans le procès de compréhension, la méthodologie historienne partage bien avec les autres sciences des pré-requis semblables (ce qui ne veut pas dire identiques). Exclure l'explication de l'épistémologie historienne, comme le revendique Dilthey, reviendrait à exclure l'histoire du champ de la science. On attend donc de l'histoire, comme pour toute science, une exigence d'objectivité ; objectivité

---

1. P. Ricœur, « Objectivité et subjectivité en histoire », dans *Histoire et vérité, op. cit.*, p. 23-45.
2. *Ibid.*, p. 26.

paradoxalement corrélée à des niveaux de subjectivité. Non pas une subjectivité quelconque, non pas un « sujet empirique » qui fait état de ses goûts, de ses préférences, de sa sensibilité, mais une subjectivité qu'il faut bien appeler transcendantale. Il est certes moins question ici des catégories pures de l'entendement et des formes *a priori* de la sensibilité que des conditions opératoires qui rendent possible la faculté de penser l'expérience historique. Mais une même intention kantienne anime le projet de Ricœur : faire subir à l'histoire la « révolution copernicienne » que Kant a explicitée pour la science physique, faire du « sujet transcendantal » la condition de l'objectivité historique. À chaque niveau d'objectivité correspond un mode différencié de « subjectivité opératoire ».

D'une part, si l'historien ne peut prétendre observer directement la réalité d'un être qui a été mais qui n'est plus, l'appréhension du passé dans les traces documentaires relève bien d'une observation indirecte mieux caractérisée par Simiand comme « connaissance par traces ». Comme pour toute observation scientifique, il n'est jamais question d'enregistrement passif des faits ou des phénomènes. De même que le physicien questionne la nature, de même l'historien « force à parler » le passé historique : « Le document n'était pas document avant que l'historien n'ait songé à lui poser une question et ainsi l'historien institue, si l'on peut dire, du document en arrière de lui et à partir de son observation ; par-là même il institue des faits historiques »[1]. Le caractère constructiviste de l'histoire est renforcé par ce que Ricœur appelle le *jugement d'importance*. Autre manière d'attester la subjectivité opératoire de l'historien et de montrer qu'en histoire, comme dans toute science, la théorie précède les faits. Le *jugement d'importance* intervient dès lors que l'historien est contraint de sélectionner des périodes, des évènements, des facteurs, bref, d'opérer des « coupes » dans la réalité historique.

D'autre part, l'historien cherche, comme tout scientifique, à mettre en relation des phénomènes. C'est ici que se justifie au sens fort l'explication : l'historien doit reconstituer un enchaînement rétrospectif et n'a donc pas d'autre choix que de recourir à des analyses

---

1. P. Ricœur, « Objectivité et subjectivité en histoire », dans *Histoire et vérité*, *op. cit.*, p. 26.

causales. Certes, Ricœur reconnaît que l'historien ne peut espérer faire un usage nomologique de la causalité, les évènements historiques n'ayant pas la même reproductibilité que les phénomènes naturels. L'historien mobilise le plus souvent une «conception vulgaire de la causalité» : «L'histoire est condamnée à *user*, concurremment, de plusieurs schèmes d'explication, sans les avoir réfléchis ni, peut-être, distingués : des conditions qui ne sont pas des déterminations, des motivations qui ne sont pas des causations, des causations qui ne sont que des champs d'influence, des facilitations, etc.»[1]. Du fait de cette «conception vulgaire» de la causalité, l'histoire demeure par essence dans le champ des sciences inexactes. Mais aussi «vulgaire» soit-elle, la causalité historienne cautionne l'ancrage de l'histoire savante dans le champ de l'objectivité scientifique. En témoigne l'apport original de l'École des Annales qui, par un effort d'abstraction considérable, reconstitue le procès historique en distinguant des séries (série politique, série économique, série culturelle ...). L'usage «vulgaire» de la causalité n'est donc pas seulement en défaut par rapport au modèle nomologique des sciences de la nature : un tel usage laisse place à des modèles originaux d'explication comme l'explication par mise en séries de phénomènes.

Ces conditions de la «bonne» subjectivité historienne, corrélative de l'objectivité historique, étant posées, on peut se demander ce qu'elles pourraient devoir encore à une hypothétique science herméneutique. Même reconnue dans sa spécificité, la science historique, ainsi transformée par la «révolution copernicienne», épouse finalement les schèmes épistémologiques généraux des sciences de la nature. Là où on pouvait s'attendre à une nouvelle gestation herméneutique de la science historique, on se retrouve devant la variante d'un néo-positivisme, à mille lieux du geste fondateur diltheyien. La justification même de l'explication en histoire, au nom du refus de la dichotomie fondatrice entre *Verstehen* et *Erklären*, offre le plus clair démenti à une source herméneutique des «sciences de l'esprit».

La surprise vient alors de la justification, dans la suite du texte ricœurien, d'une autre figure de la subjectivité historienne, aux

---

1. P. Ricœur, «Objectivité et subjectivité en histoire», dans *Histoire et vérité*, *op. cit.*, p. 29.

antipodes des précédentes. En effet, on n'attend pas seulement de l'historien, selon Ricœur, une démarche constructiviste, rationaliste, explicative, mais également une « volonté de rencontre des hommes d'autrefois ». La surprise vient de l'introduction de la *Nachfühlung* dans un dispositif épistémologique qui puise en même temps certaines de ses sources dans le positivisme. On attend de l'historien, nous dit Ricœur, un effort de « sympathie », entendue dans son sens diltheyien, « qui est bien plus que le simple transfert imaginatif dans un autre présent, qui est un véritable transfert dans une autre vie d'homme »[1]. Le recours à la « sympathie », sous peine de ruiner le principe constructiviste de l'histoire, ne signifie pas que l'historien puisse « revivre » dans le présent ce que d'autres hommes ont vécu dans le passé. Ce recours à la « sympathie » ne signifie pas non plus que l'historien doive se faire l'apologue ou l'hagiographe des hommes d'autrefois. Mais ce recours à la « sympathie » repose bien, dans son fondement épistémologique, sur une herméneutique psychologique de la compréhension, dans la pure lignée du « premier Dilthey ». Le modèle psychologique de la « communication de conscience » manifeste, en contrariant l'architecture positiviste du modèle précédent, l'enracinement herméneutique de la science historique : « L'histoire est donc une des manières dont les hommes « répètent » leur appartenance à la même humanité ; elle est un secteur de la communication des consciences, un secteur scindé par l'étape méthodologique de la trace et du document, donc un secteur du dialogue où l'autre *répond*, mais non un secteur entièrement scindé de l'intersubjectivité totale, laquelle reste toujours ouverte et en débat »[2].

En même temps que le recours à la sympathie confirme l'enracinement herméneutique de l'histoire, il signe la véritable ligne de démarcation entre l'histoire et les sciences de la nature. Conscient de l'irréductibilité des modèles positivistes et herméneutiques, de l'hétérogénéité entre subjectivité transcendantale et subjectivité de la sympathie, de la distinction entre expliquer et comprendre, Paul Ricœur aspire pourtant, non à les faire fusionner de manière artificielle,

---

1. P. Ricœur, « Objectivité et subjectivité en histoire », dans *Histoire et vérité*, *op. cit.*, p. 31.
2. *Ibid.*, p. 32.

mais à les faire coexister comme autant de figures nécessaires au métier d'historien. Face à un modèle purement herméneutique, Ricœur justifie le recours à l'explication. Face à un modèle purement positiviste, Ricœur justifie le recours à la compréhension définie dans les termes de la *Nachfühlung*.

LA LOI ET LE RÉCIT

La première formulation dialectique de l'explication et de la compréhension en histoire, encore embryonnaire dans l'article « Objectivité et subjectivité en histoire », trouve son véritable accomplissement théorique, au prix de remaniements substantiels, dans la somme constituée par la trilogie *Temps et Récit*. Certes, les trois volumes visent plus fondamentalement à faire fructifier l'aporétique du temps à la faveur des ressources du narratif. Mais l'essentiel du premier tome et une partie du troisième, se laissent appréhender comme des contributions majeures à l'épistémologie de l'histoire. Si une même intention épistémologique se laisse dessiner dans ce nouveau texte, l'herméneutique désormais mobilisée change de nature. L'herméneutique psychologique, de provenance diltheyienne, semble exclue du nouveau dispositif épistémologique ricœurien, du fait de son caractère trop intuitif et irrationnel, peu compatible avec les exigences de la science. En lieu et place de ce paradigme, Ricœur préfère renouveler l'herméneutique historique grâce aux ressources des théories narrativistes contemporaines, principalement de culture anglo-saxonne, et à la faveur de ses propres méditations sur le *muthos* aristotélicien. Ces théories narrativistes sont systématiquement confrontées aux théories néo-positivistes, dans la tradition du Cercle de Vienne, ces dernières étant soucieuses de plaider en faveur de l'unité de la science. Ainsi le problème central qui parcourt le premier tome de *Temps et récit* est-il de savoir si l'histoire dérive simplement du genre récit, au sens d'une mise en intrigue, ou si elle s'apparente aux sciences de la nature.

À travers ce conflit d'écoles se rejoue en filigrane l'opposition entre expliquer et comprendre. Si l'on schématise le modèle néo-positiviste que Ricœur qualifie de « fort » (au sens de radical [1]) aucune spécificité épistémologique n'est accordée à l'histoire. D'une part, explication, cause et loi tendent à se recouvrir. Un évènement historique est expliqué lorsqu'il peut être déduit de deux prémisses : les conditions initiales et une régularité ayant la forme d'une loi si elle est vérifiée (du type « l'augmentation des impôts rend les gouvernements impopulaires »). D'autre part, l'histoire, comme toute science, doit pouvoir répondre à un critère de prévision : dans des conditions C, on doit pouvoir s'attendre à ce que l'évènement E soit suivi de l'évènement F. Explication et prédiction supposent donc, comme pour les phénomènes de la nature, la reproductibilité des enchaînements d'évènements dans des conditions similaires. Enfin, le primat accordé à l'explication nomologique a pour effet direct d'évacuer de l'*épistémè* de l'histoire tout recours à la compréhension sur le modèle de l'empathie. L'herméneutique psychologique, jugée trop intuitive, n'a pas droit de cité dans le paradigme néo-positiviste.

Au cours de sa discussion avec ce paradigme, force est de reconnaître que Ricœur ne cherche plus à justifier le soubassement psychologique de l'herméneutique. C'est l'une des ruptures importantes que l'on peut déceler au cours de son itinéraire épistémologique. Cette rupture ne signifie pas pour autant qu'il épouse le « modèle fort » du néo-positivisme, ni qu'il ait abandonné l'idée d'une fondation herméneutique de la science historique. Sa stratégie intellectuelle consiste plutôt à « affaiblir » (sans l'abandonner donc) le modèle néo-positiviste, et ce, pour mieux le rendre compatible avec certaines théories narrativistes. Affaiblir le modèle néo-positiviste revient à dissocier explication nomologique et explication causale (qui se recouvrent dans le « modèle fort »). Le chantier épistémologique considérable que Ricœur s'emploie à défricher tient dans la ferme intention de distinguer des niveaux différentiés d'explication, contre le réductionnisme du néo-positivisme. Le tort du « modèle fort », qui réduit l'explication à l'explication par des lois, est d'éclipser l'évènement historique dans ce qu'il peut avoir de singulier. Dépouillé de sa singularité, l'évènement ainsi considéré tend à

---

1. Ce modèle est surtout théorisé par C.G. Hempel, « The Function of General Laws in History », *The journal of Philosophy*, 39, 1942, p. 35-48.

s'apparenter à une occurrence reproductible. Affaiblir le modèle néo-positiviste revient également à reconnaître que l'histoire use de régularités qu'elle n'établit pas elle-même (reste à savoir si la sociologie est en mesure de fournir à l'histoire des régularités qu'elle ne construit pas elle-même). Si Ricœur reste méfiant à l'idée de pouvoir mobiliser d'authentiques « lois » en histoire, fussent-elles élaborées par d'autres disciplines, il ne répugne pas à parler, avec G. Ryle ou P. Gardiner, de régularité de type « dispositionnel », définie en termes de tendances dans un cadre probabiliste : « Une des fonctions du connectif "parce que" est en effet de placer l'action d'un agent dans le cadre de son comportement "habituel". Le cas de l'explication en termes de dispositions ouvre la voie à une réflexion sur la diversité des niveaux d'imprécisions qu'admet la notion de régularité » [1]. En histoire, les régularités ne peuvent être au mieux que des corrélations à haute fréquence plutôt que des relations invariables et nécessaires.

Cette concession faite au modèle néo-positiviste, fût-il affaibli, a une contrepartie décisive : l'explication par « régularité dispositionnelle » (forme « faible » de la « loi ») n'est qu'une forme d'explication parmi d'autres qui n'épuise donc pas les usages du « parce que » en histoire. Une fonction intermédiaire d'explication, que Ricœur reprend des analyses de William Dray [2], s'apparente à l'explication causale singulière, explication détachée du modèle nomologique. Une telle dissociation permet précisément de rendre compte du caractère singulier de l'évènement historique, non au sens d'une unicité métaphysique (sans quoi l'explication serait impossible), mais au sens où l'historien n'a jamais affaire exactement avec le même objet d'études. L'analyse causale en question est une épreuve essentiellement sélective qui n'est pas sans rappeler ce que Ricœur appelait « jugement d'importance » dans son article fondateur : cette opération consiste à vérifier les titres de tel ou tel candidat à la fonction de cause. L'analyse causale comporte précisément deux épreuves : « La première est une épreuve *inductive* : le facteur en question doit être réellement nécessaire ; autrement dit : sans lui, l'évènement à expliquer ne serait pas arrivé. La deuxième est une épreuve *pragmatique* : il doit y avoir une

---

1. P. Ricœur, *Temps et récit*, t. 1, Paris, Seuil, 1983, p. 208.

2. W. Dray, *Laws and Explanation in History*, New York, Harper and Row, 1966.

raison de sélectionner la condition en question parmi les conditions qui toutes ensemble constituent la condition suffisante du phénomène »[1]. Par cette opération, nous sommes bien en présence d'une explication, mais sans que cette explication procède d'un modèle de déduction ou de subsomption sous une loi (au sens de relations invariables et nécessaires).

Paul Ricœur est conforté dans son plaidoyer pour un paradigme pluraliste d'explications en histoire lorsque William Dray fait place à une troisième fonction connective du « parce que » : l'explication par des raisons. Expliquer par des raisons se distingue clairement d'un modèle psycho-historique consistant à re-vivre ou re-penser les intentions des agents historiques. Expliquer par des raisons, dans la lignée de la théorie aristotélicienne de la délibération, vise à reconstruire le calcul des agents historiques, les moyens et les stratégies mis en œuvre, dans des circonstances données, en vue d'une fin déterminée. Pour expliquer l'action historique, « il nous faut connaître les considérations qui l'ont [l'*agent*] convaincu qu'il devait agir comme il l'a fait »[2].

Le modèle de l'explication par des raisons, sans qu'il soit directement adossé dans la philosophie de W. Dray à une théorie narrativiste, offre une transition appropriée à l'élaboration d'un quatrième modèle d'explication : l'explication par mise en intrigue. L'explication par mise en intrigue, qui fait l'objet d'une longue discussion dans le premier tome de *Temps et récit*, se présente comme l'antithèse du modèle néo-positiviste (« fort » ou « faible »). En cherchant à faire dériver entièrement le fondement épistémologique de l'histoire du récit, les théoriciens narrativistes, comme W.B. Gallie[3], visent à constituer un modèle d'explication non seulement déconnecté du modèle nomologique, mais également détaché de toute analyse causale. Appartenant à la catégorie générale du récit, l'histoire, grâce aux ressources de la mise en intrigue, doit pouvoir s'expliquer idéalement elle-même : le récit, dans sa configuration interne, dans la

1. P. Ricœur, *Temps et récit*, t. 1, *op. cit.*, p. 225.

2. *Ibid.*, p. 230.

3. W. Gallie, *Philosophy and the Historical Understanding*, New York, Shoken Books, 1964.

mesure où il met en relation des évènements, des péripéties des actions, est déjà une forme d'explication.

De même que Ricœur cherche à affaiblir le modèle « fort » du néopositivisme pour redonner ses lettres de noblesse à la singularité de l'évènement historique, de même il cherche à affaiblir le modèle « fort » des théories narrativistes pour les rendre compatibles avec d'autres modèles d'explication – plus « scientifiques ». C'est donc dire que Ricœur reconnaît aisément que la configuration du récit, définie au sens aristotélicien comme mise en intrigue, comme « synthèse de l'hétérogène », offre bien un modèle d'explication. C'est pourquoi on doit toujours pouvoir faire dériver l'*History* de la *Story*. Cependant, ce modèle d'explication n'est pas suffisant pour satisfaire entièrement l'exigence de scientificité explicative de l'histoire : « Si donc tout récit s'explique par lui-même, en un autre sens, aucun récit historique ne s'explique par lui-même. Tout récit historique est à la recherche de l'explication à interpoler, parce qu'il a échoué à s'expliquer par lui-même [...]. Aussi, le critère d'une bonne explication est-il pragmatique : sa fonction est éminemment corrective. L'explication par des raisons de W. Dray satisfait à ce critère ; nous reconstruisons le calcul d'un agent quand un cours d'action nous surprend, nous intrigue, nous laisse perplexe »[1].

Dans ce cas, l'explication par mise en intrigue est en attente d'autres fonctions explicatives (explication par des raisons, explication causale, explication par régularité dispositionnelle), lorsque nous sommes confrontés à des lacunes pour répondre au « parce que ». C'est la raison pour laquelle l'histoire ne peut se réduire au genre « récit », de même qu'elle ne peut se laisser entièrement englober dans le registre épistémologique des sciences de la nature. Le réductionnisme des théories narrativistes, en rejetant d'autres modes d'explication, autres que la mise en intrigue, oblitère en même temps toutes « les coupures épistémologiques » (démarche constructiviste, travail de conceptualisation, recherche de la preuve documentaire, ...) qui éloignent l'*History* de l'espèce *Story*. Le pari de Ricœur tient dans la volonté à la fois de montrer le sens de la « dérivation » de l'*History* de la *Story* et le sens des « ruptures épistémologiques » entre *History* et

---

1. P. Ricœur, *Temps et récit*, t. 1, *op. cit.*, p. 275.

Story (ce en quoi l'histoire savante appartient au cercle des sciences humaines et sociales et se démarque clairement des récits de fiction).

À ce stade, le plaidoyer ricœurien en faveur d'un registre pluraliste d'explication en histoire ne nous dit rien encore du statut accordé à la compréhension-interprétation, une fois rejetée la variante psychologique de l'herméneutique. Que reste-t-il finalement d'herméneutique à la science historique si son fondement semble tenir dans des modes différenciés d'explication ? Ici, le sens des termes peut porter à confusion. Car c'est de manière abusive que l'on doit qualifier d'explication « l'explication par mise en intrigue », voire même « l'explication par des raisons ». Certes, c'est une manière de répondre au connectif « parce que » et d'établir des relations entre phénomènes. Mais ce n'est pas la même chose d'apporter une réponse au « parce que » en termes de raisons d'agir, de motifs, d'un côté, et de causes, de lois, de l'autre (au sens de la causalité humienne en vertu de laquelle on peut décrire de manière indépendante la cause et l'effet). Pour reprendre un lexique plus ancien, et peut-être plus rigoureux, ce qui a été appelé jusqu'ici *explication* par des raisons et *explication* par mise en intrigue mérite mieux d'être appelé *compréhension* par des raisons et *compréhension* par mise en intrigue. Ricœur reconnaît cette confusion lors de brefs passages : « l'explication par des lois, souvent identifiée à l'explication tout court, et l'explication par mise en intrigue, souvent identifiée à la compréhension »[1]. Nul doute que ce mode de comprendre est très éloigné de la tradition psychologique de l'herméneutique, mais il s'adosse en revanche à la « révolution herméneutique » post-heideggerienne entamée par Gadamer et poursuivie par Ricœur lui-même. La question du sens d'un texte n'est plus à rechercher dans les intentions supposées de son auteur, comme nous y invite l'herméneutique psychologique et « romantique » (où l'interprète doit se faire l'égal du génie créateur), mais à la fois dans la structure interne du texte et dans le jeu des refigurations du sens par l'acte de lecture. C'est le mode de compréhension par mise en intrigue qui renvoie obliquement au nouveau pacte herméneutique post-heideggerien. L'*History* peut encore se dire une science herméneutique, en un sens différent du premier Dilthey, dès lors qu'elle est précisément

---

1. P. Ricœur, *Temps et récit*, t. 1, *op. cit.*, p. 320.

reliée au genre *Story*, à la compréhension de la configuration interne d'une intrigue.

Du fait de cet éclaircissement conceptuel, l'opposition entre expliquer et comprendre prend un nouveau relief. Ricœur confirme ici autrement son projet, formulé dès les années 1950, d'intégrer l'*explication* au cœur de l'*épistémè* de l'histoire, mais sans sacrifier la *compréhension*, repensée désormais avec les ressources de la théorie herméneutique du texte et des théories narrativistes. L'historien aurait donc affaire à toute une gamme d'opérations, visant à répondre au connectif « parce que », qui se situent sur une échelle allant du plus explicatif (explication par régularité dispositionnelle et explication causale singulière) au plus compréhensif (compréhension par des raisons et compréhension par mise en intrigue).

Une illustration remarquable de ce dispositif épistémologique se rencontre dans le projet socio-historique de Max Weber. En fait, Ricœur reconstitue les puzzles de son dispositif en le réfléchissant à travers l'épistémologie wébérienne[1]. Il s'agit bien d'une reconstitution dans la mesure où le sociologue allemand n'a pu connaître de son vivant aussi bien les remaniements récents de l'herméneutique que les débats sur les théories narrativistes. Ricœur rassemble l'entreprise wébérienne sous le titre de l'*imputation causale singulière*, laquelle est censée condenser les gammes différentes des modes d'explication et de compréhension en histoire. L'imputation causale singulière consiste essentiellement « dans la construction par l'*imagination* d'un cours différent d'évènements, puis dans la pesée des conséquences probables de cet évènement réel, enfin dans la *comparaison* de ces conséquences avec le cours réel des évènements »[2]. La première opération de cette construction imaginaire probabiliste regarde directement du côté de la compréhension, à la fois la compréhension par les raisons (lorsque l'historien tente de reconstituer les calculs, les motivations, les stratégies des agents historiques) *et* la compréhension par mise en intrigue (lorsque l'historien se meut parmi les conditionnels

---

1. Ricœur prend surtout comme référence de M. Weber ses « Études critiques pour servir à la logique des sciences de la "culture" », *Essais sur la théorie de la science*, Paris, Plon, 1965, p. 215-323.

2. P. Ricœur, *Temps et récit*, t. 1, *op. cit.*, p. 324.

irréels passés) : « On pourrait à cet égard dire de la mise en intrigue ce que Max Weber dit de la construction par la pensée d'un cours différent d'évènements : "Pour démêler les relations causales réelles, nous en construisons d'irréelles" » [1].

L'historien peut alors puiser dans des genres narratifs particuliers autant de manières d'envisager la construction d'irréels passés. Cette opération, rattachée à la compréhension narrative, regarde en même temps du côté de l'explication causale qui s'échelonne entre la « causalité accidentelle » et la « causalité adéquate ». La causalité adéquate demeure toutefois irréductible à la nécessité logique mais se laisse gouverner par un principe probabiliste : ainsi, pour reprendre l'exemple donné par Weber, il y a de fortes probabilités que, sans l'éthique protestante, et singulièrement calviniste, « l'esprit » du capitalisme n'ait pu voir le jour. On peut donc tenir l'éthique protestante, parmi une multitude d'autres facteurs plus ou moins déterminants, comme la « cause adéquate » des facteurs culturels qui ont présidé à l'avènement du capitalisme. L'explication causale est elle-même adossée à une explication moins nomologique (au sens du modèle « fort » du positivisme) que dispositionnelle : pour expliquer un autre cours possible d'évènements, pour imputer une cause adéquate, l'historien recourt à ce que Weber appelle les « règles de l'expérience », à savoir les règles concernant la manière dont les hommes ont l'habitude d'agir et de réagir dans des circonstances données. Les règles de l'expérience, au titre d'une explication par régularité dispositionnelle, ne décrivent pas des relations invariables mais s'inscrivent dans une « théorie de la possibilité objective » que Weber emprunte à Von Kries. Nulle coïncidence si Ricœur trouve dans le modèle wébérien à la fois une illustration et une confirmation de son dispositif épistémologique, le sociologue allemand étant l'un des pionniers d'une démarche épistémologique qui conjugue explication et compréhension, qui cherche à dégager des causes sans oblitérer la question du sens.

---

1. P. Ricœur, *Temps et récit*, t. 1, *op. cit.*, p. 328.

La mémoire vive et l'opération historique

Une quinzaine d'années après la publication du dernier tome de *Temps et récit*, la parution de *La mémoire, l'histoire, l'oubli* vient couronner l'édifice philosophique de Paul Ricœur sur l'histoire. Si ce nouveau livre reprend, selon une logique interne à l'œuvre du philosophe, des chantiers laissés en suspens dans les précédents volumes, il est aussi habité par les préoccupations du temps présent (certains historiens, comme Pierre Nora, ont pu qualifier cet air du temps de «tyrannie du mémoriel»). Placée en exergue de son ouvrage, cette «préoccupation publique», comme l'appelle Ricœur, sonne comme un avertissement et résonne comme une motivation profonde pour l'écriture de cette nouvelle somme philosophique : «Je reste troublé, écrit Paul Ricœur, par l'inquiétant spectacle que donnent le trop de mémoire ici, et le trop d'oubli ailleurs, pour ne rien dire de l'influence des commémorations et des abus de mémoire – et d'oubli. L'idée d'une politique de la juste mémoire est à cet égard un de mes thèmes civiques avoués »[1].

Il nous est bien entendu impossible de restituer, dans le cadre de la présente contribution, toute la complexité des analyses qui se déploient tout au long de ce volume; nous préférons nous focaliser sur des développements de la seconde partie consacrés à l'épistémologie de l'histoire. Alors que, dans *Temps et récit*, l'histoire est confrontée au récit (l'histoire savante est-elle plus qu'une mise en intrigue?), dans *La mémoire, l'histoire, l'oubli*, l'histoire est désormais mise en vis-à-vis de la mémoire (l'histoire est-elle plus que de la mémoire vive?). Si les termes du débat ont changé, la dialectique mise en œuvre par Ricœur n'a point changé. De même que l'*History* dérive du genre *Story* tout en s'en détachant par des «coupures épistémologiques» spécifiques, de même l'histoire dérive bien en un sens de la mémoire, mais s'en démarque par une procédure analogue que le philosophe appelle avec Michel de Certeau « l'opération historique ».

C'est presque un truisme que d'affirmer que la mémoire et l'histoire se présentent comme deux candidates pour restituer le passé, la première par un acte de remémoration (la représentation présente

---

1. P. Ricœur, *La mémoire, l'histoire, l'oubli*, Paris, Seuil, 2000, p. 1.

d'une chose passée), la seconde par un acte de reconstruction méthodique. Nombre d'historiens ne cessent d'opposer le biais subjectif de la mémoire et la visée d'objectivité de l'histoire ou la « connaissance immédiate » de la mémoire et la « connaissance médiate » de l'histoire. Sans nier la pertinence d'une telle opposition, partageant donc le présupposé de l'autonomie de la recherche historique au regard du phénomène mnémonique, Ricœur aspire cependant à complexifier les rapports entre ces deux phénomènes.

L'autonomie de la recherche historique repose sur trois opérations méthodologiques : d'une part, l'opération documentaire qui se déroule de la déclaration du témoin, en passant par l'institutionnalisation de l'archive, jusqu'à l'établissement de la preuve documentaire, d'autre part, l'opération dialectique explication/compréhension qui concerne les usages multiples du « parce que », enfin, l'opération représentative qui porte sur la mise en forme littéraire et narrative du passé « tel qu'il s'est produit ». Chacune de ces opérations méthodologiques témoigne d'une rupture à l'égard de l'acte de remémoration. Pourtant, l'histoire n'a pas perdu tout lien avec le phénomène mémoriel, à tel point que Ricœur ne cesse d'affirmer que « la mémoire est la matrice de l'histoire ». S'il revient ainsi à l'histoire de construire un ordre temporel spécifique (par exemple, chez Braudel, le temps quasi-immobile, le temps des cycles de longue durée, le temps évènementiel), elle repose en dernière instance sur la capacité mémorielle à s'orienter selon les grandes structures temporelles (passé, présent, futur), sur la propriété phénoménologique de la mémoire de situer un avant et un après en fonction de l'ici et du maintenant du corps propre : « En un sens, la datation, en tant que phénomène d'inscription, n'est pas sans attaches dans une capacité à la datation, dans une databilité originaire, inhérente à l'expérience vive, et singulièrement au sentiment d'éloignement du passé et à l'appréciation de la profondeur temporelle »[1].

C'est au niveau de la première opération méthodologique que la dialectique de la « dérivation et de la rupture » entre histoire et mémoire se laisse le mieux appréhender. Que l'opération documentaire conserve des liens avec la mémoire vive, cela tient à la fonction

---

1. P. Ricœur, *La mémoire, l'histoire, l'oubli, op. cit.*, p. 192.

intermédiaire jouée par le témoignage. Le témoignage se déploie en effet le long d'une chaîne qui commence avec la perception d'un évènement ou d'une situation, se prolonge dans la fixation du souvenir, et s'achève dans la phase déclarative et narrative de restitution de l'évènement. Le témoignage a ceci de spécifique que l'assertion d'une réalité passée est indissociable de l'auto-désignation du sujet témoignant. Dire « j'y étais » atteste à la fois de l'existence de quelque chose de passé et de la présence du sujet sur les lieux de l'évènement. S'il n'y a pas de témoignage sans mémoire-souvenir, le témoignage est déjà plus que la mémoire, du fait de sa phase déclarative : « C'est devant quelqu'un que le témoin atteste de la réalité d'une scène à laquelle il dit avoir assisté, éventuellement comme acteur et comme victime, mais, dans le moment du témoignage, en position du tiers, à l'égard de tous les protagonistes de l'action. Cette structure dialogale du témoignage en fait immédiatement ressortir la dimension fiduciaire : le témoin demande à être cru. Il ne se borne pas à dire : "j'y étais", il ajoute : "Croyez-moi" » [1].

Si le témoin demande à être cru, l'historien, au cours de son enquête, doit adopter, comme un juge, une attitude de soupçon à toutes les phases du témoignage : soupçon quant à l'étroitesse de la réalité perçue par le témoin, soupçon quant à la déformation de la réalité conservée dans la mémoire, soupçon quant à la falsification déclarative de ce qu'il dit avoir vécu (vu, entendu, …). Cette attitude de soupçon, confortée par la confrontation entre les témoignages qui autorise à construire un récit plausible, marque déjà une forte distance de l'histoire sur la mémoire du témoignage. À cela s'ajoute que l'historien, à l'exception du cas problématique de « l'histoire du temps présent », n'est pas directement en relation avec des témoignages oraux. Éloigné dans le temps de la mémoire vive, survivant au sujet témoignant, le témoignage peut ainsi se faire archive (s'il est conservé) et, transformé en archive, devenir écriture. Détaché de son narrateur originaire, le témoignage se transforme en texte à déchiffrer : « Comme toute écriture, un document d'archive est ouvert à quiconque sait lire ; il n'a donc pas de destinataire désigné, à la différence du témoignage oral adressé à un interlocuteur précis ; en outre, le

---

1. P. Ricœur, *La mémoire, l'histoire, l'oubli, op. cit.*, p. 205.

document dormant dans les archives est non seulement muet, mais orphelin ; les témoignages qu'il recèle se sont détachés des auteurs qui les ont "enfantés" »[1]. L'attitude de soupçon n'en reste pas moins de mise dès lors que l'archive (privée ou publique) est instituée (et peut être falsifiée, tronquée, …) et conservée par un tiers. Ce tiers lui-même, le dépositaire de l'archive, doit faire partie intégrante de l'interrogation et de la vigilance historiennes. Comme le témoignage originaire, le témoignage archivé doit être soumis à la critique de l'historien. Cette opération nous éloigne une seconde fois de l'expérience vive du souvenir. C'est la raison pour laquelle l'archive n'est jamais en soi une preuve. L'archive se meut en preuve documentaire lorsque l'historien l'a forcée à parler en fonction d'une batterie de questionnements et de questionnaires, lorsque l'historien a testé la faillibilité du dépositaire de l'archive, lorsque l'historien a comparé et confronté des archives différentes entre elles.

Malgré cet éloignement, malgré cette distance critique entre la preuve documentaire et le souvenir du témoin, l'histoire, avec Ricœur, n'a jamais rompu toute attache avec la mémoire et avec la dimension fiduciaire du témoignage. La *dérivation indirecte* de l'histoire de la mémoire (qui n'entame en rien la critique éthico-politique des « excès de mémoire ») atteint cependant sa limite lorsque l'historien traite d'objets non humains comme le climat. La limite de l'épistémologie ricœurienne qui est aussi une limite phénoménologique, soulignée par des historiens comme K. Pomian[2], tient dans la réduction de l'objet historique à une histoire *humaine*. Si Ricœur, au cours de la discussion organisée par la revue *Le Débat*, reconnaît la légitimité d'une histoire sans mémoire (à l'instar de *L'histoire du climat depuis l'an mil* de Le Roy Ladurie), c'est pour mieux en faire une « histoire-limite » ; une histoire-limite pour laquelle le philosophe peut encore, comme le demandait Marc Bloch, « flairer de la chair humaine » là où l'on rencontre courbes et statistiques, mesures et températures : « Est-ce à dire qu'en dépit de son écart maximal par rapport à la mémoire, cette histoire, marquée par le "facteur anthropique", n'ait "rien à voir avec

1. P. Ricœur, *La mémoire, l'histoire, l'oubli, op. cit.*, p. 213.
2. K. Pomian, « Sur les rapports de la mémoire et de l'histoire », *Le Débat*, 122, nov.-déc. 2002, p. 32-40.

la mémoire"? Que trouve-t-on dans les "vieilles archives" dont parle
Le Roy Ladurie, du moins "celles des papiers", sinon le récit de déplo-
rations, de conjurations, où s'exercent les mémoires émues par la
météorologie et ses caprices apparents»[1]. Sans doute faut-il alors
parler de quasi-mémoire pour qualifier cette histoire-limite (de même
que Ricœur parle de quasi-intrigue pour caractériser le chef d'œuvre
de Braudel sur la Méditerranée). Se joue ici la réplique du philosophe à
l'adresse de l'historien, une réplique qu'il faut bien qualifier de
phénoménologique dans la lignée du «questionnement à rebours»
(*Rückfrage*) husserlien : la *dérivation*, non plus de la science physique,
mais de la science historique du *monde-de-la-vie* (*Lebenswelt*), du
souci (*Sorge*) et de la mémoire.

***

La focalisation, dans les derniers écrits de Ricœur, sur les rapports
entre histoire et mémoire n'a pas éclipsé pour autant l'ancrage herméneutique de la science historique. La seconde opération historiographique où se repose la dialectique de l'expliquer et du comprendre
témoigne assurément de la continuité de cet ancrage épistémologique.
C'est par ce fil conducteur herméneutique que nous avons pu reconstruire les méditations ricœuriennes sur l'histoire qui s'étalent sur plus
d'un demi-siècle. Nous avons conscience en même temps de n'avoir
exploré, dans le cadre de la présente contribution, qu'une parcelle de
ce champ de réflexion.

Si la provenance herméneutique de l'épistémologie historique
de Ricœur apparaît clairement dès le début de ses réflexions sur
l'histoire, force a été pourtant de constater qu'elle s'inscrit déjà en
faux contre l'herméneutique réduite à la seule compréhension-
interprétation. En inscrivant l'explication sur le parcours entier de
l'herméneutique, en faisant de l'explication un prolongement de la
compréhension, Ricœur marque une rupture certaine avec le geste
fondateur diltheyien. La rupture est définitivement consommée avec

<hr>

1. P. Ricœur, « Approches historiennes, approches philosophiques », *Le Débat*, 122,
nov.-déc. 2002, p. 59.

la parution de *Temps et récit* : les résidus encore psychologiques de l'herméneutique historique, présents dans l'article de 1952, disparaissent désormais au profit d'un renouvellement de l'herméneutique au contact des théories narrativistes. À mi-chemin d'un modèle narrativiste et d'un modèle néo-positiviste, la méthode Ricœur, inspirée pour partie du questionnement à rebours husserlien, aspire à montrer à la fois le sens de la *dérivation* de l'*History* du genre *Story* et le sens des « ruptures épistémologiques », conditions de l'appartenance de l'histoire au cercle des sciences humaines et sociales. C'est en mobilisant une dialectique semblable que le disciple de Husserl cherche à faire *dériver* l'histoire d'une mémoire matricielle (via le témoignage) tout en lui assurant une autonomie épistémologique à la faveur d'une série d'opérations historiographiques.

Johann MICHEL

INDEX THÉMATIQUE

PRÉSENTATION DES CONTRIBUTEURS

Gérard BENSUSSAN est professeur de philosophie à l'Université de Strasbourg. Il a traduit Schelling, Rosenzweig, Feuerbach, Moses Hess. Ses principaux ouvrages sont : *Dictionnaire critique du marxisme* (PUF, 1999), *Moses Hess, la philosophie, le socialisme* (PUF, 1985), *Questions Juives* (Osiris, 1988), *La philosophie allemande dans la pensée juive* (PUF, 1998), *Franz Rosenzweig. Existence et philosophie* (PUF, 2000), *Le temps messianique. Temps historique et temps vécu* (Vrin, 2001), *Qu'est-ce que la philosophie juive ?* (Desclée de Brouwer, 2004), *Marx le sortant* (Hermann, 2007), *Ethique et expérience. Levinas politique* (La Phocide, 2008), *Dans la forme du monde. Sur Franz Rosenzweig* (Hermann, 2009).

Arnaud DEWALQUE est actuellement chargé de cours à l'Université de Liège, où il enseigne l'histoire de la philosophie contemporaine. Ses travaux portent essentiellement sur la philosophie allemande des XIXe et XXe siècles, le néo-kantisme, la phénoménologie et l'école de Brentano. Il a notamment publié un ouvrage sur la théorie du jugement de Heinrich Rickert : *Être et jugement. La fondation de l'ontologie chez Heinrich Rickert*, Olms, 2010.

Franck FISCHBACH, né en 1967 et ancien élève de l'ENS (Fontenay), est professeur à l'Université de Nice Sophia Antipolis. Ses travaux portent sur la tradition philosophique allemande, particulièrement sur son apport pour la conception de la vie sociale et politique. Il a notamment publié *Sans objet. Capitalisme, subjectivité, aliénation* (Vrin, 2009) et *Manifeste pour une philosophie sociale* (La Découverte, 2009).

Michaël FŒSSEL est maître de conférences à l'université de Bourgogne, membre de l'Institut universitaire de France. Spécialiste de philosophie allemande et de philosophie politique, il est notamment l'auteur de *Kant et l'équivoque du monde* (Éditions du CNRS, 2008), et du *Scandale de la raison. Kant et le problème du mal* (Honoré Champion, 2010).

Pierre GIBERT, jésuite, né en 1936, est professeur honoraire de l'Université catholique de Lyon où il a enseigné l'exégèse de l'Ancien Testament. Il a consacré une partie de son œuvre à l'exploration de l'histoire et de l'historiographie dans la Bible. Dans cette perspective, il a publié *La Bible à la naissance de l'histoire. Au temps de Saül, David et Salomon* (Fayard, 1979), *Vérité historique et esprit historien. L'historien biblique de Gédéon face à Hérodote* (Le Cerf, 1990), et après une *Petite histoire de l'exégèse biblique* (Le Cerf, 1997), *L'invention critique de la Bible. XVᵉ-XVIIIᵉ siècle* (Gallimard, 2010).

Étienne GILSON (1884-1978) fut professeur à la Sorbonne, à l'Université Harvard et au Collège de France, et membre de l'Académie française. Principalement historien de la philosophie, il a joué un rôle important dans l'exploration et la réhabilitation de la philosophie du Moyen Âge. On lui doit notamment : *Le Thomisme* (Vrin, 1919), *La philosophie de saint Bonaventure* (Vrin, 1924), *L'Esprit de la philosophie médiévale* (Vrin, 1932), *Dante et la philosophie* (Vrin, 1939) et *L'Être et l'essence* (Vrin, 1948).

Gilles MARMASSE est maître de conférences à l'université Paris-IV Sorbonne. Spécialiste de philosophie allemande, il a publié, seul ou en collaboration, plusieurs éditions critiques en allemand des leçons orales de Hegel (chez Peter-Lang et Meiner) et a traduit la deuxième partie de ses *Leçons sur la philosophie de la religion* (Vrin, 2010). Il est auteur de *Penser le réel, Hegel la nature et l'esprit* (Kimé, 2008).

Éliane MARTIN-HAAG, ancienne élève de l'ENS-Fontenay, est maître de conférences à l'université de Toulouse II. Sa recherche, consacrée aux ruptures que les Lumières introduisent dans l'âge classique, en particulier avec l'invention d'une histoire politique et sociale de la rationalité, a notamment donné lieu à trois publications : *Un aspect de la pensée politique de Diderot, Savoirs et pouvoirs* (Ellipses, 1999), *Voltaire, du cartésianisme aux Lumières* (Vrin, 2002) et *Rousseau ou la conscience sociale des Lumières* (Honoré Champion, 2009).

Johann MICHEL est professeur à l'université de Poitiers, chercheur rattaché à l'Institut Marcel Mauss (EHESS), et rédacteur en chef de *Ricœur Studies/ Études ricœuriennes* (Pittsburgh University Press). Il est notamment l'auteur de *Paul Ricœur. Une philosophie de l'agir humain* (Le Cerf, 2006), et de *Gouverner les mémoires. Les politiques mémorielles en France* (PUF, 2010).

Judith REVEL est maître de conférences à l'université de Paris-I Panthéon-Sorbonne. Philosophe, italianiste et traductrice, elle est spécialiste de philosophie contemporaine et s'intéresse aux représentations de l'histoire dans les théorisations politiques. Derniers ouvrages publiés : *Dictionnaire Foucault* (Ellipses, 2007), *Qui a peur de la banlieue ?* (Bayard, 2008) ; *Michel Foucault. Archives de l'infamie* (avec Ph. Artières, J.-F. Bert, P. Michon et M. Potte-Bonneville, Les Prairies Ordinaires, 2009), *Les Mots et les Choses. Regards critiques, 1966-1968* (avec Ph. Artières, J.-F. Bert, Ph. Chevalier, P. Michon, M. Potte-Bonneville et J.-Cl. Zancarini, IMEC/Presses universitaires de Caen, 2009), *Foucault. Une pensée du discontinu* (Fayard, 2010).

TABLE DES MATIÈRES

Achevé d'imprimer par Corlet, Imprimeur, S.A. - 14110 Condé-sur-Noireau
N° d'Imprimeur : 133420 - Dépôt légal : novembre 2010 - Imprimé en France